融合型·新形态教材
复旦社云平台 fudanyun.cn

普通高等学校小学教育专业系列教材

小学教育基础

主　　编　傅建明

编写人员　何蒙池　梁美红　王　苇
　　　　　汪琦琦　张肖燕　薛　江
　　　　　杨鑫伟　徐梦圆　王思宇
　　　　　黄俏雄　冯艺萱　苏青玥

复旦大學 出版社

前　言

　　当前教育学教材的编写存在两种取向：理论取向和实践取向。前者关注对教育学理论体系的建构，侧重理性探讨，从理论角度解释教育现象与教育问题，具有形而上的性质；后者关注教育操作体系的形成，侧重现实问题的解决，从实践角度寻找教育问题的解决方法，具有形而下的特点。两种取向各具千秋，并逐渐走向融合，众多的学者对此进行了创造性的努力，而且成果斐然。本教材就是在前人劳动成果的基础上进行的一次理论与实践融合的尝试：追求教育学理论知识与教育实践操作之间的联结。

　　教师是专业技术人员，世界发达国家大多实行教师资格考试制度。《中华人民共和国义务教育法》第三十条明确规定："教师应当取得国家规定的教师资格。"这种证书必须经过专门的考试获得，证书考试由省、自治区、直辖市教育行政部门领导和组织。2011 年，我国首先在浙江和湖北试行教师资格国家统一考试制度，并于 2013 年 8 月 15 日发布《中小学教师资格考试暂行办法》与《中小学教师资格定期注册暂行办法》，其中明确规定："教师资格考试实行全国统一考试""试点工作启动后入学的师范类专业学生，申请中小学教师资格应参加教师资格考试"。这就是说，师范毕业生如果要从事教师职业，必须获得两张证书：毕业证书和教师资格证书。

　　为此，培养小学教师的院校必须思考和解决下列问题：小学教育专业的培养计划如何适应教师资格证考试的要求？课程设置如何调整？教学大纲与课程内容如何与国家教师资格证考试大纲接轨？校内评估与考试如何适应教师资格考试的内容与方法？诸如此类问题的解决是一个系统工程，但关键是课程与教材。本教材就是解决上述问题的一种努力，既力图保证小学教育学的逻辑体系，同时又兼容国家教师资格考试的考纲内容。

　　从上述两个目标出发，基于《教师教育课程标准(试行)》《小学教师专业标准(试行)》《全国小学教师资格证考试大纲》三个文件，本教材吸收现有教育学成果的精髓，并结合编写者多年的小学教育学教学经验和教师资格证考试辅导的经验，梳理出编写的逻辑体系和知识结构框架，试图在教育学的学术体系中涵盖教师资格考试大纲的知识要点，让小学教育专业的学生在取得毕业证的同时能够考取教师资格证，在拥有小学教育专业知识与技能的同时获得从事小学教师职业的资格。

　　本书在内容选择上，基本依据有三：一是国家政策文件，如《教师教育课程标准(试行)》《全国小学教师资格证考试大纲》等；二是公认而无争议的知识点，即在我国师范院校普遍使用的教育学教科书中出现的知识点，一些尚有争议但又是必须讨论的知识点则予保留，以供学生深入探究和扩大思维视野使用；三是历年资格考试的知识点，这些知识点源自各类教育学考试中知识点的归纳整理。

在组织和呈现这些知识时,特别注意教育学思维的培养,强调教育基本逻辑与基本范式的学习,达到运用教育学的思维阐释教育现实问题,进而形成自己的教育思想。具体操作时,既注意对学科知识与原理的系统介绍,也重视对资格考试知识点的梳理与解释,更加关注教育学能力的培养与问题解决能力的形成,使本教材既能用于常规的课堂教学,又适用于学生应对国家教师资格证考试。

编写体例上,本教材由学习目标、正文、本章小结和知识结构四个模块组成。学习目标,让师生明确教与学的方向与标准;正文,系统地呈现相关知识;本章小结,对本章的核心内容与思路作一个简单的概括;知识结构,简明地呈现本章的知识要点与逻辑构成,让学生对本章知识有一个整体的认知,并领会教育学的思维。

正文部分由引子、知识体系、练习题(含答案与解释)、温馨提示四部分构成。引子,提供一个简短的案例,从中导出本章的学习主题,激发学生思考与探索的兴趣,实现理论与实践的联结。知识体系,系统地呈现相关知识的逻辑体系,培养学生分析与解决问题的能力。练习题,每个知识点都提供对应的练习题,让学生领会不同的命题方式、解题思路和技巧、答题模式与要求,同时加深对相关知识点的理解、巩固与运用,实现专业理论知识的学习与应试技能的培养融为一体。温馨提示,重点是进行方法论的训练,达到"授人以渔"的目的;它包括两大内容:一是对重要知识点的概括,提醒学生学习的重点;二是学习方法的提示,如知识的内在逻辑提示,意在培养学生的教育学思维,记忆方法提示,意在让学生快速地记忆并能随时提取相关信息。

本教材是团队合作的结果。首先由傅建明制定写作框架,然后分工完成。各章编写者如下:第1章,傅建明、张肖燕;第2章,傅建明、薛江;第3章,傅建明、杨鑫伟;第4章,傅建明、杨鑫伟;第5章,傅建明、何蒙池;第6章,傅建明、梁美红、徐梦圆;第7章,傅建明、张肖燕;第8章,傅建明、王苇。

本教材的完成首先感谢复旦大学出版社的辛苦工作,在教材编写之前开展的全国性的调研给本教材的编写提供了坚实的基础,组织的几次专家论证会明确了编写的思路与标准;其次感谢责任编辑黄乐女士的理解与支持,其认真严谨的工作作风让我钦佩;最后感谢我的研究生们在材料搜集、资料整理、初稿撰写和书稿校对等方面的辛勤工作。

本教材是针对小学教育专业的师范生而编写,可以供相关院校的课堂教学使用,也可以供参加国家教师资格证考试的学员参考。在使用过程中如有不当之处或新的建议,请不吝指教,以便使本教材更符合教学实际。

傅建明

2020 年 3 月 10 日

Contents

目　录

第1章　教育的产生与发展 ……………………………………………… 001

第一节　教育的起源与发展 ……………………………………… 002

一、教育的语义与层次 ……………………………………… 002

二、教育的起源 ……………………………………………… 005

三、教育的发展 ……………………………………………… 006

四、我国小学教育的发展 …………………………………… 008

第二节　教育学的产生与发展 …………………………………… 013

一、西方教育学的发展 ……………………………………… 013

二、中国教育学的发展 ……………………………………… 016

三、教育学的理论流派 ……………………………………… 020

第2章　学校的产生与发展 ……………………………………………… 024

第一节　学校的产生 ……………………………………………… 025

一、学校的标准与本质 ……………………………………… 025

二、学校产生的条件 ………………………………………… 027

三、学校的萌芽与出现 ……………………………………… 028

第二节　学校的发展 ……………………………………………… 030

一、中国学校的发展 ………………………………………… 030

二、西方学校的发展 ………………………………………… 033

第三节　学制的诞生 ……………………………………………… 035

一、学制的概念 ……………………………………………… 035

二、学制的类型 ……………………………………………… 036

三、我国的学制 ……………………………………………… 038

四、影响学制的主要因素 …………………………………… 040

第3章　教育·社会·人 ………………………………………………… 042

第一节　教育与社会发展 ………………………………………… 043

一、教育与社会发展的相关理论 …………………………… 043

二、社会发展对教育的制约 ………………………………… 046

三、教育对社会发展的促进 ·················· 050
第二节 教育与人的发展 ·················· 053
一、人的发展及规律 ·················· 054
二、影响人的发展的因素 ·················· 056
第三节 学校教育在人的发展中的作用 ·················· 060
一、学校教育在人的发展中起主导作用 ·················· 060
二、学校教育在个体个性化中的作用 ·················· 063
三、学校教育在人的社会化中的作用 ·················· 064

第4章 教育目的与培养目标 ·················· 067
第一节 教育目的概述 ·················· 068
一、教育目的及其结构和意义 ·················· 068
二、教育目的、教育方针和培养目标 ·················· 070
三、教育目的的制定依据 ·················· 071
第二节 教育目的的几种观点 ·················· 072
一、个人本位目的观和社会本位目的观 ·················· 072
二、人文主义目的观与科学主义目的观 ·················· 073
第三节 我国小学教育的培养目标 ·················· 074
一、我国的教育目的 ·················· 074
二、马克思的全面发展教育理论 ·················· 077
三、我国小学教育培养目标的具体表述 ·················· 079

第5章 小学课程 ·················· 082
第一节 课程与课程类型 ·················· 083
一、课程概念 ·················· 083
二、课程类型 ·················· 090
第二节 课程理论与课程开发 ·················· 093
一、课程理论 ·················· 093
二、课程开发 ·················· 095
第三节 我国基础教育课程改革 ·················· 097
一、基础教育课程改革的理念与目标 ·················· 097
二、基础教育课程改革的内容 ·················· 100

第6章 小学教学 ·················· 105
第一节 教学与教学过程 ·················· 106
一、教学的概念 ·················· 106
二、教学过程的概念 ·················· 110
第二节 教学规律与教学原则 ·················· 112
一、教学规律 ·················· 112

　　二、教学原则 ·· 116

第三节　教学组织与教学方法 ································· 121
　　一、教学组织形式 ·· 121
　　二、教学工作的基本环节 ·································· 125
　　三、教学方法 ·· 127

第四节　教学设计与评价 ····································· 131
　　一、教学各要素设计 ······································ 131
　　二、教案设计 ·· 145
　　三、教学评价 ·· 148

第7章　小学教师与小学生 ································· 153

第一节　小学教师 ·· 154
　　一、教师职业的历史、性质与特点 ···················· 154
　　二、教师职业的道德规范 ·································· 159
　　三、小学教师的角色、权利与义务 ···················· 161
　　四、小学教师的专业发展 ·································· 164

第二节　小学生 ··· 171
　　一、学生的本质属性 ······································ 171
　　二、学生的权利和义务 ···································· 172
　　三、小学师生关系 ··· 175

第8章　小学班主任与班级管理 ··························· 180

第一节　班集体与班主任 ····································· 181
　　一、班集体 ·· 181
　　二、班主任 ·· 183

第二节　班级管理 ·· 192
　　一、班级与班级管理 ······································ 193
　　二、班级管理目标与内容 ·································· 195
　　三、班级管理的模式与方法 ······························ 198
　　四、班级管理原则 ··· 200

第三节　课堂管理 ·· 202
　　一、课堂管理的类型与影响因素 ·························· 202
　　二、课堂气氛与课堂纪律 ·································· 203
　　三、课堂问题行为与偶发事件处理 ······················ 207

教育的产生与发展

- 了解几种教育的起源理论,能进行简要评析;
- 识记教育发展的基本阶段,了解其各自特点;
- 了解我国小学教育的发展阶段,理解小学教育的特点;
- 了解教育学的中西方发展演变史,熟记各个阶段的教育家及其主要思想;
- 识记教育学的几种理论流派,能运用相关理论进行评析。

引子

一个灵魂唤醒另一个灵魂

教育是人的灵魂的教育,而非理性知识的堆积。教育本身就意味着一棵树摇动另外一棵树,一朵云推动另一朵云,一个灵魂唤醒另一个灵魂。有灵魂的教育意味着追求无限广阔的精神生活,追求人类永恒的精神价值:智慧、美、真、公正、自由、希望和爱,以及建立与此有关的信仰。真正的教育理应成为负载人类终极关怀的有信仰的教育,它的使命是给予并塑造学生的终极价值,使他们成为有灵魂、有信仰的人,而不只是热爱学习和具有特长的准职业者。[①]

教育是一个耳熟能详的概念,每个人对教育都会有自己的理解。因此,对教育概念的理解众说纷纭。在德国教育家雅斯贝尔斯眼中,教育就是"一棵树摇动另外一棵树,一朵云推动另一朵云,一个灵魂唤醒另一个灵魂",也就是说教育是人的灵魂的教育,教育的终极目的是塑造学生的终极价值。那么,教育到底是什么? 它又是如何产生与发展的? 常人所说的"教育"与教育学所指的"教育"是不是一回事? 下面我们从"教育"二字的起源入手讨论分析这些问题。

---

① 雅斯贝尔斯著.什么是教育[M].邹进译.北京:生活·读书·新知三联书店,1991:30—31.

第一节 ◈ 教育的起源与发展

一、教育的语义与层次

（一）"教育"的词源

"教"与"育"二字最早见于甲骨文。"教"意指儿童在成人执鞭下习文之事，《说文解字》的解释为："教，上所施，下所效也。从孝，从攴。""从孝，从攴"是造"教"字时的本义，那么"从""孝""攴"何意？"从"即"如"或"同"；"孝"指"善事父母者"。《尚书》中说："继先祖之志为孝。""攴"则是"小击也，从又"。"又"是古"手"字，所以"攴"是形容手持木棍状，意指打人之样。"教"字出现后，其意义不断发展，特别是春秋战国以后，它的含义有了扩展和增加，出现了教授、教诲、教化、教训、告诫等意思。"子以四教，文、行、忠、信。"（《论语·述而》）这里"教"的意思是教授或传授，其中自然有上施下效之意。"所谓治国必先齐其家者，其家不可教而能教人者，无之。故君子不出家而成教于国。"（《大学》）这里的三个"教"字，第一个可以解释为"家教不成功"，第二个可以解释为"教诲"，第三个则可解释为"教化"（榜样或感化的作用）。"寡人愿安承教"（《孟子·梁惠王上》）中的"教"可以解释为"告诫""训告"。"姑舍女所学而从我，则何以异于教玉人彫琢玉哉？"（《孟子·梁惠王下》）中的"教"字就是"告诫"的意思。不管"教"字有多少含义，但"上""下"两个相对的概念，则始终保留在一切"教"字的含义之下。[①] 就是说"教"字在汉语中始终具有"上所施，下所孝"之义。

"育"，是指妇女养育儿童之事。"育，养子使作善也。从𠫓，肉声。《虞书》曰：教育子。"其中"从𠫓，肉声"意思是说育的意思与𠫓同。那么"𠫓"是什么意思呢？《说文》："𠫓，不顺，忽出也，从到子。《易》曰：'突如其来如，不孝子，突出，不容于内也。'"这里的"𠫓"字是"子"字的倒写，造字人特意用小儿的头冲下来的形象表示妇女的分娩。除生育之外，育还有"养"与"长"的含义。前者与饮食有关。"养，供养也，从食，羊声。""长"是指位尊者和年高者。

综上所述，"教育"一词，在汉语中的基本含义为上一代对下一代的培养，包括精神上的和肌体上的。西方的"教育"，英文为"education"，法语为"éducation"，意大利语为"educazione"，西班牙语为"education"，德语为"erziehung"。这些词源于拉丁文"educare"，具有"养育""培养""饲养"之意。"educare"又源于拉丁文"educere"，意思是"引出""使其显出""使发挥出"。可见，西文中的"教育"含有"内发"之意，强调顺其自然，把自然人身上所固有或潜在的素质引发出来，成为现实的发展状态，具有"启发"之意。

从词源而言，中文的"教育"指上一代对下一代的灌输，是一种积极的活动或者说是外塑的行为，如塑造、陶冶、训练、宣传、灌输、说教、规劝、训示、改造、教化等，通常可以一概称之为"教育"。西文的"教育"则强调人生来就有特定的潜能，教育的过程就如助产的过程，视教

---

① 王静.试论《说文解字》中的"教育"二字[J].教育研究,1995(3)：48—52.

育为一种展开的、内发的、自然的消极活动。①

(二)"教育"的语义

最早使用"教育"一词的是我国战国时期教育家孟子。他说:"君子有三乐,而王天下不与存焉。父母俱存,兄弟无故,一乐也;仰不愧于天,俯不怍于人,二乐也;得天下英才而教育之,三乐也。"② 此后,我国许多教育家使用"教育"一词。如宋代理学家、教育家程颢说:"师道不立,儒者之学几乎废熄,惟朝廷崇尚教育之……"③ 北宋政治家、文学家范仲淹曾道:"如得齐诚,愿预教育,然后天下之道可得而明,阿衡之心可得而传。"④ 明末清初思想家王夫之则认为:"善教育者必有善学者,然后其教之益大。"⑤ 清代陈芳生的《训蒙条例》中则有:"儒者不为农工商贾,惟出仕与训蒙而已。出仕不可必得,训蒙则为分内事。果尽其,则教育人才,亦大益于天下,已亦藉此代耕,诚兼善之务本也。"⑥ 古代虽有"教育"一词,但在20世纪前,很少把"教育"作为一个完整的词来使用。中国古代教育家在论及教育问题时,大都使用"教""学"二字。

练习1.1 教育史上,最早将"教育"二字合成使用的教育家是(　　　)。
A. 孔子　　　　　　　B. 孟子　　　　　　　C. 老子　　　　　　　D. 荀子

"教育"成为常用词,在我国是20世纪初的事。⑦ 1901年5月,罗振玉在上海创办了最早以"教育"命名的杂志《教育世界》。在创刊号上,王国维先生提到了"教育学"这门新学问,因而"教育"一词一跃成为理论术语。此后,译界翻译了大量的西方和日本的教育学著作,因而使"教育""教育学"两个词迅速走向中国知识界,走向师范学校,也使其具有现代"教育"的含义。

在西方的语境中,德语和俄语的"教育"是指知识和技能的授受过程,与其说是"教育"活动,不如说是"教养"活动;像学校这样的机构,与其说是教育机构,还不如说是教养机构。在法语与英语中,"教育"通常包括文化知识和技能的授受之意,教育与教养不分。

总之,"教育"一词的用法存在着明显的文化差异:中文的"教育"有外铄的意向;西文的"教育"则有内发的旨趣;德、俄语言中把传授知识和技能的活动称为"教养",不称为"教育",中、英、法文中的"教育"一词没有德文和俄文意义上的"教养"。汉语"教育"、英文"education"、法语"éducation"通常有包括文化知识的技能授受之意;英语中的"education"可能指"教育",也可能指"教育学"。

(三)"教育"的层次

一般而言,教育具有以下三个层面的意思。

---

① 在教育的语言中,东西方的用词可以解释这一点。如我国最常用的两个教育隐喻是"塑造"与"雕琢",诸如:"玉不琢,不成器;人不学,不知道。"(《礼记·学记》)"朽木不可雕也,粪土之墙不可圬也! 于予与何诛?"(《论语》)"常玉不琢,不成文章;君子不学,不成其德。"(董仲舒《举贤良对策》)而西文则较多地用"接生""生长"作为教育的基本隐喻,如苏格拉底的产婆术、杜威的教育即生长等。

② 孟子.孟子·尽心上[M].载陈戍国点校.四书五经(上).长沙:岳麓书院,1991:128.

③ 程颢.请修学校尊师儒取士札子[M].二程集(二).北京:中华书局,1981:448.

④ 范仲淹.范文正集:卷八·上张右丞书[M].景印文渊阁四库全书:第1089卷.台北:台湾商务印书馆,1978:631.

⑤ 王夫之.四书训义:卷五[M].王炳照.中国教育思想史.长沙:湖南教育出版社,1994:24.

⑥ 陈芳生.训蒙条例[M].徐梓.蒙学要义.大同:山西教育出版社,1991:36.

⑦ 黄向阳."教育"一词的由来、用法、含义[M].瞿葆奎.元教育学研究.杭州:浙江教育出版社,1999:110.

1. 广义的教育

"从广义上,教育指的是对一个人的身心和性格产生塑造性的影响的任何行动或经验。"[①] 这里,将教育视为一种影响活动,但所有的影响都能等同于教育吗？对人的影响可能来自动物界、自然界。自然界对人的影响、动物界的训练都不能称为教育。教育是指发生在人与人之间的,是人类特有的社会现象,是一种永恒的社会活动,有了人就有了教育,而且教育是一种具有社会影响的活动,但在阶级社会中具有阶级性。广义的教育,指凡是有目的、有意识地增进人的知识技能,发展智力与体力,影响人的思想品德观念的活动,包括社会教育、学校教育和家庭教育。

练习1.2 教育的本质特点是（　　）。

A. 影响人的身心发展　　　　　　B. 促进社会发展

C. 有目的地培养人　　　　　　　D. 完善人的自身生产

2. 狭义的教育

从狭义上说,教育一般指学校教育。学校教育一般指教师对学生的影响。在学校里,学生接受自然与社会的影响是经过教师有目的的选择和组织的,这体现了学校的可控性的特点。学校教育更具目标性和计划性,并以教与学为基本的表达形式进行的影响活动。总而言之,学校教育是指在学校中,由教师组织实施的有组织、有目的、有计划地对学生的身心施加的积极影响,并促使其朝着所期望的方向发展变化的活动。

3. 特指的教育

学校教育中,有时为了表现对德育工作的重视,或者强化学校的道德教育功能,我们往往把"教育"从狭义的角度进行限定,把它规定为思想品德教育。思想品德教育,一般包括政治教育、思想教育、品德教育。

练习1.3 教育活动与其他社会活动最根本的区别在于（　　）。

A. 是否有目的地培养人　　　　　B. 是否促进人的发展

C. 是否促进社会发展　　　　　　D. 是否具有组织性和系统性

练习1.4 人类的教育活动与动物的学习活动存在本质区别,这主要表现为人类的教育具有（　　）。

A. 延续性　　　　B. 模仿性　　　　C. 社会性　　　　D. 永恒性

◆ 温馨提示

"教育"一词最早由孟子使用,基本含义是"上所施,下所效"。王国维最早将"教育"一词当作术语使用。教育包括广义的教育、狭义的教育以及特指的教育三个层次。学习时要牢记教育三个层次的含义,着重理解教育的基本特征（目的性、阶级性、发展性、历史性、永恒性、模仿性、社会性等）,注意与其他影响活动的区别。此部分内容大多出选择题和简答题,要着重记忆。

① 陈友松. 当代西方教育哲学[M]. 北京：教育科学出版社,1982：26.

二、教育的起源

教育产生于人类生存与发展的需要,与人类社会共始终,因此必须对教育的起源有所了解。教育起源问题是教育学研究中的一个重要问题,古今中外的诸多学者的见解各有不同。综合而言,有以下几种常见观点。

(一) 神话起源论

神话起源论认为,教育是由人格化的神所创造的,教育的目的是体现神或天的意志,使人依于神或顺从于天。这是人类关于教育起源的最古老的观点,几乎所有的宗教都持这种观点。

(二) 生物起源论

教育的生物起源论的代表人物是法国的社会学家、哲学家勒图尔诺(C. Letourneau, 1831 - 1902)和英国教育家沛西·能(T. P. Nunn, 1870 - 1944)。勒图尔诺认为动物生存竞争的本能是教育的基础。沛西·能认为:"教育从它的起源来说,是一个生物学过程,生物的冲动是教育的主要力量。"[①] 换言之,教育的产生完全来自于动物的本能,是种族发展的本能需要。教育的生物起源论混淆了人类社会和生物界的本质区别,将动物的本能与人类的教育进行类比,忽视了人类教育活动的社会性和目的性。但勒图尔诺是教育史上第一个将教育起源问题作为学术问题进行研究的学者。

练习1.5 英国教育家沛西·能认为,教育是天生的而不是获得的表现形式,是本能的不可避免的行为。这一观点属于(　　)。

A．神话起源说　　　B．生物起源说　　　C．心理起源说　　　D．劳动起源说

练习1.6

教育学史上第一个正式提出的有关教育起源的学说是(　　)。

A．神话起源说　　　B．生物起源说　　　C．心理起源说　　　D．劳动起源说

(三) 心理起源论

教育的心理起源论的代表人物一般认为是美国的心理学者孟禄(P. Monnoe, 1869 - 1974)。他认为教育起源于日常生活中儿童对成人的无意识模仿。他在《教育史教科书》(*A Textbook in the History of Education*, 1923)中讨论了原始教育问题。他认为:"原始人从来没有达到过有意识的教育过程,绝大部分纯粹是无意识的模仿。儿童仅仅是通过观察和使用'尝试-成功'的方法学习……"[②] 同时,他又认为原始社会中的"儿童必需的知识是通过模仿而获得的。在幼年时,其模仿是无意识的"[③]。据此,有人推论教育起源于人类的无意识模仿,这就是教育的心理起源论。但孟禄本人并没有直接讨论教育起源问题,而是在说明原始社会中的教育方法时提出了上述观点。

练习1.7 美国学者孟禄根据原始社会没有学校、没有教师的史实,断定教育起源于儿

---

① 沛西·能. 教育原理[M]. 王承绪译. 北京:人民教育出版社,1992:8.

② P. Monnoe, *A Textbook in the History of Education*. 载瞿葆奎. 教育与教育学[M]. 北京:人民教育出版社,1993:186.

③ P. Monnoe, *A Brief Course in the History of Education*. 载瞿葆奎. 教育与教育学[M]. 北京:人民教育出版社,1993:193.

童对成人的无意识模仿。这种观点被称为（　　）。

　　A. 交往起源论　　　B. 生物起源论　　　C. 心理起源论　　　D. 劳动起源论

（四）劳动起源论

　　教育的劳动起源论，也被称为教育的社会起源学说，是在批判和否定了生物起源论和心理起源论的基础上，在马克思主义理论的指导下形成的。苏联的教育学者（如康斯坦丁诺夫、凯洛夫等）与我国的教育学者（如曹孚、王天一等）大多持这种观点。劳动起源论认为，教育起源于人类开始制造工具的时候，是在劳动过程中产生出来的。具体来说，它是在人类的群体劳动生产过程中，把个体和群体逐步积累起来的劳动生产知识、经验和技能，有意识和有目的地随时随地传授给下一代，使人类自身和社会不断延续和发展下去。

　　除上述几种基本学说之外，在教育起源上还有交往起源说、生活起源说等多种不同观点。

◈ 温馨提示

　　牢记上述四种教育起源学说。学习时可以按照"理论名称-代表人物-基本观点-评价"这条主线进行梳理。教育起源内容多以选择题形式出现，注意提炼关键词，如：生物起源说——本能、冲动；心理起源说——无意识、模仿；劳动起源说——马克思主义学者，等等。

三、教育的发展

　　自从有了人类也就有了教育。那么教育是如何发展的？从形式上看，教育经过了以下四阶段，即非形式化教育阶段、形式化教育阶段、制度化教育阶段和未来教育阶段。

（一）非形式化教育阶段

　　非形式化教育是指与生活过程、生产过程浑然一体的教育，没有固定的教育者，也没有固定的受教育者。这种教育方式自有了人类就产生，一直到原始社会的解体。非形式化教育阶段的特征如下：

　　1. 教育主体与教育对象具有不稳定性；

　　2. 没有专设的教育机构，教育与社会生活融为一体；

　　3. 教育只是为了满足社会生活和劳动生产需要（如行为规范、习俗经验、原始的宗教艺术、劳动的技能）；

　　4. 教育传播媒介主要是靠语言和形体示范；

　　5. 儿童在模仿成人的活动中学习。

（二）形式化教育阶段

　　教育的发展，经历了从不定型到定型的过程，这就是教育的形式化过程。到了奴隶社会阶段，由于生产力的发展、脑力劳动和体力劳动的分离、文字的创造与知识的积累、国家机器的产生等，专门的学校就出现了。一般认为，学校出现在奴隶社会。我国早在夏朝就出现了庠、序、学这样的学校教育形态。形式化教育阶段的教育具有如下特点：

　　1. 教育主体确定；

2. 教育对象相对稳定；

3. 形成系列的文化传播活动，所传播的文化逐渐规范化；

4. 大抵有固定的活动场所和或多或少的设备；

5. 由以上种种因素结合而形成独立的社会活动形态。①

（三）制度化教育阶段

大约在19世纪下半叶，严格意义上的教育系统已经基本形成，以班级授课制的出现为标志，教育在其组织形态上又出现了第二次大分化，即制度化教育和非制度化教育的分化，从此进入制度化教育阶段。学校教育制度（简称学制）的建立是制度化教育的典型表征。

制度化教育的主要实施机构是学校。尽管这个阶段也有很多非教育机构承担教育职责，但都以正规的学校制度为参照系数来设置。制度化教育具有如下特点：

1. 学校化：把教育等同于上学；

2. 制度化：明确规定各种制度，如入学制度、教学制度、考试制度、学籍管理等；

3. 封闭化：它按自身的特有标准，有自身特有的规则、规范构筑壁垒，形成其他系统、其他实体、其他过程的排斥性，导致正规教育"十分狭隘"；②

4. 标准化：用统一的标准与规格来管理，保持教育系统的一致性。

练习 1.8 在教育发展史中，学校教育制度的确立标志着教育进入了（　　）。

A．非形式化教育阶段　　　　　B．形式化教育阶段

C．制度化教育阶段　　　　　　D．未来教育阶段

练习 1.9 简述制度化教育阶段的特点。

（四）未来的教育

制度化教育有其成功之处，也存在着诸多缺陷，因此，许多学者建议对教育做重大而又非正统的矫正。美国教育家伊里奇更是走向极端，他认为："学校的废除已不可避免，并且，这样一种幻想的结局使我们允满希望。"③联合国教科文组织在《学会生存》一书中认为："未来的学校必须把教育的对象变成自己教育自己的主体。受教育的人必须成为教育他自己的人；别人的教育必须成为这个人自己的教育。"④也就是说，未来将是一个学习化的社会，在对制度化教育进行改造的同时，人们将在学校之外寻找种种非制度教育的方式为越来越多的人提供越来越充分的学习机会，使教育成为一个终身连续的过程。总之，未来的教育，应该是教育的社会化和社会的教育化与非制度化教育相互补充，达到共同繁荣的局面。

❖ **温馨提示**

教育的发展经历了非形式化、形式化、制度化、未来化四个阶段。学习时要牢记各个阶段的特点，记忆时可以根据教育的基本要素（教育者、受教育者、教育内容、教育方法、教育场所等）进行识记。

---

① 陈桂生.教育原理[M].上海：华东师范大学出版社，2000：34.
② 陈桂生.学校教育原理[M].长沙：湖南教育出版社，2000：56.
③ ［美］伊里奇.学校教育的抉择[M].瞿葆奎.教育与社会发展.北京：人民教育出版社，1993：651.
④ 联合国教科文组织国际教育发展委员会.学会生存[M].北京：教育科学出版社，1996：200.

四、我国小学教育的发展

小学教育又称初等教育,通常是指一个国家学制中第一个阶段的教育,是基础教育的组成部分,其教育对象往往是 6—12 岁的学龄儿童。小学教育是对全体公民实施的基础的文化知识的教育,是培养公民基本素质的教育。

我国小学教育的发展历史可以追溯到古代,随着生产力的发展和政治经济制度的变革,小学教育从近代开始真正制度化。我国小学教育历史可大致划分为古代的小学教育、近现代的小学教育、中华人民共和国成立后的小学教育。

(一)我国古代的小学教育

在我国,三代开始就有小学教育。《孟子·滕文公上》说:"夏曰校,殷曰序,周曰庠。学则三代共之,皆所以明人伦也。"据推测,校、序、庠都是当时的小学。西周时期,周天子建立了小学,这种小学设在官府。春秋战国时期,随着生产力的发展,私学兴起,其中孔子兴办的私学规模最大。此后,各朝各代不但有官办的小学,也有私立的小学。我国古代对蒙学教育以至蒙学教材的编纂都十分重视。最具代表性的教材是"三、百、千、千"(即《三字经》《百家姓》《千字文》《千家诗》),等等。另外,朱熹所编的《童蒙须知》、王守仁的《训蒙大意》、王筠的《教童子法》等也具有一定的影响。

练习 1.10 中国最早的学校教育形态出现在( )。

A. 西周　　　　　B. 春秋战国　　　　C. 夏朝　　　　D. 殷商

(二)我国近现代的小学教育

1. 近代的小学教育

近代以后,小学教育得到了进一步发展。1878 年,张焕纶所创办的上海正蒙书院内附设小班(1882 年改名为梅溪书院,1902 年改称梅溪学堂,1912 年更名为梅溪小学)。这是我国近代小学教育的开端。

我国最早的公立学堂可追溯到 1897 年盛宣怀创办的南洋公学四院中的"外院"部分。随着南洋公学"外院"的创立,许多地方也跟从效仿,于是小学堂数目增多,其中最具代表性的是北京的八旗奉直小学堂和天津的蒙养东塾。

清政府下定决心推行的现代小学开始于 1899 年 5 月,清政府下令各省府州县设学堂,并将各州县的书院改名为小学堂。这是现代小学教育的开始。

练习 1.11 我国最早的公立小学是( )。

A. 上海正蒙书院　　　　　　　　B. 北京八旗奉直小学堂

C. 上海南洋公学　　　　　　　　D. 天津蒙养东塾

2. 清末的小学教育

1899 年 5 月,清政府命令各省府州县设学堂,并将各州县的书院改为小学堂。1902 年,清政府颁布了《钦定学堂章程》(即"壬寅学制"),但此章程并没有实施,很快就被 1904 年的《奏定学堂章程》(即"癸卯学制")所取代。该章程奠定了小学教育的法律地位。规定设立初等小学堂,入学对象为 7 岁儿童,修业年限为 5 年。其培养目标为"以启其人生应有之知识,立其明伦理爱国家之根基,并调护儿童身体,令其发育为宗旨;以识字之民日多为成效",并规定初等小学教育为义务教育。"癸卯学制"中,初等教育包括蒙养院 4 年(3—7 岁),初等小学堂 5 年(7—12 岁),高等小学堂 4 年(12—16 岁),其中蒙养院相当于今天的学前教育,初等小学堂则相当于今天的小学阶段,高等小学堂相当于今天的初级中学。并规定初等小学教育为义务教育。具体课程为修身、读经讲经、中国文字、历史、地理、格致、体操、图画、手工。

3. 中华民国的小学教育

1912 年中华民国成立后,教育部公布小学校令,改小学堂为小学校,分为初等小学校和高等小学校。初等小学校招收 6 岁儿童,修业年限为 4 年。其培养目标为:留意儿童身心发育,培养国民道德之基础,授以生活所必需之知识技能。

1919 年,受"五四"新文化运动的影响,小学教育发生较大的变化。小学教育机构统称为小学校,招收 6 岁儿童入学,修业年限为 6 年,分为初级小学(4 年,可单独设立)和高级小学(2 年)。这一学制一直延续到中华人民共和国成立。前四年为义务教育年限,但各地方可以视实际情况适当延长。

由以上所述不难发现,清末以后,我国的小学教育有了较大的发展,其基本特征是:第一,逐步明确了小学教育为普通教育、义务教育的性质;第二,学制改革逐渐向世界其他国家靠近,采用修业年限为 6 年的"4－2"学制;第三,逐步明确小学教育是为培养合格公民打基础的教育;第四,从小学堂到小学校都有设立公立和私立两类学校。

4. 革命根据地的小学教育

中国共产党领导下的革命根据地的小学教育可追溯到土地革命时期。1934 年 2 月颁布的《中华苏维埃共和国小学制度暂行条例》将苏区小学一律统称为列宁小学,小学学制改为 5 年(初等小学 3 年,高等小学 2 年),采用半日制和全日制两种办学方式,以复试教学为编制组织班级教学,设有国语、政治、数学等课程,且注重与生产劳动相结合。

抗日战争时期,陕甘宁边区的小学教育以培养有文化、身体健康的抗战建国的劳动者为目的,实施政府办学和民办公助的办学政策,招收 8—14 岁的适龄儿童,修业年限为 5 年,以识字和算术为主要科目,教材内容力求精简实用。

解放战争时期的小学教育采取了改造与普及的方针,使得小学教育获得快速发展。《小学教员暂行实施办法》指出小学教育是新民主主义国家公民的教育,以学习文化为主,培养其生活技能,注重卫生健康教育,培养儿童健康身体,培养儿童热爱人民、国家的思想及爱劳动、民主、守纪律的良好习惯。就课程设置而言,以培养儿童的革命观点,传授一些生产劳动知识为重点;就组织形式而言,通过上课、作报告或者是参加社会活动来组织教学。

5. 中华人民共和国成立后的小学教育

1949 年 9 月,中国人民政治协商会议通过的《共同纲领》规定小学教育为基础国民教育。1951 年,中央人民政府政务院颁布的《关于改革学制的决定》,确定施行五年一贯制的小学教育,规定小学为儿童实施初等教育的学校,入学对象为 7 岁儿童。1953 年 9 月,《小学教学计划(草案)》规定,小学设语文、算术、自然、历史等 8 科,并通过教学、晨夕会、课外活动、班主任和少先队工作进行思想品德教育。1953 年后,小学教育照搬苏联的 12 年教学计划,翻译和采用苏联教材,在校内推广苏联的教学方法和苏联课堂教学环节。

1954 年 8 月,提出要以社会主义、马列主义思想来教育学生,培养全面发展的社会主义新人。1980 年,提出了《关于普及小学教育的若干问题的决定》。1981 年后,全国适龄儿童入学率基本达到 91％以上。

1986 年，我国颁布《中华人民共和国义务教育法》，开始推行九年制义务教育，在普及初等教育的基础上普及初级中等教育。小学教育迅速发展，教学质量逐步提高。

1992 年，《中国教育改革和发展纲要》提出的基础教育要从应试教育转向全面提高国民素质的轨道，标志着开始以素质教育为导向的改革。

2001 年，我国实施第八次基础教育课程改革，全国基本普及了九年一贯制义务教育。此次课程改革注重内容现代化，以综合课程为主，且重视地方课程和学校课程，改革课程过于集中的状况，倡导自主、合作、探究相结合的学习方式，并促进了多媒体技术在学校教育中的普遍运用。

2006 年 9 月 1 日施行的《义务教育法》主要内容如下：义务教育由多渠道筹措经费、依靠人民办教育，向主要依靠政府财政投入办教育转变；由收费义务教育向免费义务教育转变等。

（三）我国小学教育现状

中华人民共和国成立后，中央人民政府国务院于 1951 年颁布了《关于改革学制的决定》，小学的修业年限为 5 年，实行一贯制，取消初、高两级分段制。1960 年以后，在城市小学 6 年基本不分段。之后，小学学制基本上 6 年制、5 年制，而多数采用 6 年制。随着九年制义务教育的推行，明确了学制采用"5、4"制和"6、3"制并存，并逐步实现"九年一贯制"，小学教育得到了快速发展和提高。

1. 小学教育普及率稳步上升

中华人民共和国成立之初，我国小学教育的基础非常薄弱。当时，全国适龄儿童入学率不足 20％。经过多年的努力，我国小学教育有了很大的发展，小学教育的普及率稳步上升。1949 年，中国人民政治协商会议第一次全体会议通过的《全国人民政治协商会议共同纲领》规定："要有计划有步骤地实行普及教育。"1980 年，党和政府大力推动小学教育的普及与提高，颁布了《关于普及小学教育若干问题的决定》，提出 20 世纪 80 年代在全国基本实现普及小学教育的历史任务。1986 年中华人民共和国主席令第 38 号公布《中华人民共和国义务教育法》，其中第 2 条明确规定："国家实行九年制义务教育。"《义务教育法》的颁布，标志着我国从此确立了普及义务教育的制度，基础教育的发展获得了法律保障，进入到依法治教的新阶段。据统计，到 1999 年底，全国有小学 58.23 万所，在校学生 1.35 亿人。小学学龄儿童入学率达到 99.09％，其中男童入学率 99.1％，女童入学率 99.0％。小学学生辍学率下降到 0.90％。随着"普九"工作的进一步推进，到 2000 年年底，全国普及九年义务教育的地区人口覆盖率达到 85％。2007 年，政府全面推行农村义务教育免除学杂费政策，2008 年 9 月 1 日，在全国范围内全部免除城市义务教育学杂费。至此，全国义务教育的学生全部实现了免费上学。到 2008 年，全国小学净入学率达到 99.5％。《国家中长期教育改革和发展规划纲要（2010—2020 年）》规定：到 2020 年，全面提高普及水平，全面提高教育质量，基本实现区域内均衡发展，确保适龄儿童少年接受良好义务教育。

2. 全面推进素质教育

小学阶段的根本目标是使学生掌握必要的文化科学基础知识和基本技能，提高学生素质，培养合格的社会主义公民。1993 年，中共中央、国务院在《中国教育改革和发展纲要》中要求：中小学要由"应试教育"转向全面提高国民素质的轨道，面向全体学生，全面提高学生的思想道德、文化科学、劳动技能和身体心理素质,促进学生生动活泼地发展,办出各自的特色。1999 年,《中共中央国务院关于深化教育改革全面推进素质教育的决定》再次明确强调在小学阶段必须实施并全面推进素质教育。2006 年修订的《中华人民共和国义务教育法》明确规定"义务教育必须贯彻国家的教育方针,实施素质教育"。《国家中长期教育改革和发展规划纲要(2010—2020 年)》指出:"坚持以人为本、全面实施素质教育,是教育改革发展的战略主题,是贯彻党的教育方针的时代要求,其核心是解决好培养什么人、怎样培养人的重大问题,重点是面向全体学生、促进学生全面发展,着力提高学生服务国家服务人民的社会主义责任感、勇于探索的创新精神和善于解决问题的实践能力。"

3. 师资队伍建设日趋完善

1993 年 10 月 31 日颁布的《教师法》规定教师是履行教育教学职责的专业人员,承担教书育人,培养社会主义事业建设者和接班人,提高民族素质的使命。1995 年 3 月颁布的《教育法》再次强调:教师享有法律规定的权利,履行法律规定的义务,忠诚于人民的教育事业。同年 12 月 12 日发布的《教师资格条例》认为教师资格标志着从事教师职业所必须的品德、知识和能力。通过一系列法律、法规的实施,教师地位不断提升,专任教师学历层次逐渐提高,骨干队伍日益壮大,教师教育结构实现三级向二级过渡。目前,我国已经逐步形成了一支数量适当、素质良好、分布均衡、结构合理、地位待遇较好、相对稳定、基本适应教育改革和发展的教师队伍。《国家中长期教育改革和发展规划纲要(2010—2020 年)》指出:"教育大计,教师为本。有好的教师,才有好的教育。提高教师地位,维护教师权益,改善教师待遇,使教师成为受人尊重的职业。"2018 年 1 月出台的《中共中央国务院关于全面深化新时代教师队伍建设改革的意见》中明确指出:要不断提高教师的地位待遇,真正让教师成为令人羡慕的职业。

4. 办学体制走向多样化

1963 年,中共中央在《关于讨论试行全日制中小学条例草案和对当前中小学教育工作的几个问题的指示》中指出,中小学教育事业要认真贯彻"两条腿走路"的方针,采取多种形式举办中小学教育。改革开放以来,国家对社会力量办学一直采取鼓励、大力支持的方针。1982 年修改后的《宪法》规定:"国家鼓励集体经济组织、国家企业事业组织和社会力量依照法律举办各种教育事业。"1985 年,《中共中央关于教育体制改革的决定》明确规定把发展基础教育的责任交给地方,即在国务院领导下,实行地方负责、分级管理。《国家中长期教育改革和发展规划纲要(2010—2020 年)》指出:"深化办学体制改革,坚持教育公益性原则,健全政府主导、社会参与、办学主体多元化、办学形式多样、充满生机活力的办学体制,形成以政府办学为主体、全社会积极参与、公办教育和民办教育共同发展的格局。调动全社会参与的积极性,进一步激发教育活力,满足人民群众多层次、多样化的教育需求。"

5. 课程改革不断推进

2001 年,国务院批准《基础教育课程改革纲要(试行)》,标志着我国基础教育课程改革的全面启动。通过改革,确立了三维目标,开设了综合化课程,实行弹性课程管理,开发地方课程等。通过课程改革,极大地促进了课程的管理方式、评价方式、教学观念和行为等的转变。

总之,小学教育取得了很大的成绩,但同时我们还需清醒地看到,我国的小学还存在不少问题:如何建立依法保障教育投入的有效机制问题;如何解决部分农村地区小学教师工资久拖不决的问题;如何推进基础教育整体改革,标本兼治,解决部分地区和学校"择校生"、民办教育高收费问题;等等。这些问题都需要我们认真对待。

(四) 小学教育的特点

小学教育是一项规模宏大的教育奠基工程,除具有一般教育的特点外,还有其独特的基本特征。

1. 基础性

我国学校的教育体系,由初等教育、中等教育和高等教育三个阶段所构成,其中小学教育属于初等教育,它是各级各类学校教育的基础。它的基础性主要表现在以下方面。

第一,为提高国民素质奠定基础。小学教育要面向全体儿童、少年,实施全面发展的教育。不仅要使他们具有扎实的基础知识和基本技能,而且要通过教育,使他们具有良好的思想素质、身体素质和心理素质,为他们未来的社会生活打下良好的基础。

第二,小学教育为各级各类人才的培养奠定基础。小学教育的质量直接影响高一级学校人才培养的质量,小学教育是基础中的基础。如果小学教育质量不能提高,高质量人才的培养就会成为一句空话。

第三,小学教育为儿童、少年一生的发展奠定基础。儿童、少年接受基础教育的年龄阶段,是其人生历程中的关键期。幼儿经过小学、初中阶段的培养,无论是身体还是心理都逐渐走向成熟,知识、技能及各方面的素质逐步得到提高。因此,小学阶段是个体社会化的重要阶段。各级教育行政部门,都要重视小学教育,突出小学教育的基础性。

2. 全民性

小学教育的全民性,从广义上说,是指小学教育必须面向全体人民。这样,才能从根本上彻底扫除文盲,从整体上提高全民族的文化素质。从狭义上讲,是指小学教育必须面向全体适龄儿童。可以说,小学教育的全民性是世界各国教育改革的共同趋势,几乎所有国家的教育都在努力创造条件,确保每个人接受初等教育的权利。我国小学教育的全民性是社会主义现代化建设,提高整个中华民族的素质,使全国各族的少年儿童都接受社会主义教育的需要。为保证这一全民性质,国家特别对女童的教育、贫困地区和少数民族地区儿童的教育给予特别的关心,采取了特殊政策;对于残疾儿童的教育也给予了特殊的关注,专门加以保障。2006 年,我国重新修订了《义务教育法》,也是对实现基础教育的全民性的有力保证。

3. 义务性

小学教育面向全体适龄儿童,任何未成年的公民,不论其种族、民族、性别、肤色、语言、社会经济地位如何,只要达到一定的年龄(6—7 岁),都必须接受小学教育。因此,小学教育在整个教育中具有义务教育的性质,对于每个公民来说,教育机会是均等的,是应当享有的权利。同时,《义务教育法》规定:"义务教育是国家统一实施的所有适龄儿童、少年必须接受的教育,是国家必须予以保障的公益性事业。实施义务教育,不收学费、杂费。""适龄儿童、少年的父母或者其他法定监护人应当依法保证其按时入学接受并完成义务教育。"因此,小学教育是依照国家法律而实施的基础教育,它具有强制性、普及性。

4. 全面性

小学教育是每个少年儿童的德、智、体、美等全面发展的教育。小学教育既不是就业定向的职业技术教育,也不是培养高层次专门人才的专业教育。它是面对全体儿童实施普通的基础知识和基本技能的教育。在此基础上发展他们的能力,培养他们高尚的思想道德品质和提高他们的身体心理素质,使他们具备国民应有的一些基本素质,为他们进一步深造创造条件。同时,小学教育是培养各级各类人才的前提。小学教育是向全体儿童进行的最基本的知识、技能教育,帮助他们学会如何做人,奠定学习、生活和进一步发展的基础。因此,只有保证小学教育的质量,才能确保高一级学校的教育质量。儿童接受小学教育的年龄阶段,是人生历程的巨大变化时期,是人的智力、能力和良好习惯形成的最佳时期,小学教育的每个方面都不可偏废。

总之,面对正在成长的小学生,我们不仅要一般地了解他们的年龄特征和个性特点,而且要具体地掌握儿童在小学阶段的身心发展过程,针对每个具体的儿童及其身心在不同阶段的特点,做细致而艰苦的教育工作,并且把学校教育、家庭教育和社会教育密切结合,为社会主义建设培养合格的各类人才,为祖国的未来造就全面发展的一代新人。

练习 1.12 简述小学教育的基本特点。

◆ 温馨提示

小学教育的发展史部分,要注意涉及"最早"的内容,如最早的小学,最早的公立小学,小学男女同校的开始时间等。牢记小学教育的特点。特别关注《国家中长期教育改革和发展规划纲要(2010—2020年)》中关于小学的规定与规划目标的论述。

第二节 ◆ 教育学的产生与发展

一、西方教育学的发展

教育学是以教育现象、教育问题为研究对象,探索教育规律的社会科学。古代先哲们早在几千年前就开始讨论教育问题,教育学源于西方,但教育学作为一门规范的学科却只有200年左右的历史。

(一)孕育期

任何事物都有一个孕育、诞生和成长的过程,教育学也不例外,古代哲人对教育的认识为教育学的诞生奠定了坚实的基础。苏格拉底(Socrates,前469-前399)的产婆术(讽刺、定义、助产),柏拉图(Plato,约前427-前347)的《理想国》(构建了"金字塔"型的教育体系),亚里士多德(Aristotle,前384-前322)的《政治学》(提出教育政治学、分段教育、教育遵循自然),昆体良(M. F. Quintilianus,35-95)的《雄辩术原理》(西方最早的教育学专著),奥古斯丁(A. Augustinus,354-430)的《忏悔录》(基督教哲学),伊拉斯谟(D. Erasmas,1469-1536)的《一个基督教王子的教育》和《愚人颂》(提倡个性自由、和谐发展的世俗教育),拉伯雷(F. Rabelais,1494-1553)的《巨人传》(政治小说,批判经院教育),蒙田(M. D. Montaigne,1533-1592)的《论儿童的教育》(顺应儿童原则)等著作从不同角度对教育问题进行了探讨,提出了一些精辟的见解,其中包含着大量的科学的成分,为教育科学的诞生奠定了深厚的基础。

练习 1.13 下列反映柏拉图教育思想的著作是(　　)。

A.《雄辩术原理》　　B.《巨人传》　　　　C.《理想国》　　　　D.《教育论》

（二）诞生期

教育学的诞生大约经历了两百多年的历史。英国哲学家培根（F. Bacon，1561－1626）批判了亚里士多德的经院哲学，提出了实验归纳法，为教育学的诞生提供了方法论基础。1623 年在《论科学的价值和发展》中，他首次将教学的艺术作为一个独立的研究领域提出，并把它理解为"讲述与传授的艺术"[①]。捷克教育家夸美纽斯（J. A. Comenius，1592－1670）的《大教学论》（1632）探讨了"把一切事物交给一切人类的全部艺术"。从他以后，人们开始教育学的独立探索时期。如英国哲学家洛克（J. Locke，1632－1704）的《教育漫话》（1693）提出了完整的绅士教育体系，法国思想家卢梭（J. J. Rousseau，1712－1778）的《爱弥儿》（1762）阐述了自然教育理论，瑞士教育家裴斯泰洛齐（J. H. Pestalozzi，1746－1872）的《林哈德与葛笃德》明确提出要"使人类教育心理学化"，这些都对教育学的诞生起了重要的作用。

在教育学的创立阶段，康德（I. Kant，1724－1804）做出了重要贡献。在哥尼斯堡大学期间，他先后四次讲授教育学，讲稿由其学生们编纂后以"康德论教育"为书名在 1803 年出版。康德认为"教育的方法必须成为一种科学"[②]。接任康德哲学教席的是赫尔巴特（J. F. Herbat，1776－1841），他 1806 年出版的《普通教育学》为教育学的创立做出了最重要的贡献。他认为"教育学作为一门科学，是以实践哲学和心理学为基础的。前者说明教育的目的，后者说明教育的途径、手段与障碍"[③]。

1. 夸美纽斯

夸美纽斯是捷克著名教育家，具有强烈的民主主义思想，为世界教育做出了巨大的贡献，为近代西方教育理论的发展奠定了基础。其代表作《大教学论》的问世标志着教育学开始形成为一门独立学科，该书也被认为是近代第一本教育学著作。其主要观点有：第一，提出"泛智"教育，即把一切事物教给一切人，一切男女青年都应该进学校；第二，教育适应自然；第三，提出班级授课制；第四，提出了直观性、系统性、量力性、巩固性、自觉性等教学原则。

练习 1.14　标志着教育学成为一门独立的学科的著作是（　　　）。
A.《雄辩术原理》　　　　　　　　B.《康德论教育》
C.《大教学论》　　　　　　　　　D.《论科学的价值和发展》

2. 卢梭

卢梭是法国著名的教育思想家，主张"性善论"，推崇"自然教育"，认为教育"归于自然"，即以自然的教育为基准，才是良好有效的教育，教育的任务应使儿童"归于自然"。卢梭在其代表作《爱弥儿》中提出自然教育，认为出自造物者之手的东西都是好的，而一到人的手里就全都变坏了。他还倡导儿童本位的教育观，提倡要高度尊重儿童。

练习 1.15　在西方近现代教育史上，被认为最先"发现了儿童"的教育家是（　　　）。
A. 杜威　　　　　B. 卢梭　　　　　C. 康德　　　　　D. 洛克

[①] 培根将科学分为历史、诗歌、哲学。其中哲学又分为自然神学、自然哲学、人类哲学；人类哲学又分为人类群体哲学、人类个体哲学；人类个体哲学又分为人体学、灵魂学；灵魂学又分为伦理学、逻辑学；逻辑学又分为研究和发明的艺术、检验和判断的艺术、保存和记忆的艺术、讲述和传授的艺术。讲授和传授的艺术就是现在的教育学。

[②] 康德. 康德论教育[M]. 瞿菊农译. 上海：商务印书馆，1930：11.

[③] 赫尔巴特. 普通教育学·教育学讲授纲要[M]. 李其龙译. 北京：人民教育出版社，1989：190.

练习 1.16 主张让儿童顺其自然地发展,甚至摆脱社会影响的法国教育家是( )。

A. 裴斯泰洛齐 　　　 B. 洛克 　　　　 C. 卢梭 　　　　 D. 杜威

3. 康德

康德是最早在大学开设教育学讲座的有影响的学者之一,他认为"人是唯一需要教育的动物",教育的根本目的就是要对人性进行恰当的控制,主张自由是道德教育的最高目的。

4. 裴斯泰洛齐

裴斯泰洛齐是西方教育史上首次提出"教育心理学化"口号的教育家,所谓"教育心理学化"就是把教育提高到科学水平,将教育科学建立在人的心理活动规律的基础上。

5. 洛克

洛克提倡"白板说",认为人的心灵就像一块白板,没有任何观念,天赋的智力人人平等,认为"我们日常所见的人中,他们之所以或好或坏,或有用或无用,十分之九都是他们的教育所决定的。人之所以千差万别,便是由于教育之故"。洛克提倡"绅士教育",认为教育的目的就是培养绅士,《教育漫话》一书即详细论述了绅士教育的内容。

6. 赫尔巴特

赫尔巴特被认为是"现代教育学之父",其代表作《普通教育学》的出版(1806年)标志着规范教育学的建立,该书同时也是第一本现代教育学著作。他认为伦理学和心理学是教育学理论体系的两个理论基础,其突出贡献在于把道德理论教育建立于伦理学基础上,把教学理论建立在心理学基础上,这样就奠定了科学教育学的基础。赫尔巴特本人也被称为"科学教育学的奠基人"。他认为教育的最高目的在于完善道德和性格,并首次提出了"教育性教学原则"。就教育阶段而言,他提出了著名的教学四阶段论,即明了、联想、系统、方法,后被其学生齐勒发展为五阶段,即预备、提示、联系、总结、运用。赫尔巴特强调"课堂中心""教材中心""教师中心",由此被看作是传统教育理论的代表性人物。

练习 1.17 一般认为教育学成为一门独立学科的标志是( )。

A. 卢梭的《爱弥儿》　　　　　　 B. 斯宾塞的《教育论》
C. 赫尔巴特的《普通教育学》　　　 D. 夸美纽斯的《大教学论》

(三)发展期

19世纪以后教育学得到了迅速的发展:梅伊曼和拉伊将自然科学的实验法运用于研究儿童发展与教育的关系;狄尔泰等将精神科学方法运用于教育学研究,采用理解与解释的方法讨论教育问题;杜威强调教育与生活的联系;马克思主义教育家则运用唯物辩证法研究教育问题;还有对教育诸多问题的研究、批判都产生了比较广泛影响的批判教育学,等等。这个时期的教育学流派纷呈,争鸣不断,出现了多元化发展的态势,从而使教育学不断趋向成熟。

其中杜威的理论是现代教育理论的代表,他所提出的"儿童中心""活动中心""经验中心"的"新三中心论"区别于以赫尔巴特为代表的传统教育理论。其代表作《民主主义与教育》与柏拉图的《理想国》、卢梭的《爱弥儿》构成了西方思想史上三大里程碑式著作。其主要观点如下:就教育本质而言,杜威认为教育即生活,教育即生长,教育即个体经验的改组或改造,学校即社会;就教育目的而言,杜威认为教育的过程是一个不断改组、不断改造和不断转化的过程,在它自身以外没有目的,它就是它自己的目的;在教学方法上,他提出"做中学",要求以活动性、经验性的主动作业代替传统的书本式教材。杜威的教育学说提出后,西方教育学便出现了以赫尔巴特为代表的传统教育学派和以杜威为代表的现代教育学派的对立局面。

练习1.18 "现在,我们教育中将引起的改变是重心的转移……在这里,儿童变成了太阳,教育的一切措施要围绕他们而组织起来。"这一理念出自教育家(　　)。

A. 洛克　　　　　　B. 康德　　　　　　C. 杜威　　　　　　D. 培根

练习1.19 教育史上传统教育派与现代教育派的代表人物分别是(　　)。

A. 夸美纽斯和布鲁纳　　　　　　　　B. 夸美纽斯和杜威

C. 赫尔巴特和布鲁纳　　　　　　　　D. 赫尔巴特和杜威

(四) 分化期

第二次世界大战以后,教育学科迅速分化并成为一个相对独立的学科。这表现在两个方面:一是从教育学中分化出一些新的教育学科,如教学论、德育论等;二是通过借鉴其他学科的方法论与研究成果,因而形成了一些新学科,如教育技术学、教育人类学等。教育学科的细密分化,使教育学科体系得以初步形成。

同时,研究者们开始对教育学本身进行反思,这种反思是对教育研究的研究,其目的不是要形成教育理论,而是检讨教育研究活动本身的目的、性质、价值,等等,形成教育学观。有关教育学自身的研究结果形成了教育学的元理论。教育学元理论的出现将极大地提高教育研究者的理论自觉性,推动教育学的未来发展。

> **温馨提示**
>
> 西方教育学的发展大致经历了孕育期、诞生期、发展期、分化期四个阶段,学习时可以根据"姓名—代表作—主要思想—历史地位"这个逻辑进行梳理与记忆。特别注意一些"最早"的人物与事件。这部分内容多以选择题形式出现。

二、中国教育学的发展

(一) 古代的教育智慧

我国古代的思想家们关于教育问题有许多精辟的论述。如《礼记·学记》是世界上最早的成体系的教育学著作,先哲孔子、孟子、荀子、墨子等关于教育的论述为我们提供了丰富的教育思想资源。

1. 孔子的教育思想

孔子是中国古代伟大的教育家,他的教育思想主要体现在《论语》一书中。论教育与社会的作用方面,孔子认为先庶、后富、再教,即庶与富是实施教育的先决条件,在此基础上,再开展教育。在教育对象上,孔子主张"有教无类",这一教育思想在教育发展史上具有划时代意义。在学和思的关系上,《论语》记孔子语:"学而不思则罔,思而不学则殆。"在教育内容上,孔子编集整理了六经,即《诗》《书》《礼》《乐》《易》《春秋》,奠定了儒家教育内容基础。孔子主张教学过程应包含学、思、习、行。总之,孔子的教学内容偏重社会人事、文事,轻视科技与生产劳动。在教学原则与方法上,孔子主张启发诱导、因材施教、学思习行相结合以及温故知新等。孔子是世界上最早提出启发式教学,又在教学实践中最早采用因材施教方法的教育家。

练习 1.20 "庶"与"富"是"教"的先决条件。首次提出这一教育观点的教育家是（　　）。

A．孔子　　　　　B．孟子　　　　　C．荀子　　　　　D．墨子

练习 1.21 "学而不思则罔,思而不学则殆。"这句话出自（　　）。

A．《学记》　　　B．《论语》　　　C．《大学》　　　D．《师说》

练习 1.22 下列主张属于儒家教育思想的是（　　）。

A．有教无类　　　B．道法自然　　　C．绝圣弃智　　　D．以吏为师

练习 1.23 我国最早记载和阐释孔子"不愤不启,不悱不发"教学思想的著作是（　　）。

A．《学记》　　　B．《论语》　　　C．《大学》　　　D．《孟子》

2. 孟子的教育思想

孟子教育思想的基础是"性善论",认为教育是扩充"善性"的过程,教育的目的在于"明人伦",还提出了"大丈夫"的理想人格,即"富贵不能淫,贫贱不能移,威武不能屈"。教学方法上,主张"深造自得""盈科而进""教亦多术""专心致志"等。

3. 荀子的教育思想

荀子教育思想的基础是"性恶论",认为教育的作用是"化性起伪",即通过教育来改变自己的本性。荀子以"儒经"为教学内容,以"闻、见、知、行"为教育过程,即"不闻不若闻之,闻之不若见之,见之不若知之,知之不若行之。学至于行而止矣"。

4. 墨子的教育思想

墨子以"兼爱、非攻"为教,认为教育的目的在于培养"兼士"或"贤士",并提出"兼士"或"贤士"的三条具体标准即"博乎道术""辩乎言谈""厚乎德行"。教育内容上,包括政治和道德教育、科学和技术教育、文史教育,以及培养思维能力教育。教育方法上,主张主动、创造、实践以及量力等方法。

5. 道家的教育思想

道家主张"绝学无忧",主张遵循自然法则,一切顺其自然便是好的教育。

6. 法家的教育思想

法家教育思想的基础是绝对的"性恶论",认为人与人之间的关系是一种利害关系,离不开"算计之心",法家强调治国必须依靠高压政治、法制手段,无须教育感化。教育内容上,禁止"二心私学",主张"依法为教""以吏为师"。

7.《礼记·学记》的教育思想

《礼记·学记》是中国古代最早的一篇专门论述教育、教学问题的论著。《学记》是先秦时期儒家教育和教学活动的总结,主要论述了儒家的教育理论和经验,系统阐述了教育作用与教育目的,教育制度与学校管理,教育、教学的原则和方法等。《学记》中提倡的教育原则如下:

（1）教学相长。"是故学然后知不足,教然后知困。知不足然后能自强也,知困然后能自强也。故曰:教学相长也。"

（2）尊师重道。"师严然后道尊,道尊然后民知敬学。"

（3）藏息相辅。正课学习和外课学习相结合,相互补充。"大学之教也,时教必有正业,退息必有居学。"

（4）豫时孙摩。豫——禁于未发之谓豫;时——当其可之谓时;孙——不陵节而施之谓孙;摩——相关而善之谓摩,学习中要相互观摩,取长补短。

（5）启发诱导。"道而弗牵,强而弗抑,开而弗达。"主张开导学生,但不要牵着学生走;

对学生提出较高的要求,但不能使学生灰心。

（6）长善救失。"学者有四失,教者必知之。人之学也,或失则多,或失则寡,或失则易,或失则止。此四者,心之莫同也。知其心,然后能救其失也。教也者,长善而救其失者也。"

练习1.24 "是故学而后知不足,教然后知困。知不足然后能自反也,知困然后能自强也。故曰教学相长也。"这句话出自（   ）。

A.《大学》　　　　　B.《论语》　　　　　C.《学记》　　　　　D.《孟子》

（二）近代的教育思想

我国近代的思想家们关于教育问题有许多精辟的论述。蔡元培、黄炎培、晏阳初等关于教育的论述为我们提供了丰富的教育思想来源。

1. 蔡元培的教育思想

蔡元培是我国近代著名的民主革命家和教育家,为我国的教育事业发展做出了巨大的贡献,被毛泽东称为"学界泰斗,人世楷模"。蔡元培提出"五育并举"的教育方针（军国民教育、实利主义教育、公民道德教育、世界观教育和美感教育）,主张以美育代替宗教。对北大进行全面改革:改变校风,贯彻"思想自由,兼容并包"的办学原则;教授治校,民主管理;注重学科和教学体制改革。他提出教育独立思想,即要求教育经费独立,教育行政独立,教育学术和内容独立,教育脱离宗教而独立。

练习1.25 我国最早主张"以美育代宗教"的教育家是（   ）。

A. 陶行知　　　　B. 徐特立　　　　C. 杨贤江　　　　D. 蔡元培

练习1.26 被毛泽东称为"学界泰斗,人世楷模"的教育家是（   ）。

A. 杨贤江　　　　B. 徐特立　　　　C. 蔡元培　　　　D. 陶行知

2. 黄炎培的教育思想

黄炎培是我国职业教育的先驱,被誉为"职业教育之父"。在长期的职业教育实践中,黄炎培逐步形成了完整的职业教育思想体系,主要包括职业教育的地位、目的、办学方针、教学原则和职业道德教育的基本规范等。他将职业教育的目的概括为"使无业者有业,使有业者乐业",在数十年的实践中,形成了社会化、科学化的职业教育办学方针,并提出了"手脑并用""做学合一""理论与实际并行""知识与技能并重"等教学原则,将"敬业乐群"作为职业道德教育的基本要求。

3. 晏阳初的教育思想

晏阳初被誉为"国际平民教育之父",在乡村教育实践中提出"四大教育""三大方式"（四大教育即文艺教育、生计教育、卫生教育和公民教育,三大方式即学校、家庭和社会）,主张欲要"化农民"必须先"农民化"。

4. 梁漱溟的教育思想

梁漱溟认为中国的社会问题是由于文化失调,中国的建设问题归根结底是"乡村建设",而"乡村建设"的实质是一个中国文化改造的问题。因此,梁漱溟认为,乡村教育和乡村建设是一个问题的两个方面,实际上两者是可以统一的,乡村建设应以乡村教育为方法,而乡村教育需以乡村建设为目标。

5. 陶行知的教育思想

陶行知是我国近现代著名的人民教育家,为中国教育事业的改革和发展鞠躬尽瘁,死而后已,毛泽东称他为"伟大的人民教育家",宋庆龄赞誉他为"万世师表"。陶行知教育思想的核心是生活教育理论,认为"生活即教育",具体概述为生活含有教育的意义,实际生活是教育的中心,生活决定教育,教育改造生活;"社会即学校",把学校里的一切延伸到大自然中去;"教学做合一",强调学做结合。

练习1.27 被毛泽东称为"伟大的人民教育家"的陶行知提出的教育主张是（　　）。

A. 因材施教　　　　B. 遵循自然　　　　C. 教学做合一　　　　D. 官能训练

（三）中国教育学的发展阶段

1. 译介与引入阶段（1901—1915）

这一时期以日文为媒介,以介绍赫尔巴特教育理论为主。1901年《教育世界》第9、10、11期连载了王国维翻译的日本文学士立花铣三郎讲述的《教育学》,这是引进西方教育学的开始。此期间引进的教育作品计讲义类12种,报刊连载类14种,出版社出版物21种,国人据日文原本译编、改编或自编的16种。[①] 这是近代教育学在中国的初建阶段,也是中国传统教育思想研究与教育学科建设相结合的开始。

2. 积累和建设阶段（1915—1949）

这个阶段的中国教育学界开始由向日本学习转为向欧美学习,中国教育学无论从数量上还是质量上都有较大的提高。据不完全统计,这一时期中国学者出版发行的教育学著作共有78种,译著15种。[②] 这些作品中以美国为取向的较多,如庄泽宣的《教育概论》、吴俊升与王西征的《教育概论》、余家菊的《教育原理》等;以德国为取向的有石联星的《教育学概论》;以苏联为取向的有钱亦石的《现代教育原理》和杨贤江的《新教育大纲》。除了学习国外先进经验之外,这一阶段也出现了结合中国教育实际与问题展开的独立研究,开始形成教育学研究的专门队伍,涌现出代表人物。

3. 改造与苏化阶段（1949—1957）

这个时期可以划分为两个阶段:1950年左右是对旧教育学的改造阶段,50年代初到1957年是全面苏化阶段。中华人民共和国成立初期,教育学界开始批判杜威,批判1949年前国内"资产阶级教育思潮",开始以马列主义为指导建构新的教育学体系,其中胡守棻的《新教育概论:马列主义教育原理》和程今吾的《新教育体系》最为典型。但很快就转入全面苏化时期。这时翻译出版的苏联教育学教材有6种,[③] 如凯洛夫的《教育学》、叶希波夫和冈查洛夫的《教育学》、奥戈罗德尼科夫和史姆比辽夫的《教育学》、申比廖夫和奥哥洛德尼柯夫的《教育学》等,其中以凯洛夫的《教育学》影响最大。

4. 革命与中国化阶段（1957—1966）

1953年以后,苏联国内出现了一系列新情况,苏联的某些经验已不适合中国教育的实际需要,因而在1957年,有研究者提出了"教育学中国化"问题,开始了教育学中国化的探讨。1958年国内出现了把教育学作为对党的教育方针、政策的解释和毛泽东有关教育语录的诠释的独特的意识形态化现象。

---

① 具体引进的目录请参见周谷平. 近代西方教育学在中国的传播及其影响. 华东师范大学学报(教育科学版),1991(3)载瞿葆奎主编. 教育与教育学[M]. 北京:人民教育出版社,1993:385—388.

② 瞿葆奎主编. 教育与教育学[M]. 北京:人民教育出版社,1993:406—409.

③ 具体请见瞿葆奎. 建国以来教育学教材事略. 载瞿葆奎主编. 教育与教育学[M]. 北京:人民教育出版社,1993:423.

5. 语录化阶段(1966—1976)

"文化大革命"使教育遭受了严重破坏,这一时期的教育学教材不多,大致有上海师范大学教育系的《凯洛夫修正主义教育思想批判》(讲稿,1972)、广西师范学院教育革命理论教研组的《教育学讲义》(代用稿,1973)、广东师范学院教育学教研组的《教育学讲义》(讨论稿,1974)。大多为语录体,内容以批判为主。

6. 恢复与独立阶段(1977—当下)

这一阶段教育学科建设不断加强,学术观点趋向多元化,学术视野日渐拓展,国际交流日益加强,且形成了教育学科的当代体系。中国教育学科建设因"元研究"的出现而开始进入"自为时期"。[1] 这是中国教育学科建设从恢复到繁荣并开始走向独立化的时期。

> **温馨提示**
>
> 我国古代教育学思想主要散落在古代教育家的思想及其著作中,要牢记各个教育家的教育思想主张及其代表作。该块内容是考试的重点,多以选择题形式出现,记忆时应梳理出关键词。

三、教育学的理论流派

不同的研究目的、研究方法导致不同的教育理论。教育学在其漫长的发展过程中形成了不同的教学流派,如实验教育学、文化教育学、实用主义教育学、批判教育学等。

(一)实验教育学

实验教育学是在实验生理学与实验心理学的基础上形成的一种以教育实验为标志的教育思潮,以德国教育家梅伊曼(E. Meuman,1862-1915)和拉伊(W. A. Lay,1862-1926)为代表,代表作为梅伊曼的《实验教育学纲要》和拉伊的《实验教育学》。1901年,梅伊曼首先提出"实验教育学"的名称,并认为"教育学从古到今,不是概念的科学,就是规范的科学"。这些规范和概念,由于缺乏论证,"或是伦理的构造,或是无理由而规定的教权,或是个人经验的集合"[2],容易导致用错误主张指导实践的后果。因此,梅伊曼强调以实验的方式研究教育问题,并首先把心理实验的方法应用到教育研究中,开了"实验教育学"之先河。不久,德国另一位实验教育学的倡导者拉伊出版了《实验教育学》,认为实验教育学的目标是"根据生物学、社会学以及道德学的定律和规范,用实验、统计和系统的观察,来解决教学上和教育上的问题"[3]。拉伊认为实验教育学包括三个阶段,即假设的成立,实验的计划与执行,在实际中证明所得结果的准确性。

(二)文化教育学

文化教育学,亦称精神科学教育学,是19世纪末以来出现在德国的一种教育学说,是作为科学主义的实验教育学和理性主义的赫尔巴特式教育学的对立面而出现的,代表人物主要有

① 叶澜. 我国教育学发展世纪问题的审视[J]. 教书育人,2005(6):18—21.
② 转引自姜琦. 现代西洋教育史[M]. 上海:商务印书馆,1935:192—193.
③ 拉伊. 实验教育学[M]. 上海:商务印书馆. 1935:148.

狄尔泰（W. Dilthey，1833－1911）、斯普朗格（E. Spranger，1882－1963）、李特（T. Litt，1880－1962）等，代表作主要有狄尔泰的《关于普遍妥当的教育学的可能》、斯普朗格的《教育与文化》、李特的《职业陶冶、专业教育、人的陶冶》等。狄尔泰提出："要把人当作人，不是把人当作物，或者显微镜下的一只昆虫，要把人看作完整的人，完整的人不是认识机器，不是理智的动物，而是具有喜怒哀乐和七情六欲的活生生的社会——历史现实。"[①] 因此，人必须找回失落的精神世界，回归生命的完整。基于此，狄泰尔的学生斯普朗格认为教育是一个文化过程，通过这个过程促进人格的生成与生命的唤醒。既然教育是一种历史文化过程，所以既不能采用赫尔巴特的纯粹的概念思辨，也不能依靠实验教育学的数量统计来进行，而必须采用文化科学的方法，亦即"理解"与"唤醒"的方法进行。所谓理解就是"一个人与另一个人（包括一个人对自我的理解）的交流过程"[②]。在理解的过程中才能达到陶冶自己的人格与灵魂，唤醒人的精神与生命活力。

（三）实用主义教育学

实用主义教育学是19世纪末20世纪初在美国兴起的一种教育思潮，是典型的"美国版"教育学。该理论流派是在批判以赫尔巴特为代表的传统教育学的基础上提出来的，以美国的杜威（J. Dewey，1859－1952）、克伯屈（W. H. Kilpatrick，1871－1965）为代表，代表著作主要有杜威的《民主主义与教育》、克伯屈的《设计教学法》。

实用主义教育学认为教育即生活，教育的过程和生活的过程是合一的，并不是为将来的某种生活做准备；教育即学生个体经验持续不断的增长，除此之外教育不应该有其他目的；学校即社会，学校就是一个小型社会，学生在其中要学习现实社会中所要求的基本态度、技能和知识；以学生的经验而不是学科知识体系组织教学；教师是学生成长的帮助者而非领导者；重视学生的独立发现、表现和体验，尊重学生发展的差异性。

练习 1.28 下列说法不是杜威实用主义教育学的论点是（ ）。

A. 教育即生活　　　B. 学校即社会　　　C. 做中学　　　D. 生活即教育

（四）马克思主义教育学

马克思主义教育学包括马克思主义经典作家的教育思想和教育学者们根据马克思主义基本原理对教育问题的研究结果。

马克思主义教育学认为，教育是一种社会历史现象，在阶级社会中具有鲜明的阶级性；教育起源于生产劳动，劳动方式和性质的变化必然引起教育形式和内容的改变；教育的根本目的是促进学生的全面发展；教育与生产劳动的结合不仅是发展社会生产力的重要方法，也是培养全面发展的人的唯一途径；就教育与社会的政治、经济、文化的关系而言，教育一方面受它们的制约，另一方面又具有相对独立性，并反作用于它们；唯物辩证法和历史唯物主义是教育科学研究的方法论的基础。

练习 1.29 马克思关于人的全面发展学说指出，造就全面发展的人的唯一路径是（ ）。

A. 脑力劳动与体力劳动相结合　　　B. 智育与体育相结合

C. 知识分子与工人农民相结合　　　D. 教育与生产劳动相结合

---

① 转引自李超杰. 理解生命——狄尔泰哲学引论[M]. 北京：中央编译出版社，1994：116.
② 详细内容请参阅"邹进. 现代德国文化教育学[M]. 太原：山西教育出版社，1992"的相关章节。

(五) 批判教育学

20 世纪 60 年代,巴西的流亡者保罗·弗莱雷(P. Freire)出版了《被压迫者教育学》一书,认为教育应该激励学生成为具有批判精神的公民,能够在一个民主社会中充分发挥领导作用的政治主体。这是学界公认的批判教育学(Critical Pedagogy)的直接起源。批判教育学的主要代表人物有巴西的弗莱雷(P. Freire, 1921 - 1997),美国的鲍尔斯(S. Bowles.)、金蒂斯(H. Gintis)、阿普尔(M. Apple)、吉鲁(H. Grioux),法国的布迪厄(P. Bourdieu)等。其主要代表作有弗莱雷的《被压迫者教育学》(*Pedagogy of the Oppressed*,1970)、鲍尔斯与金蒂斯的《资本主义美国的学校教育》(*Schooling in Capitalist America*,1976)、布迪厄的《教育、社会和文化的再生产》(*Reproduction in Education*,*Society and Culture*,1979)、阿普尔的《教育与权力》(*Education and Power*,1982)、吉鲁的《批判教育学、国家与文化斗争》(*Critical Pedagogy*,*the State and Culture Struggle*,1989)等。

基于其不同的理论基础,批判教育学流派思想复杂,批判教育学学者之间关注的问题、发表的观点也随之不同,不同流派有着各自不同的观点。但是,他们之间也有一些共同的地方,构成了批判教育学的基本理论观点:第一,当代资本主义的学校教育并不是推进社会公平和实现社会公正的强有力手段和途径,相反,它是促进社会不公平和不公正,造成社会差别和歧视的根源;第二,这种教育现象是与社会相对应的,有什么样的社会政治、经济和文化,就有什么样的学校教育机构;第三,人们对这种现象已经失去了"意识",将之看成一个自然事实;第四,批判教育学的目的就是要揭示这背后的利益关系,对教师和学生进行"启蒙",以达到意识"解放"的目的;第五,批判教育学认为教育现象是充满利益纷争的,要采用实践批判的态度和方法,通过真实教育行动揭示具体教育生活中的利益关系。总之,批判教育学强调教育目标的多元性与差异性;反对教育等级制度,主张发展大众的教育制度;反对唯科学主义的课程,主张解放的课程;反对教学的封闭结构,主张开放教学。

(六) 元教育学

元教育学(meta-Pedagogy)的概念最早由德国教育家布雷岑卡(W. Brezinka)在其 1971 年所著的《从教育学到教育科学:元教育学理论导论》[1]中提出。元教育学是以教育学本身作为研究对象的理论。元教育学已经成为一个相当有影响力的理论,而且有不同的流派,主要有分析教育哲学、元课程论、教育的元分析和布雷岑卡的元教育理论。

布雷岑卡元教育学以教育学知识的分析-批判哲学为核心,旨在澄清各种教育理论的认识论基础。具体地说:一是关于教育学基本概念的语言分析、逻辑分析、经验分析和意识形态分析;二是关于教育学的学科性质以及教育理论或教育知识的基本成分的分析。[2]布雷岑卡试图建立一种元教育理论框架,以澄清各种教育理论的认识论基础,缓解不同教育学观点支持者之间的争论。他将教育学命题体系分为三类:描述性命题体系——教育科学,规范性命题体系——教育哲学,规范性-描述性命题体系——实践教育学。该体系是目前得到较多认可的分类体系。

---

[1] 此书出版后引起极大反响,作者在争论中不断修订,1971 年出版第二版,1975 年发行了第三版,1978 年经全面修订发行了第四版,并更名为《元教育理论:教育科学、教育哲学、实践教育学基础导论》。

[2] W. Brezinka, *Basic Concepts of Educational Science*:*Analysis*,*Critique*,*Proposals*. University Press of America. 1994. 276.

❖ 温馨提示

教育学流派部分的学习可按"流派名称-代表人物-基本观点-影响评价"这条逻辑主线进行梳理。特别注意每个流派所提供的理论的关键词的寻找。如文化教育学中的"理解"与"唤醒"等,而后通过这些关键词去理解每种理论流派。

❖ 本章小结

尽管存在许多有关教育起源的理论,但教育是人类所特有的现象,而教育的起源也只能从人类自身的角度去寻找。由于研究对象、研究背景、研究目的和方法不同,产生了各种不同的教育学流派,各种流派都有其特点,若能取长补短,那么教育科学自然会繁荣。

第1章练习参考答案

❖ 知识结构

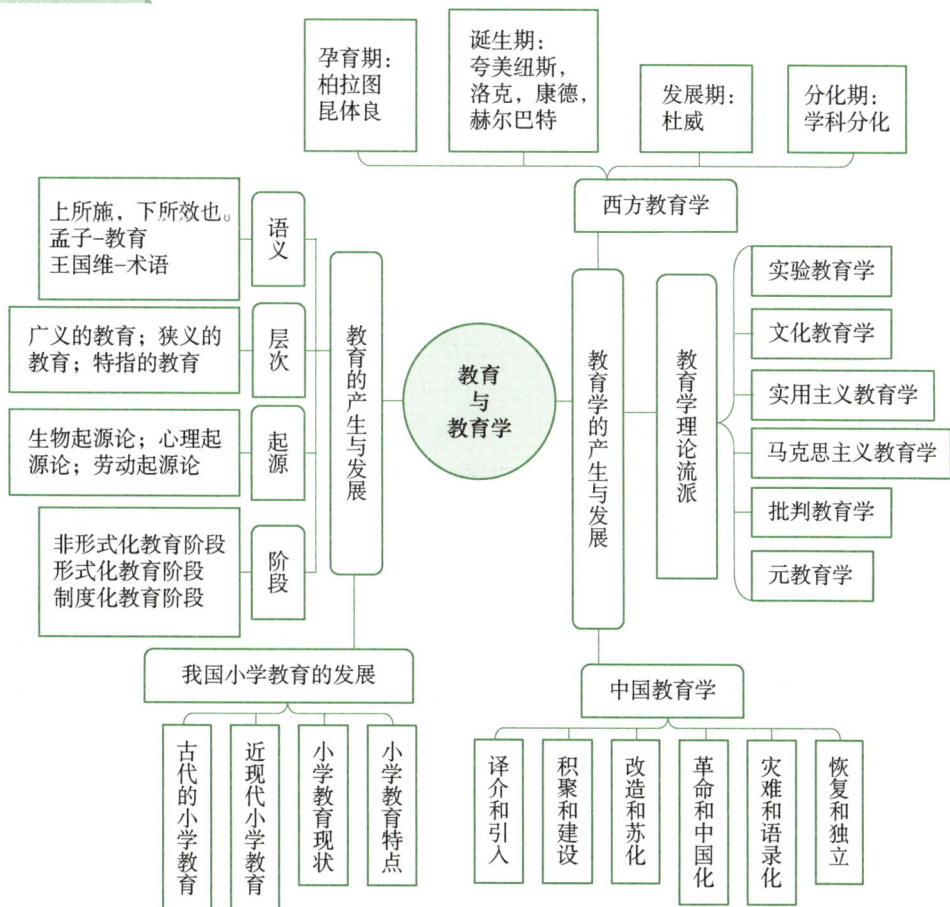

学校的产生与发展

学习目标

- 识记和理解学校的概念,区分学校教育与其他教育机构的异同;
- 知道学校的基本标准,熟记并理解学校产生的条件;
- 熟记中西方教育史上一些代表性学校的名称、特点与历史地位;
- 理解学制的概念及类型,能够识记和理解我国四大学制的特点;
- 熟记影响学制建立的主要因素。

引子

"公民学分制"

建设学习型社会是建设社会主义现代化强国的基础性工程,建好这一工程可以探索建立"公民学分制"。比如完成九年义务教育者得 100 分作为最低强制性要求。高中加 40 分,四年制大学本科毕业的加 80 分,五年制的加 100 分,硕士研究生加 130 分,博士研究生加 180 分。国民教育系列除全日制普通高等院校之外的其他办学形式,如自学考试、成人教育、电大、远程教育等,可以比照执行。此外,可以通过各种在职继续教育、职业培训、岗位考试、资格准入、技能考核等方式,继续拓展"公民学分"宽度,可试行"140＋""220＋""350＋"等方式,分别相当于"高中＋""本科＋""硕士＋"。[①]

随着时代发展,当今社会对人才的要求逐渐多元化、差异化,在衡量公民的教育水平时不再以"中学毕业""本科毕业"等学校教育因素为单一标准,而是在考虑这些学校教育因素的基础上同时注重对公民个人学习提升的认同。引入"公民学分制"便是一种符合人才评价多元化、差异化的设想,"公民学分"由公民在各级各类学校获得的评价成果和公民离开学校后接受的各种培训和提升所获得的评价结果组成,而这两个教育组成部分的根本差异在于是否在学校接受教育。那么,究竟什么样的场所才能称之为学校? 学校又是如何产生与发展的? 什么是学校教育制度? 它有哪些类型? 接下来,我们会一一为你揭开这些问题的答案。

---

① 范鹏.建立"公民学分制"建设学习型社会[N].甘肃日报,2016－02－15(004).

第一节 ◆ 学 校 的 产 生

教育活动的开展需要一个特定的场所,这个场所叫作教育场所。在早期的人类社会中,教育活动从属于一般社会生活和生产活动,因而生产生活的场所就是教育场所。随着社会的持续向前发展,教育与生产劳动相脱离,成为了一种相对独立和专门的社会活动,于是学校这一专门的教育场所也就应运而生。学界普遍认为在奴隶社会初期学校的雏形就已出现。

一、学校的标准与本质

(一) 学校的词义

中国古代的教育场所名称各异,有庠、序、学、校、成均、辟雍、灵台等多种称谓。从传说的角度看,我国虞舜时期就已经有"上庠下序"的说法。而从可考的文献来看,《礼记·明堂位》中就有关于学校的论述:"序,夏后氏(夏代)之序也。"① 《孟子·滕文公上》有记载:"设为庠、序、学、校以教之。庠者,养也;校者,教也;序者,射也。夏曰校,殷曰序,周曰庠,学则三代共之,皆所以明人伦也。"② 由此可见,夏代以后出现的这些教育场所已经在承担着政治伦理教育、军事教育的责任。只是还未被统一命名为"学校"。

"学",甲骨文本作"𢻻",表示双手摆弄算筹、学习记数的意思。后加"子"为义符表明学习的对象是儿童。因此,"学"的本义为进行学习活动、接受长者教育。《尚书大传》的解释是"学,效也。"《礼记·文王世子》则认为"念终始典于学③。由学习引申为学知识的场所,也表学校之意。我国古代一般也用"学"来指称专门的教育场所。宋代政治家、文学家欧阳修在《议学状》中说:"夫建学校以养贤,论才德而取士,此皆有国之本务。"④

"校",《说文·木部》:"木囚也,从木交声。"⑤ 本有禁锢双足不能自由活动之意。有人也认为"校"原本指用木头做栅栏的养马场所,后演变为角斗、校猎、考校的意思⑥。《周礼·夏官·司马》中有"校人"这一职业,为马官之长。有人认为《周礼》的"校人"之"校"是"教"的借字,如果是这样的话,"校"在夏代就带有了"教学"之义⑦。《左传·襄公三十一年》云:"郑人游于乡校,以论执政。"杜预注:"校,乡之学校。"⑧ 可见"校"就是学校的一种,它不仅具有传递知识与信息的功能,而且还附带着议论政治形势的作用。

"学校"成为日常生活中的常用词则是 20 世纪初的事情,此时正值西学东渐的文化环境,中国一部分思想先进的人已经开始睁眼看世界。孙中山先生所写的《香港兴中会章程》中明确提出了"立学校以育人才"的主张,革命家邹容也认为应当开办新型学校、进行

---

① 戴圣著,陈莉选注. 礼记(精读本)[M]. 北京:高等教育出版社,2008:155.

② 孟子著,段雪莲、陈玉潇译. 孟子[M]. 北京:北京联合出版社,2015:59.

③ 戴圣著,张树国注. 礼记[M]. 青岛:青岛出版社,2009:96.

④ 欧阳修. 议学状. 载欧阳修全集(奏议卷十四)[M]. 北京:中华书局,2001:1672.

⑤ 程悦.“校”的音义配合关系[J]. 国学刊,2017(01):123—134+143—144.

⑥ 毛礼锐. 虞夏商周学校传说初释[J]. 北京师范大学学报,1961(4):71—85.

⑦ 申屠炉明. 夏商学制的几个问题考辨[J]. 江海学刊,2001(05):117—123.

⑧ 可见乡校是指西周春秋时设在乡的学校,也是国人议论政治的地方。

革命教育的观点。而在教育界,我国的思想家、教育家也做了诸多改革,如引入西方课程与学制、兴办资产阶级新型学校、翻译国外(特别是日本)的教育学著作。逐渐地,"学校"一词成为中国人口头和书面的常用词汇。时至今日,"学校"成为教育学界的一个专门概念和研究对象,顾明远主编的《教育大辞典》对学校作如此界定:"学校是指人类进行自觉的教育活动,传递社会知识文化的有目的、有计划、有组织地为一定社会培养其所需要人才的机构。"①

在西方,学校(school)这个词源于拉丁语"schola",又源于古希腊"skhole",意味"闲暇""休息"。在古希腊,思想家和他们的学生、信徒讨论的地方就曾用这个词表示。后来,凡是对年轻一代进行有组织的教育教学活动的机构都被称为学校。②

(二) 学校的标准

学校是有计划、有组织、有系统的进行教育教学活动的专门场所。显然,不是所有进行教育教学活动的场所都是学校。作为专门教育场所的学校有其特定的标准。

1. 一所学校的基本标准

(1) 有专门的规格要求,如一定的建筑规格。

(2) 有专门人员从事教育、教学和管理活动。如教师、教育管理人员、教辅人员等。

(3) 有相应的教育媒介、教育手段、教育活动组织形式和活动方式等。

(4) 基本功能在于利用一定的教育教学设施和选定的环境实施教育教学活动,传授知识,培养社会所需要的合格人才。

(5) 有明确的教育目的和规章制度。教育目的是对培养什么样的人的规定,而规章制度是达成这些目的的根本保障。

2. 我国对学校标准的规定

关于设立学校的具体标准,我国在 2015 年发布的《中华人民共和国教育法》中做出了明确规定。具体如下:

(1) 有组织机构和章程;

(2) 有合格的教师;

(3) 有符合规定标准的教学场所以及设施、设备等;

(4) 有必备的办学资金和稳定的经费来源。③

3. 胡森的学校标准

瑞典学者托斯顿·胡森曾经提出衡量学校的几条标准:

(1) 是一种全日制学习的机构。

(2) 对入学和毕业有一定的年龄限定。

(3) 教学方式采用教师面对学生的讲授方式。

(4) 课程分年级。

(5) 儿童的学习年限在逐渐延长。

---

① 顾明远. 教育大辞典(增订合编本)[M]. 上海:上海教育出版社,1998:1822.

② 瞿葆奎. 教育学文集·教育与教育学[M]. 北京:人民教育出版社,1993:264.

③ 教育部. 中华人民共和国教育法[EB/OL]. (2015 - 06 - 29)[2019 - 04 - 28]http://old. moe. gov. cn/publicfiles/business/htmlfiles/moe/moe_619/200407/1316. html.

(6) 学校管理日趋严密等。①

练习 2.1 与学校教育相比,家庭教育的特点主要表现在( )。

A. 生活性　　　　B. 计划性　　　　C. 组织性　　　　D. 系统性

(三) 学校的本质属性

学校是特殊的培养人的场所,从本质上而言,是一个规范性、公益性和伦理性组织。

1. 学校是一种规范性组织

作为社会文化传承和创新的场所,学校组织建立在一种固有的社会文化规范之上。处在该组织中的成员应形成一致的伦理道德观念和价值观念。如明代的顾宪成曾亲自为东林书院制定《东林会约》,对书院讲会制度和参与书院讲会的人进行了详细的规定。在当代,学校对教师、学习者也提出了相应的规范。

2. 学校是一种公益性组织

在古代,"庠"本身就有养老、藏米的意思。这说明,在古代教育机构就和公益性事业有着千丝万缕的联系。公益性组织是指"所提供的产品和服务不具有排他性,投资者并不能独占投资所形成的产品和服务,整个社会和所有人都可获得和享有公益组织所提供的产品和服务"②。义务教育下的学校是一个具有代表性的公益组织,其目的在于为社会培养合格的公民。个体在教育投资上获得一定回报,而社会也因此得到相应的发展。学校的公益性主要体现在:第一,任何组织和个人不得以营利为目的举办学校和其他教育机构;第二,学校必须与宗教相分离。

3. 学校是一种伦理性组织

学校是一个负有社会重大道德义务的伦理组织,负有推进社会公平、维护社会正义的责任。学校存在的理由,除了通过知识和技能的传递培养社会所需要的人才以外,还有着更高远的价值追求,即昭示并实践人类社会的美好生活。如在提倡孝文化的唐代,唐六学(国子学、太学、四门学、律学、书学、算学)明确规定要为学生赡养父母提供假期。

◆　**温馨提示**

"学校"一词语源远流长,学习时要注意历史上学校的不同称谓,明确学校是培养人的专门场所。了解作为学校的基本标准,牢记学校的本质特征:规范性、公益性和伦理性。

二、学校产生的条件

学校的产生是历史发展的必然结果,随着人类物质财富不断积累、人类文化的不断丰富、私有制和阶级社会的发展,学校也就应运而生了。具体而言,学校的产生须具有以下条件。

---

① 托斯顿·胡森. 教育的目前趋势[M]. 载中央教育科学研究所,世界教育展望编辑组. 世界教育展望(1). 北京:教育科学出版社,1983:182.

② 范国睿. 多元与融合:多维视野下的学校发展[M]. 北京:教育科学出版社,2002:161.

(一) 社会生产力的提高

学校的产生从客观条件来讲首先要归因于社会生产力的提高，社会生产力的提高使物质财富出现了剩余，使社会上的一部分人有了空闲的时间。生产力的提高在某些方面上表现为劳动工具的更新换代，如原始社会人们使用石器为主要劳动工具，到了奴隶社会则出现了青铜工具。青铜工具的逐步推广让一部分人从繁重的体力劳动中脱离出来，在其他人劳动产品的供养下专门从事脑力劳动，这是学校出现的物质前提。

(二) 脑力劳动和体力劳动的分离

最初，人类的劳动分工仅限于两性之间。如女性养育孩子、采摘果实，而男性则参与狩猎和战争等。而随着社会生产力的发展，社会上出现了一些专业化团体，他们从事着一些氏族和部落延续下去所必需的专门职业。如柏拉图曾在《理想国》中记载："一人单搞一种手艺好。"[1] 这就是要实行分工。因为，总是人要适应劳动的需要，而不是由劳动去适应人。这种劳动专门化的分工促使了一部分在专业上有着技巧和秘诀的人逐渐与其他群众相脱离，从而不再继续直接参与生产而对其他人传授知识技巧。在公元前 480 年左右，古希腊出现了第一批职业教师——智者学派，代表人物有普罗泰戈拉、高尔吉亚等，他们游走于古希腊各个城邦，广收门徒，收取学费，向年轻人传授文法、修辞、辩证法。

(三) 文字的创造与知识的积累

文字是社会发展到一定阶段的产物，它作为一种记录知识和经验的载体在人类传承和创造文化的历史上扮演着重要角色。作为教育的工具，通过文字传授的知识相对于以前的口耳相传更加有利于知识的积累、保存和查验。当人类文化与知识积累到一定程度时，它必然要求有专门的机构和人对这些文化知识进行记录和传递，这就慢慢地促进了学校的诞生。

(四) 国家机器的产生

原始社会末期，随着剩余产品的产生和私有制的萌芽，出现了贫富分化和阶级分化，形成了最初的"特权阶级"。这些特权阶级把控着更多的生产资料，从而逐渐掌握了对社群的统治权。在国家出现后，社会政治生活日益复杂，需要更多的辅助这些"特权阶级"的管理人才，这就对学校的产生提出了必然要求：居于统治地位的阶级需要传授专门的政治技巧、军事技术、医疗技术、宗教文化让他们的后代学习维持国家的运行与发展。这也说明，学校是阶级社会的特殊产物，学校教育服务于社会的统治阶级。

练习 2.2 简述学校诞生的基本条件。

三、学校的萌芽与出现

"罗马并非一日建成的"，学校的出现也是一个长期演变的过程。在正式的学校出现之前，教育活动贯穿于原始社会的生产和生活过程中，由年长者随时随地对本部落的年幼者传授生产生活技能。之后，一些机构慢慢地演变为学校。

(一) 学校的萌芽

原始社会末期，人类生产力有了很大的提高，为学校的出现提供了条件。在正式的学校

---

[1] 柏拉图.理想国[M].郭斌和、张竹明译.北京：商务印书馆,2002：59.

出现之前,一些人已经开始充当教育者的角色,一些机构已经开始有了学校的模样。其中三种形式的原始教育机构较为引人注目,多数学者认为学校也起源于此。

1. 青年之家

菲得利岛上的原始居民中,未成年的男孩住在单独的房舍里,一些部落的少年到一定年龄(通常为 7—9 岁)就与成年人分开居住。人们称此机构为"青年之家"。

在青年之家,男子一般要进行特定的身体训练,同时学习生产知识与技能、礼仪与禁忌等,经过严格的考试程序或仪式才能成为部落成员。随着原始社会末期对立阶级的出现,青年之家也分为两种:一种为普通人设立,另一种为特权者设立。后者为学校的萌芽,发展为阶级社会的学校。

苏联教育家沙巴耶娃认为,"人类历史上最早的儿童公共教育机构并不是学校(像教育史教程中通常所断言的那样),而是'青年之家'——原始社会全体成员都在里面受教育的一种原始社会制度的特殊机构","它们是学校的胚胎形式"①。

2. 宣教广场

在西安半坡村,考古学家们在布局合理、规划整齐的四五十间氏族成员住房的中央,发现了一座 160 多平方米的"大房子"。这是距今约 5000 年前氏族行典礼活动的广场。教育史专家毛礼锐认为,这座"大房子"便是氏族老人对年轻的后代进行教育的场所。

这类场所在农居部落地区较为普遍,在夏秋收获季节用于打场或堆积收获物;同时,也是全体氏族成员聚会、娱乐、举行某种规模较大的宗教祭祖活动,或向氏族成员宣告氏族首领教令及决定的场所。

宣教广场成为建筑,就是"明堂"。有学者认为,明堂最早存于西周,是"由单一的氏族男子居所逐步演变为一座集议事、祭天、祀祖于一体的多功能建筑"。进入阶级社会后,明堂成为统治阶级祭祀和布政施教之处,具有祭祀、议事、处理公共事务、青年教育和训练、守卫、养老、招待宾客及明确各种人社会身份等功能。②

3. 养老机构

《礼记·明堂位》记:"米廪,有虞氏之庠也;序,夏后氏之序也;瞽宗,殷学也;泮宫,周学也。"③《礼记·内则》记:"凡养老,有虞氏以燕礼,夏后氏以飨礼,殷人以食礼,周人修而兼用之。凡五十养于乡,六十养于国,七十养于学,达于诸侯。"《孟子·滕文公上》云:"庠者,养也。"可见在古代,"庠"就是供养老人的地方。这里的老人不单单指的是年纪大的老年人,还表示着一个社会族群中那些有名望、有身份的长者,他们可以脱离族群的直接生产活动而对族群中的年轻人进行文化和礼仪教育。因此"庠"就是庶老教学之宫。后来用"庠"表示学校,特指乡学。

上述三种原始教育机构的主要任务分别是训练、祭祀、教化与养老。因为它们或多或少都兼具着教育的任务,故而把它们视为学校的萌芽。

(二) 最早的学校

古巴比伦、亚述、古埃及、中国和古印度等东方文明古国在奴隶制初期就已经有了学校。20 世纪 30 年代,法国考古学家安德烈·帕罗特在两河流域上游的名城马里发现了一所房

---

① 墨·佛·沙巴耶娃. 论教育的起源和学校产生的问题[J]. 教育译报,1958(02):40—48.
② 俞允海. 中国古代校名考释[J]. 湖州师范学院学报,2004(05):24—27.
③ 戴圣著,陈莉选注. 礼记(精读本)[M]. 北京:高等教育出版社,2008:157.

舍,被认为是现今发掘的有较丰富文字记载的世界上最早的学校——苏美尔学校。苏美尔学校又称"埃杜巴",意思是"泥版书屋",又可称书吏学校。

这所房舍包括一条通道和两间房屋,大间长 44 英尺(约 13.4 米)、宽 25 英尺(约 7.6米),小间面积为大间的 1/3。大间排列着 4 排石凳,可坐 45 人左右;小间排列 3 排石凳,可坐 20 人左右,很像学校课室。两房四壁无窗,从房顶射入光线。房中没有讲台或讲桌,但发现了很多泥板,像是学生的作业。墙壁四周的底部安放着盛有泥土的浅浅水槽,好似是准备制作书写用的泥板。附近摆着一个椭圆形的陶盆,可能是放清水以便和泥制造泥版,或者是放置书写用具。地面上装点有很多亮壳,好似是教授计算的教具。这所房舍靠近王宫,附近还有泥版文书的储存地。因此,考古学家推断,这是一所学校,建造时间在公元前 3500 年左右。

迄今为止,考古学家所发掘的学校遗址,大致包括三种类型:一是王宫附近的学校,包括在拉尔萨、乌鲁克和马里等地发掘的学校遗址,这类学校可能由王官设立;二是靠近神庙的学校,它们可能是由神庙建立的;三是临近书吏居住区的学校,这类遗址主要在尼普尔和基什(今阿尔海米尔)。

在我国,在上古舜的时代,设庠为教,分下庠、上庠。7 岁入下庠,庶老为师;15 岁入上庠,国老为师。这也就是有文献可考的最早的学校,到了商代开始出现新的学校形式"瞽宗"。西周时期,政府设国学和乡学两类。国学又分大学和小学两级,而乡学则多称为庠、序、校、塾等。

温馨提示

学校是历史发展的产物,它的产生源于生产力发展、脑力劳动和体力劳动分离、文字创造与知识的积累、国家机器的产生。其中,青年之家、宣教广场和养老机构都属于萌芽状态的学校。世界上最早的学校是苏美尔学校——"泥板书屋"。在对本节进行学习时要注意对细节的记忆以帮助解答选择和简答题。

第二节 ◈ 学校的发展

与教育的发展一样,学校的发展也经历了非形式化—形式化—制度化的发展历程。下面将从中国和西方两个方面简述学校的发展情况。

一、中国学校的发展

总的来说,中国古代学校教育按照性质来讲可分为官学、私学和书院三大类。它们互为补充,共同构建了古代中国多元化的教育网络,共同承担了人才培养的任务。早在夏朝就有了成型的学校,它具有官学性质。到了春秋战国时期,战乱四起,礼崩乐坏,官学逐渐衰落,私学逐渐兴起。汉代以后,官学私学并存发展,相得益彰,而到了宋代以后不少经师大儒又纷纷开办了更高级的私学形态——书院。元代以后,官学和书院日渐衰落,逐渐沦为科举附庸,教育任务特别是启蒙教育的任务逐渐由私学承担。

(一) 学在官府

西周时期学校由官府开办,这时学校教育的一个重要特点是"学在官府,官师合一"。在当时知识为奴隶主贵族所垄断,记载知识和文化的文献也都贮藏在官府之中。如果不是在官府任职的官吏根本没有知晓这些知识的权力,也只有官吏才能担任学校的教师。这样的后果就是那些贵族和贵族的子弟垄断着教育权与受教育权,庶民的子弟几乎没有机会接受教育。学校的目的只是为了培养新的奴隶主贵族,使他们成为有文化教养、军政才能和道德威仪的统治者。

此时,西周学校教育已经初步具有了一套学校系统。根据行政区域,西周的学校分为在中央开办的国学和在地方开办的乡学。国学为奴隶主贵族子弟设立,而乡学为一般的奴隶主和部分庶民子弟设立。根据年龄,国学还分为了大学和小学(乡学因规模较小只有小学一级),在课程上主要以礼、乐、射、御、书、数"六艺"为主,其中大学教育以礼、乐为重点,小学教育以书、数为重点。总体而言,这是一种文武结合、知能兼备的教育。

(二) 私学兴起

到了春秋战国时期,奴隶制生产关系逐步瓦解,"学在官府"也变为了"学在四夷"。以往的奴隶主贵族已经无法确保对知识和教育的垄断,教育资源散落民间。一部分人在掌握了一定的知识和技能后开设了各类的"私学"。春秋时期,郑国的邓析、鲁国的孔子等人纷纷兴办私学,孔子更是成为了"私学兴起"的代表人物。孔子秉持"有教无类"的教育主张,招收了不少出身卑贱的学生,这一创举更是冲破了"礼不下庶人"的历史禁锢,为我国古代学术文化下移和平民教育做出了极大贡献。

到了战国时期,各诸侯国相继进行社会改革,其统治者为了扩大自己的政治势力不得不从当时有一技之长的"士"阶层中选拔自己需要的人才,这样下来,以"养士"为目的的教育逐渐发展起来。其中,以齐国的"稷下学宫"最为著名。稷下学宫以教师择优聘请、学术自由、教学内容多样、专门的学生管理(出现了我国第一个学生守则《弟子职》)为特点吸收了包括荀子、尹文、邹衍等人在内的一大批古代的先哲,一举成为了当时百家争鸣的中心园地。此外,稷下学宫也是世界上第一所由官方举办、私家主持的高等学府。

练习2.3 世界上最早由官方举办、私人主持的高等学府是( )。
A. 萨莱诺大学　　　B. 牛津大学　　　C. 稷下学宫　　　D. 京师大学堂

练习2.4 在中国古代教育史上出现的第一个学生守则是( )。
A.《弟子职》　　　　　　　　B.《弟子规》
C.《白鹿洞书院揭示》　　　　D.《岳麓书院学规》

(三) 官学私学并存

汉朝以后,官学和私学并行不悖,二者在种类和数量上都有了很大发展,并有一段同时快速发展的时期。

汉代的官学主要分为中央官学和地方官学两大类。中央官学主要包括了负责高等教育性质的太学和负责书画辞赋、带有艺术专门性质的鸿都门学。地方官学按照行政地区级别由郡国学、校、庠、序组成。其中,"学"与"校"相当于中等教育程度,"庠"和"序"相当于小学教育程度。

除官学以外,汉代的私学发展也很兴盛。东汉时期更是出现了有马融、蔡玄、郑玄等一些大儒开办的私学,据传郑玄的弟子曾高达数千人之多。汉代的私学按照学习者的程度一般分为三种:一是专门教授学童启蒙知识的"书馆"或"蒙学",以教儿童识字、写字为主;二是为承上启下的专经预备阶段,以教授《孝经》《论语》为主,为后面的专经学习做准备;三是由著名的经师大儒讲授的"精舍""精庐",其程度不低于太学。

经过了魏晋南北朝的动荡时代,隋文帝杨坚统一中国,重新恢复了中央官学和地方官学,隋代特别设立了国子监,专门监管学校教育事业,这也是中国设立专门教育行政管理机构的开端。到了唐代,国子监既保留了教育行政管理的职能,还成为了级别最高的国立大学。唐代的地方官学也继承隋制实现了进一步发展,府、州、县都设立了各种学校。可以说唐代的官学制度是我国古代封建社会官学制度的典范。

宋代的中央官学在继承唐代官学的基础上增加了专科学校的设立。此外,北宋的思想家、政治家王安石在太学还创立了三舍法,以严格升级考试制度:初入太学为外舍生,通过平时的学习和考试,经过考核后可以升为内舍生,内舍生在经过学习和考试后再升为上舍生。上舍生学习两年后方可毕业,按照学业和操行参与科举考试或者直接任职。三舍法把学校考核和科举制度相结合,提升了学校的地位,提升了学生的积极性。

唐宋时期的官学私学互利共生的状态也为书院的出现和发展提供了有利的条件。书院是我国古代社会特有的教育机构,它起源于唐,兴盛于宋。原为官方藏书、校书之所,后来逐渐成为了教育教学、学术研究的场所。两宋时期,理学逐渐兴起,理学内部也存在着"重心"与"重道"的学术争鸣,书院也得以成为了为数不多的不以科举考试为主要目的的教育与研究机构。加之其迎合了学者自由讲学、学习修身和政府提倡文治的需要,书院在两宋时期达到了全盛时期。当时著名的书院有白鹿洞书院(今江西庐山)、岳麓书院(今湖南长沙)、应天府书院(今河南商丘)、石鼓书院(今湖南衡阳)、丽泽书院(今浙江金华)等。

(四)官学衰落

元明清三代官学和书院逐步走向衰落,民间的启蒙教育主要依靠私学。明清私学分为三类:一是私塾,在教师家中设馆授徒;二是义学,由当地官员和商人出资聘请教师为乡里贫寒子弟授课;三是专馆,富裕人家专门聘请教师上门教授自家子弟。

私学作为中国古代社会民间的主要办学形式,其贡献和特色约有三:第一,私学是官方办学力量的补充,在普及平民教育、开发民智方面有其历史功绩,古代社会的启蒙教育实际上是由私学承担的,因此,私学又称"蒙学",儿童通过识字、读书、习礼而接受基础教育,包括洒扫、应对、事师等道德教育;第二,办学层次较高的私学,其教学内容具有一定的独立性,私学教学不限于儒家经典,有的传授道家学说,有的传授佛学知识,有的传授医学、算学、文艺等,教学内容较为灵活;第三,学生可以自由择师受业,如西汉私学兴盛,不少学生远道寻师,以接受符合自身需要的教育。

(五)近代学校

我国近代学校的诞生以1862年京师同文馆的设立为标志。这也是中国自行创立的第一所近代新式学堂,是我国最早采用班级授课制的学校,标志着我国教育近代化的开端。此后,洋务派创立了大批新式学堂,如1863年李鸿章设立的上海方言馆,1864年设立的广州同文馆,1866年左宗棠设立的中国近代最早的海军学校——福州船政学堂等。

1898年创办的京师大学堂,是我国近代最早的国立大学,同时兼任全国最高学府和全国最高教育行政机关,行使教育部职能,统管全国教育。1912年5月4日,京师大学堂更名为北京大学,旋即冠以"国立"之名,是我国历史上第一所冠以"国立"之名的大学。

练习 2.5 中国最早采用班级授课制的学校是(   )。

A．京师大学堂 B．福建船政学堂 C．京师同文馆 D．南洋公学

(六) 现代学校

我国现代学校,依据学历层次的不同,可以分为学前、小学、中学、大学;依据学校运行管理方式的不同,可以将学校分为义务教育学校和非义务教育学校;依据培养人才规格的不同,可以将学校分为普通教育学校和职业教育学校;依据办学主体的不同,可以将学校分为公立学校、民办学校和转制学校。

这些学校的教育目的有各种各样的重合与交叉。学前教育与初等教育以普通文化教育为主。进入中等教育阶段后,职业教育开始为教育者所考虑。到高等教育阶段,义务教育的任务已经完成,公立学校、民办学校和转制学校各显神通。师范大学、综合大学和理工大学中,学术教育引导受教育者发现自然、社会以及人类自身的一些规律,培养对科学的热情和研究能力;职业教育使受教育者将科学原理转化为实践能力;自由教育注重激发受教育者的精神力量,引导受教育者创造精神产品,使人们具有享受生活、积极工作的能力。

❖❖ 温馨提示

我国古代的学校大致分官学、私学、书院三大类。近现代学校根据不同的标准有不同的分类。学习时特别注意历史是"最早"的相关内容的记忆。如稷下学宫(世界上最早的高等学府)、鸿都门学(世界上最早的文学艺术高等专科学校)、京师同文馆(最早的新式学堂,最早运用班级授课制)、京师大学堂(近代最早的国立大学)等,理解它们在中国学校史中的地位。留意学校史中的一些制度,如《弟子职》、"三舍法"。理解一些必要的概念,如私学、书院等。

二、西方学校的发展

从公元前 8 世纪的古希腊到 18、19 世纪的工业革命时期是西方学校发展、成熟和完备的时期。根据纵向发展顺序,西方学校主要有斯巴达军事化学校、雅典人性化学校、基督教学校、城市学校、中世纪大学、人文主义学校、文科中学和实科中学等。

(一) 斯巴达的军事化学校

古希腊作为西方教育的发源地,在进入奴隶制社会后出现了城邦制国家,文化教育事业也率先发展起来,形成了斯巴达军事化教育和雅典人性化教育两种不同形式的教育典范。

斯巴达人高度重视教育,建立了以培养忠诚于城邦、英勇善战的武士为目的的教育制度。这种教育对人们的智慧增长不甚关注,而是要求无论男女都要养成强悍的身体和勇敢的品质。斯巴达的教育完全由国家掌控,家庭几乎不用承担任何教育任务。在 7 岁以前,斯巴达人接受家庭教育;7 岁以后,孩子被送到城邦接受教育;18 岁的青年接受正规的军事训练;20 岁以后的青年要常年成边习武;30 岁时才能结束教育和训练,成为一名真正的军人和

公民。

(二) 雅典的人性化学校

相比于斯巴达人单一的教育目标,雅典的教育制度更为人性化,致力于把年轻人培养成完全不同的角色,他可以是军人,也可以是音乐家、演说家、商人,等等。雅典的儿童在 7 岁前接受家庭教育;7—16 岁被送入学校学习,这些学校包括传授读写算知识的文法学校、传授唱歌和音律的弦琴学校(音乐学校),以及传授赛跑、跳跃、角力、掷铁饼、标枪五项竞技的体操学校。16 岁以后,大部分学生毕业,少数贵族子弟可以进入城邦办的体育馆进行继续学习。18 岁后成为青丁,可自愿加入军事训练。20 岁时,经过一定仪式,逐渐成为一名合格的雅典公民。雅典的教育机构以私立为主,学生上学要缴纳不菲的学费,并配有"教仆"照顾。"教仆"是由有文化的奴隶承担,负责儿童的上学下学、提放学习用具、辅导儿童学习等任务。

(三) 基督教学校

自公元 476 年西罗马帝国灭亡,欧洲开始进入封建时代。这个时期,僧侣垄断了知识教育权,教育本身带有强烈的宗教性,教会是封建阶层的权威代表。神学家们宣布"科学是宗教的奴仆""肉体是灵魂的监狱"。教会学校几乎就是这个时期唯一的教育机构,僧侣是主要的教育者。

教会学校一般分为三类:初等教区学校、唱歌学校和经院学校、大主教学校。教学内容以"七艺"为主,但贯穿着神学精神,教育目的是培养对上帝虔诚、忠于神权的教士。一般的世俗封建主对文化学习和道德品质的陶冶不甚重视,仅注重武艺与社交活动的训练。世俗封建主的这种教育在教育史上通称为"骑士教育"。骑士们则在宫廷和贵族家里接受军事战术和上流社会礼仪的"骑士七技"(包括骑马、击剑、打猎、游泳、唱歌、吟诗、弈棋)的训练和礼法教育,以使其成为能够维护封建主利益、满足其各种需要的强悍军人。

练习 2.6 欧洲的教会学校在历史上产生过极大的影响。其中由教会主办,面向世俗群众,设在牧师所在的村落里,规模很小,设备简陋,向学生教授一般读、写、算和基督教的初步知识的学校是(　　)。

A. 初等教区学校　　B. 唱歌学校　　C. 经院学校　　D. 大主教学校

(四) 城市学校

12—13 世纪,随着欧洲经济发展和城市的繁荣,城市人口递增,新兴的"市民阶级"也逐渐扩大起来。为适应手工业和商业的发展,城市管理者创办手工业者和基尔特学校(行会学校)。手工业者和商人行会组织担负着校舍修筑和基本学校经费,教师工资来源于学生缴纳的学费。在学习内容上,这些学校注重实用知识的学习,除了读、写、算这类基本能力之外,还要学习修辞学、文法、外语等内容。城市学校主要分为三类:拉丁文法学校、读写学校、女子学校。

(五) 中世纪大学

中世纪大学的起源是一个复杂而漫长的历程,"教堂的钟声""骑士的马蹄声""城市的熙攘声"和"行会的劳作声"等一系列"声音"在以"知识"为特征的音符中,共同谱写了作为"高等学业"的实体性组织,它与圣职主义、帝国主权通力合作,构筑了基督教世界长久安定的社会空间①。1137 年,意大利南部创立了萨莱诺大学,办起了医学院。1158 年,又在意大利的北部创立了波伦纳大学,这所大学以研究法学为主,此外还有英国于 1167 年成立的牛津大学、法国的巴黎大学等。直到 13 世纪末,欧洲的大学已经增加到了 20 多所。中世纪大学的组织一般分为四个学院:文学院、法学院、医学院和神学院。其中神学院的地位最高,文学院属于预科性质,课程主要以"七艺"为主,修业年限一般为 5 至 7 年。这些中世纪大学尽管受到了教会的控制,一定程度上阻碍了自然科学和学术自由的发展,但它对欧洲的文化普及、高等教育的进一步发展起到了推动作用。

(六) 人文主义学校

人文主义学校是伴随着 14—16 世纪的文艺复兴时期建立的,其主要贡献在于中等教育,如意大利的宫廷学校和贵族学校、德国的王子学校、英国的公学等。随着宗教改革的发展和其后的国家学校教育体系的建立,人文主义学校逐渐归中央政府控制,但是各国的人文主义学校始终是各自国家的中等学校的主要类型,这也成为后世普通中学的源头。

(七) 文科中学和实科中学

16 世纪中期,德国教育家梅兰克吞和斯图谟分别创立了拉丁中学和文法中学,以讲授古典课程为主,承担着普通教育的任务。18 世纪,文科中学发展到了鼎盛时期。但是文科中学中的浓厚的古典色彩以及它的贵族化性质,已经不再能满足当时社会工商业发展对教育的需要。在社会发展的推动下,就出现了一种既有普通教育的性质,又具有职业教育性质的传授实科知识的中等学校,即实科中学。1708 年,德国人希勒姆在哈勒创办了世界上第一所实科中学,此后,德国的许多城镇也随之成立许多类似的学校。1747 年,德国人赫克在柏林创立了一所"经济学、数学实科学校",开创了行会学校之外由实科学校进行中等职业技术教育的先河。从此,职业技术学校在现代学制中占有了一席之地。

> 🟩 **温馨提示**
>
> 西方学校的发展可根据历史发展的顺序阶段进行记忆。特别注意各个阶段的学校类型与特点。此外,要特别对教会学校与世俗学校、文科中学与实科中学加以概念上的区分。

第三节 ◆ 学 制 的 诞 生

学校教育制度(简称"学制")的诞生标志着教育进入制度化阶段,在制度化教育的背景下,教育基本和学校教育划上等号。学制是学校教育发展到一定阶段的产物。

一、学制的概念

制度就是一系列影响人类行为的规则或规范。"制度是一个社会的游戏规则,更规范地

---

① 海斯汀·拉斯达尔. 中世纪的欧洲大学——大学的起源[M]. 崔延强、邓磊译. 重庆:重庆大学出版社,2011:1.

说,它们是决定人们的相互关系的系列约束。制度是由非正式约束(道德的约束、禁忌、习惯、传统和行为准则)和正式的法规(宪法、法令、产权)组成的。而学校在发展到一定程度后,学校教育制度也随之产生。"[1]

学制是现代教育制度的核心,是指一个国家各级各类教育组织(主要指学校)的总体系统,它规定了各级各类教育组织的性质、任务、入学条件、学习年限以及它们的衔接关系。

学制旨在以系列的规范把大量独立存在的学校整合成学校系统。"学校教育系统是国家对年轻一代进行教育的最严密、最有效的组织,它集中体现了整个教育制度的精神实质。学校教育制度制定的是否正确与完善,直接关系到教育目的的实现、教育和教学工作的进行以及教育事业的发展,从而也对政治经济制度的巩固、生产力的提高、青少年儿童身心的发展产生重要的影响。"[2] 学校教育系统包括各级教育系统和各类教育系统两个方面。

练习2.7 下列属于学校教育制度内容的是( )。

A．修业年限　　　　B．教学大纲　　　　C．课程标准　　　　D．课程设置

(一) 各级教育系统

世界各国的学校系统一般是沿两条相反路线发展的。一条是从高级学校向低级学校下延的学校系统,另外一条是从低级学校向高级学校上伸的学校系统。中世纪大学产生后,大学的存在客观带动了其他等级学校的发展,这也就发展了从高级学校到低级学校的下延学校系统,出现了作为大学预科的古典文科中学和为文科中学预备的小学。另一条由下至上的上伸型学校系统则是在教育世俗化和平民化的背景下从小学到中学最后直至大学。

(二) 各类教育系统

各类教育系统具体来讲就是各类学校的进一步分化,是学校和学校之间依据着教育政策、培养目标、培养方式等方面不同而进一步的分工。在横向上注意相互联系和补充,从而使近代学制表现为一种类别丰富、结构清晰的系统样式。

就教育系统的类别形成而言,欧洲中等教育分化最能代表这一发展过程,其发展的基本过程为:先出现文艺复兴时期兴起的人文主义学校和城市学校中的拉丁文法学校演变而来的古典文科中学,承担着普通教育和使一部分优秀学生进入大学学习的任务;之后出现了讲授实科知识的实科中学,实科中学在成立初期还承担着一部分普通教育的任务,到了后期又经历了从普通教育到职业技术教育的转变;此外,还有一个重要组成部分是师范教育,它的出现扩充了教师队伍,提升了教师素质,从而总体上提高了教育质量。

练习2.8 通常把一个国家各级各类学校的总体系称为( )。

A．国民制度学制　　　　　　　　　　　B．学校教育制度

C．教育管理体制　　　　　　　　　　　D．学校教育结构

二、学制的类型

根据不同的划分标准,学制可以分成不同的类型。

---

[1] 道格拉斯·C·诺斯. 经济史中的结构与变迁[M]. 陈郁、罗华平译. 上海：上海人民出版社,1994：3.

[2] 南京师范大学教育学系. 教育学[M]. 北京：人民教育出版社,1984：510.

（一）根据权力支配主体的划分

根据学校教育制度权力支配主体的不同，可以将学制分为中央集权制、地方分权制（有些国家称之为"学区制"）、中央与地方合作制三种类型。

1. 中央集权制

中央集权制的典型代表为法国。自拿破仑建立"帝国大学"以来，法国教育在管理上施行中央集权制。这种制度对于学校的管理采取从中央教育部到大学区再到省，从教育部部长到学区总长再到学区督学的线形的指令领导。教学和行政人员的编制、学校规章的制定、教材教法的采用、教育经费的使用、办学方针的确定、学校的发展规划等都要受到国家的全方位的管理监督。这种学校教育管理方式有利于国家将学校纳入社会总体的发展进程中进行规划，集中全国的力量进行教育问题的解决，具有较高的行政效率，充分发挥中央办学的积极性。但这样可能会造成全国学校办学模式单一，脱离具体实际进而影响地方办学的创造性和积极性。

2. 地方分权制

地方分权制的典型代表为美国。根据美国宪法第十修正案的有关规定，宪法不授予联邦而又不禁止给州的权利属于州。联邦政府因而无权确定国家教育制度，无论是教育经费、学校人事管理、学校教育计划，还是课程设置、教学方法和教科书的采用，中央不做统一的要求与管理，教育作为地方性的公共事业由学区内居民选举出的教育委员进行管理。在美国，学校的问题最终由州教育行政机关负责。州教育行政机关一方面协调学校的资源调配，另一方面就有关学校教育法规做一定的咨询和解释，对学校的办学资格与条件加以审核。这种管理模式有利于充分调动地方办学的积极性，开展因地制宜的学校教育。但由于没有全国统一的指导，教育质量评价缺乏统一标准。此外，由于地方办学水平的差异，地方分权的学制也可能加大教育事业发展不平衡程度。

3. 中央与地方合作制

中央与地方合作制的代表国家是英国。1995 年 7 月，英国最高教育行政机构——英国教育与就业部成立，其职责在于对学校进行教育财政援助和督导工作，是负责制定英格兰地区教育与培训政策的中央政府部门。学校的许多权力为中央和地方协商分享，中央教育部门负责为学校制定规章、宏观的引导、提供经费与必要的监督。地方教育部门则负责学校的具体发展。学校教育经费按照一定比例由中央和地方共同支付。这种制度力图通过上下的协调沟通，确保制度的合理性。然而在权力的具体分配上一直存在着难以解决的问题，各自职责的定位不清晰也会给学校发展带来不利影响。

（二）根据选拔分层功能的划分

根据学制的选拔分层功能，可以将学制分为：单轨制、双轨制和分支型。

1. 单轨制

单轨制是 19 世纪末 20 世纪初在美国形成的一种学制。单轨制的特点是所有的学生在同样的学校系统中学习，从小学、中学到大学，各级各类学校相互衔接。单轨制的典型国家是美国。

2. 双轨制

双轨制中的"一轨"为"大学-中学系统"，即学术性大学向下发展延伸出一些预备性学校，这种自上而下的学校教育系统反映了处在阶级社会上层贵族的利益要求；另"一轨"为

"小学-初等职业学校系统",即面向普通劳动者而设的初等教育学校向上伸展。设立初等(与小学相衔接)和中等(与中学相衔接)职业教育学校,这种自下而上的学校教育体系是国民教育发展的必然要求。这两轨平行互不相连,前者培养社会统治者及社会精英,后者为社会培养劳动大军。双轨制的典型国家是英国。

3. 分支制

俄罗斯的学制是比较有代表性的分支型学校教育制度。俄罗斯的学制包括四年制小学、基本的七年制学校和普通教育学校高年级阶段(第九、十年级)。它们相互衔接,又分别作为初等职业教育、中等职业技术学校和高等学校的基础。此后,农村青年学校、七年制工厂学校、工厂艺徒学校和工农速成中学等新型学校不断地涌现和发展起来。这种学校教育制度注重普通教育的教学质量。普通教育承担着为高等学校输送人才、为师范和技术学校输送人才、为参加实际工作做准备的多重任务。

> ❖ **温馨提示**
>
> 不同分类标准可以分成不同的学制类型,学习这部分时要注意根据不同标准去理解和记忆不同的学制类型,同时加以区分和辨别。重点记忆六种学制类型应对选择题和简答题。

练习 2.9 简述现代学校教育制度的类型。

练习 2.10 在现代学制发展过程中,西欧 19 世纪形成了"双轨"的学制。这里"双轨"的关系是( )。

A. 衔接并且对应   B. 衔接但不对应
C. 不衔接也不对应   D. 不衔接但对应

三、我国的学制

自 1902 年清政府颁布了第一个系统的学制以后,我国学制历经多次改革终于形成了现在的学制。

(一) 壬寅学制

1902 年,清政府颁布了由张百熙拟定的我国第一部比较系统的学制——《钦定学堂章程》,由于 1902 年是农历的壬寅年,故而又被称作"壬寅学制"。这是我国教育史上最早由国家正式颁布的学制,但由于种种原因这个学制并没有真正启用。

(二) 癸卯学制

1903 年,清政府公布了由张百熙、张之洞、荣庆重新拟定的《奏定学堂章程》。由于 1903 年为农历癸卯年,所以又称其为"癸卯学制"。它是中国近代教育史上第一部由国家颁布并实施的学制,成为中国近代教育走向制度化、法制化阶段的标志。这个学制将学校教育从纵的方面分为三段六级:小学为 9 年,中学教育 5 年,高等教育 3—5 年;从横的方面分为普通学堂、师范学堂、实业学堂,分别实施普通教育、师范教育和职业教育。

（三）壬子癸丑学制

1912 年中华民国成立,在蔡元培的主持下创办了中国第一个教育最高行政机构——中华民国临时政府教育部,并在当年颁布《学校系统令》,即"壬子学制"。次年陆续补充为一系列文件,两者合称为"壬子癸丑学制"。该学制分为三段四级、三个系统。第一阶段是初等教育,分为初等小学和高等小学两级,学程分别为 4 年和 3 年;第二阶段为中等教育,只设一级,学程共 4 年;第三阶段为高等教育,只设一级,但分为预科和本科。除了小学、中学、大学组成的普通教育系统外,另外开设师范教育和实业教育两大系统。总体而言,壬子癸丑学制缩短了初等和中等教育年限,废除了小学和师范学校的读经课程,实行男女平等入学、男女同校等诸多政策。

（四）壬戌学制

壬戌学制原名为"学校改革方案",又称为"六三三制",因颁布年是 1922 农历壬戌年,故而又被称为"壬戌学制"。分三段:初等教育、中等教育和高等教育。在之前学制基础上再次缩短小学年限,设三年制初中和高中,取消了大学预科,一定程度上促进了师范教育和职业教育的发展。同时,该学制是我国近代实施时间最长、影响最大、最为成熟的学制。

练习 2.11　我国教育史上首次纳入师范教育并实施的学制是(　　　)。

A．癸卯学制　　　　　B．五四学制　　　　　C．壬寅学制　　　　　D．六三三学制

练习 2.12　在我国历史上,以"中学为体,西学为用"为指导思想,以读经尊孔为教育宗旨,第一次以法令形式颁布并实施的学制是(　　　)。

A．壬寅学制　　　　　B．癸卯学制　　　　　C．壬子癸丑学制　　　　　D．壬戌学制

（五）我国现行学制

中华人民共和国成立后,对学校进了整顿和改造。自 1951 年颁布的《关于改革学制的决定》以来,随着国民经济发展和教育结构的调整,我国逐渐建立了从幼儿园教育到研究生教育的较为完整的学校系统。

《中华人民共和国教育法》第十七条规定:"国家实行学前教育、初等教育、中等教育、高等教育的学校制度。"在我国现行学制中,从纵向看,分为学前教育、初等教育、中等教育、高等教育四级。其中,初等教育和中等教育的初级阶段合并为我国的义务教育阶段,具有基础性、普遍性、强制性等特点。从横向来看,直到中等教育阶段以后开始出现了学校类型的区别。根据学校的性质与目标的不同,可以将我国分为普通教育系统和职业教育系统。职业教育系统以普通教育系统为基础,初等教育阶段完全实施普通教育,中等教育阶段以上实施普通教育和职业教育。

❖ 温馨提示

在学习我国近代四大学制时不仅要记清楚各个学制的名字、时间和性质,还要对里面的细节性内容加以记忆和理解。如师范教育、职业技术教育、男女同校、读经讲经课程等细节性知识常常会以选择题的形式出现。

四、影响学制的主要因素

学制是由主管教育的行政部门制定、颁布和实施的。但是影响学制的因素还要受到一定的社会政治和经济制度、文化传统和人的身心发展规律等原因制约。

(一) 社会政治和经济制度

政治经济性质不同会产生类型不同的学制。如在古代的封建制度社会下，学制规定人们按照各自社会等级进入不同等级的学校，各类学校归根结底是为封建社会下的地主统治阶级培养各种人才。而到了资本主义社会下，学制则会要求凡社会公民皆可入学，但会根据学费的多寡使不同阶级的学生进入不同类型的学校，这种学制归根结底反映了资本家的政治、经济要求。

(二) 生产力与科学技术的发展

生产力和科学技术的发展水平对人才的规格和学校物质条件有很大制约能力。生产力和科技发展直接影响着学校教育的物质条件、规模大小、发展速度、课程结构、专业设置等诸多方面。

(三) 人的身心发展规律

教育活动的主体和目标都是人，因此只有在顺应人的身心发展规律的基础上，学制才能促进人健康成长。心理学认为人的发展具有阶段性和不可逆性，因此在教育行政部门制定学制时要在确认入学时间、各类学校修业年限和各级各类学校衔接等方面慎重考虑。

(四) 民族文化传统

一个国家、一个民族固有的文化传统对于教育制度的制定也有着潜移默化的影响。如在欧洲文艺复兴时期，强调人性、自由民主等文化特性影响了后来的新移民在美国建立学校和学制，这些文化传统也为美国学校教育制度刻下了无法磨灭的烙印。

❁ 本章小结

教育是随着人类社会产生而产生的活动，但学校却是在教育活动发展到一定程度后才出现的。学校作为一个有目的、有计划专门培养人的场所，有着自身的标准与要求，其产生和发展也受到多种因素制约。纵观中西方学校产生和发展的历史可以发现，学校发展经历了非形式化、形式化和制度化的漫长历程，未来还有可能进一步发展和改变。现代学校和学制正在发生着各种各样的变化，这也意味着学校的功能发生着悄无声息的变化，但学校作为专门培养人的场所在教育活动不消失的前提下会是一个长久的、持续的存在。

第 2 章练习参考答案

☀ 知识结构

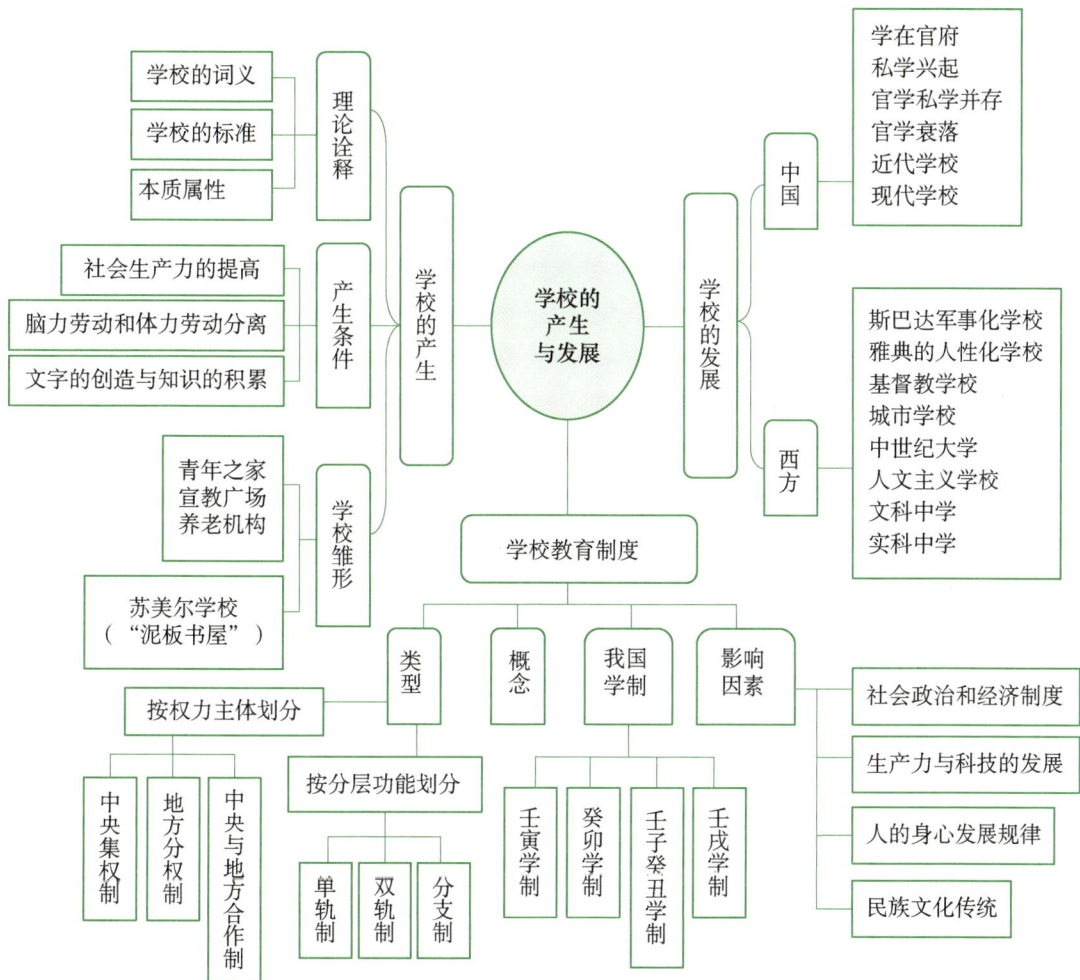

教育·社会·人

❈ **学习目标**

- 了解教育与社会发展的五大理论；
- 识记社会对教育的制约的具体内容；
- 熟记教育的社会功能及其具体内容；
- 识记并理解人的发展一般规律；
- 知道影响人身心发展的主要因素及其作用，并能结合实例进行评析；
- 熟记学校教育在人的身心发展中的作用，并能进行合理的评析与阐述。

引子

教育能带来什么？

复旦大学社会科学数据研究中心对上海地区在 1980—1989 年出生的一代人（简称"80后"）进行了"学历与婚姻、后代、收入的关系"的调查。调查后得出下列结论：(1)幸福感随着受教育程度的提高而增强。具体得分如下：小学 3.17，初中 3.22，高中 3.29，专科 3.30，本科 3.34，研究生 3.42 分（满分为 4 分）。(2)家中拥有小汽车的百分比总体上随着学历升高而增加。具体如下：小学 14.04，初中 19.06，高中 30.44，专科 32.71，本科 35.98，研究生 30.43。(3)存钱的意愿随着学历的升高而降低。具体分值(1—5 分)：小学 4.49，初中 4.22，高中 4.01，专科 3.86，本科 3.66，研究生 3.48。(4)透支消费意愿随着学历的升高而升高。具体分值(1—5 分)：小学 1.84，初中 1.99，高中 2.08，专科 2.27，本科 2.41，研究生 2.62。(5)高学历的女生生育年龄往往推迟。本科以下学历超过 50% 以上的女生在 27 岁时已经生育，而本科以上的仅为 18% 左右；30 岁前生育的，本科以下为 78% 左右，本科以上的约为 40%。(6)教育水平与经济收入直接相关。从图 3.1 中可以发现：偏低收入人群的比例随着教育程度的提高而逐渐减少，而高收入人群的比例则随着教育程度的提高而逐步提高。[1]

---

① 根据胡安宁、胡湛等.80 后调查：80 后的世界是什么样？［EB/OL］. 2014 - 09 - 15［2019 - 05 - 26］. http://www. 360doc. com/content/15/0208/21/11548039_447303108. shtml 改编。

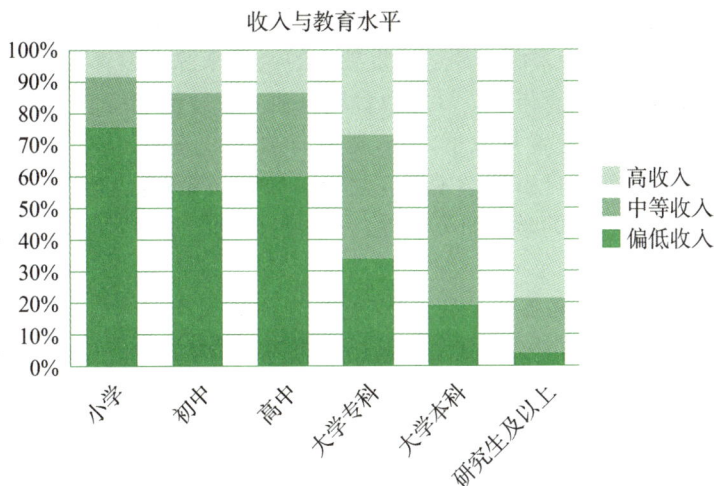

图 3.1 收入与教育水平的关系

收入与教育水平

- 高收入
- 中等收入
- 偏低收入

小学　初中　高中　大学专科　大学本科　研究生及以上

复旦大学的调查表明,教育和个人的经济收入、消费习惯、拥有财富、幸福感、生育意愿等密切相关。整体而言,学历越高,收入越高,财富越多,幸福感越强,生育年龄越往后。这说明教育对经济、人口、精神生活等都有直接的影响。那么,教育对社会和人的影响到底多大? 教育怎样影响社会的发展? 又在什么程度上影响人的发展? 下面我们将对诸如此类的问题进行回答。

第一节 ◇ 教育与社会发展

教育和社会是相辅相成的关系,教育的发展受制于社会的政治经济、生产力水平、文化与人口诸多因素的制约,但教育又能促进社会政治经济、生产力、文化和人口的发展。

一、教育与社会发展的相关理论

(一) 教育独立论

"教育独立论"以我国蔡元培和胡适为代表。1922 年,蔡元培在《教育独立议》一文中全面阐述了"教育独立论"的思想,基本观点如下：(1)以"养成完全之人格"为教育目的。教育的目的是"养成完全之人格","不是把被教育的人,造成一种特别的器具,给抱有他种目的的人去应用的"。[1] (2)教育应交由教育家主办。蔡元培主张大学应有自治权和学术自由,提倡"教授治校",把教育事业完全交给教育家办理。因为教育家更懂得教育科学,能更科学地遵循教育规律,发展教育事业。(3)教育要独立于政党。他要求学生专心研究学术,不参加政治运动,提倡"教育救国",主张教育超然于政党之外,不受政治干涉。(4)教育要独立于宗

---

[1] 高平叔. 蔡元培教育论著选[M]. 北京：人民教育出版社. 1991：377.

教。各国宪法教规定"信仰自由",若由教会掌握教育权,就不能绝对自由。[1]

胡适是教育独立论的另一个代表人物,他认为教育应占有崇高的独立的地位,其基本观点如下:(1)独立的教育经费来源。胡适注重独立的经费来源在教育发展中的重要作用,强烈呼吁有钱人多投资兴办教育事业。[2] (2)教育相对独立于政治和宗教。胡适极力主张教育相对独立于政治,认为学校应置身政争之外,努力向学问的路上走,为国家留一个研究学术的机关。[3] (3)教育应有独立自由的学术研究之风。教育如要有高价值的创造,必须在其自身内部营造出一种独立自由的学术研究氛围。独立自由的学术研究可谓胡适的教育独立思想的真正意义所在。

练习 3.1 在中国教育史上最早提出"以美育代宗教"的教育家是(   )。

A. 陶行知　　　　B. 徐特立　　　　C. 杨贤江　　　　D. 蔡元培

(二) 教育万能论

教育万能论坚持认为人完全是教育的产物。在人类发展史上,持这种观点的大有人在。

古希腊的柏拉图断言,人只有通过教育才能成为人。"人若受过真正的教育,他就是个温良、最神圣的生物;但是他若没有受教育,或受了错误的教育,他就是一个世间最难驾驭的东西。"[4] 英国思想家、教育家洛克将人性看成是一卷白素,环境或者教育就是染料,可以给它画上最新最美的图画。他曾说:"我敢说我们日常所见的人中,他们之所以或好或坏,或有用或无用,十分之九都是他们的教育所决定的。人类之所以千差万别,便是由于教育之故。"[5] 法国思想家爱尔维修对教育万能论作出了系统而精辟的简述,产生了广泛的影响。他认为教育是改造社会的最重要的手段。认为人"只是他们教育的产物",因此,人们"自己手里掌握着强大和幸福的工具,要使自己幸福和强大,问题只在于改善教育的科学"。[6] 同时,他认为教育是人成长的决定性因素。"不同的人的教育必然不同,也许就是精神不等的原因。"但这种"精神的不等是一种已知原因的结果,这个原因就是教育的不同"[7]。在爱尔维修看来,社会的发展与人的成长都依赖于教育,教育是万能的。

综上所述,柏拉图的教育万能论是基于建立一个理想国而提出的,其哲学基础是主观唯心主义;洛克的教育万能论是基于人性的完善提出的,其哲学基础是感觉主义的认识论;而爱尔维修则在唯物主义基础上提出教育万能论。

练习 3.2 对教育万能论作出系统简述,并对后世产生广泛影响的思想家是(   )。

A. 柏拉图　　　　B. 洛克　　　　C. 爱尔维修　　　　D. 康德

(三) 人力资本论

人力资本的概念最早由费雪(I. Fisher 1867-1947)提出(《资本的性质和收入》,1906),美国经济学家沃尔什(J·R·Walsh)对人力资本概念作出正式解释(《人力资本观》,1935),

---

[1] 高平叔. 蔡元培教育论著选[M]. 北京:人民教育出版社. 1991;377—378.

[2] 欧阳哲生. 胡适与北京大学[J]. 北京大学学报(哲社版)1997(3):51.

[3] 胡适全集(第20卷)[M]. 合肥:安徽教育出版社,2003;121.

[4] 柏拉图. 柏拉图论教育[M]. 北京:人民教育出版社,1958;167.

[5] 洛克. 教育漫话[M]. 北京:教育科学出版社,1999;1.

[6] 任钟印. 西方近代教育论著选[M]. 北京:人民教育出版社,2001;189.

[7] 任钟印. 西方近代教育论著选[M]. 北京:人民教育出版社,2001;193—195.

到了舒尔茨(T. W. Schultz)的时候成为一种学说(《人力资本投资》,1960)。后来由丹尼逊(E. Denison)、贝克尔(G. Becker)、文沙(J. Mincer)等人发展及运用。

舒尔茨的人力资本概念包括几层意思:(1)人力资本体现在人的身上,表现为人的知识、技能、资历、经验和熟练程度等能力和素质;(2)在前者既定的情况下,人力资本表现为从事工作的总人数及劳动市场上的总的工作时间;(3)人力资本是对人力的投资而形成的资本,是投资的结果;(4)对人力的投资会产生投资收益,人力资本是劳动者收入提高的最主要源泉。[①]

练习 3.3 对人力资本理论作出详细解释,并使其成为一种有影响的学术的学者是( )。

A. 费雪   B. 沃尔什   C. 舒尔茨   D. 丹尼逊

(四) 筛选假设理论

筛选假设理论(Screening Hypothesis),又称文凭理论(Credentialism),代表人物有迈克尔·斯宾塞(A. Michael Spence)和罗伯特·索洛(Robert Merton Solow)等。这种理论视教育为一种筛选装置,可以帮助雇主识别不同能力的求职者,并将他们安置到不同职业岗位上。筛选假设理论强调教育的信号本质,强调筛选作用为教育的主要经济价值。因为非常强调教育文凭的重要性,因而又叫文凭理论。筛选假设理论、劳动力市场划分理论和社会化理论,并称为第二代人力资本理论。

筛选假设理论假定:一个人的能力与他获得信号的成本是成反比的。就是说一个能力较高的人可获得较多的信号。就教育这种信号而言,在其他因素相同的情况下,能力较高的人教育成本较低,可以获得较高的教育水平,教育水平是反映个人能力程度的有效信号。因此,教育水平是个人表达自己能力的信号,也是雇主鉴定求职者能力、筛选求职者的标准。筛选假设理论认为,能力较高的人在职训练成本较低,劳动生产力较高,因而雇主给他们较高的工资,而教育水平反映了求职者的能力,因而雇主给高学历的人高工资。但这种根据学历确定的工资等级并不是一成不变的,而是通过现场的工作经历而不断调整的。如果雇主在工作环境中观察到某雇员的能力不能与他的工资相适应,那么他就会对原有的"教育程度-工资等级表"进行调整,并根据新的"教育程度-工资表"去进行下一轮的选聘工作。这样一个周期一个周期地进行调整,直到工资反映了工人的实际工作能力。

练习 3.4 强调教育的信号本质,认为教育水平是反映个人能力的有效信号,因而雇主给高学历的人高工资。持这种观点的理论是( )。

A. 教育万能论   B. 人力资本理论
C. 筛选假设理论   D. 劳动力市场划分理论

(五) 劳动力市场理论

"劳动力市场理论"出现于 20 世纪 70 年代,其主要代表人物是皮奥雷、多林格、戈登等。"劳动力市场理论"认为劳动力市场由"主要劳动力市场"和"次要劳动力市场"两部分组成。"主要劳动力市场"提供的工作具有工资高、工作条件好、职业有保障、权利平等、有晋升机会

---

① 舒尔茨.人力投资[M].北京:华夏出版社,1990:2.

等特点;"次要劳动力市场"提供的工作则往往工资低、待遇差、要求苛刻、晋升机会少。两个市场之间具有相对的封闭性,它们之间的人员很少相互流动。因此,教育与个人收入之间的连接关系和个人的生产力本身并不相关。一个人的工资水平主要取决于他在哪一个劳动力市场工作,教育只是决定一个人在哪一个劳动力市场工作的重要因素之一。

二、社会发展对教育的制约

教育本身的变化和发展以社会的变化和发展为条件,这是教育的根本特性之一。一般而言,教育的发展受社会的政治、经济、文化、人口、科学技术等因素的制约。

(一) 政治对教育的制约

在阶级社会中,统治阶级通过政治组织机构、法律形式和意识形态的影响等来对教育进行控制。在同一政治经济制度下,各国的教育虽然也有差异,但其本质属性是相同的。具体表现在下述几个方面。

1. 制约教育目的的制定

每一个社会形态,居于统治地位的阶级都会利用其拥有的立法权,借助一系列的教育法律、政策和规章来影响教育目的的制定,使教育目的与社会政治相一致。如美国公民教育中强调:资本主义制度优越性教育、公民的权利与义务教育。[①] 在实施过程中,统治阶级利用其拥有的组织人事权控制教育工作者的教育行为,使之符合教育目的要求。有时还利用经济手段、政策引导等来控制教育的方向。

2. 决定教育的领导权和教育制度

教育领导权是国家政权的有机组成部分。在人类社会中,谁掌握了生产资料的所有权,谁就掌握了国家政权,谁就能控制学校教育的领导权。一般而言,可以通过组织手段和体制对教育部门直接行使领导职能,可以通过任免教育部门的领导者和教育者来实施控制,也可以通过方针、政策、法规的制定来实现对教育领导权的控制。

3. 制约受教育的机会与权利

什么人能受教育,受什么样的教育,都与政治直接相关。在奴隶社会,受教育是奴隶主子弟的专利;在封建社会,劳动者的子女极少有受教育的机会,即使上流社会的子女其受教育的机会与权利也是不平等的,具有浓厚的等级色彩;在资本主义社会,由于工业生产的要求,每个人都有受教育的权利,但享受教育的程度与机会仍然有差别,因为政治直接决定着教育资源在不同社会阶层、集团之间的分布,决定了特定阶层的受教育机会和受教育权利。在阶级社会中,统治阶级总是要采取种种直接或间接的手段,决定和影响受教育权在社会中的分配,决定谁享有受学校教育的权利、受怎样的学校教育的权利等问题。受教育机会与权利是否平等以及平等的程度如何,与国家的政治制度与政治开明程度具有直接的联系。

4. 制约教育内容

教育内容,特别是思想品德教育的内容直接与政治相连。任何国家都需要将主流意识形态、政治理念、伦理道德等方面的内容传递给下一代,而这些内容直接受制于国家的政治制度。不同政治经济制度的社会具有不同的政治方向、思想意识和主流文化,并且不同的政治经济制度要求培养具有不同政治立场和思想观念的人,自然要求传递不同的思想内容,特

① 苏崇德. 比较思想政治教育学[M]. 北京:高等教育出版社,1995:23.

别是思想道德方面的内容。一般而言,在学校中通过学科教学与学校管理来实现政治社会化。

练习3.5 "君子如欲化民成俗,其必由学乎。"《学记》中这句话反映了(　　)。

A. 教育与经济的关系　　　　　　B. 教育与科技的关系

C. 教育与政治的关系　　　　　　D. 教育与人口的关系

练习3.6 决定着教育领导权和受教育权的主要因素是(　　)。

A. 社会生产力和科技发展水平　　B. 社会人口数量和结果

C. 社会文化传统　　　　　　　　D. 社会政治经济制度

练习3.7 决定教育性质的根本因素是(　　)。

A. 生产力　　　　B. 政治经济制度　　　C. 上层建筑　　　　D. 科学技术

(二) 经济对教育的制约

经济是教育发展的物质基础,教育能否发展,以多快的速度发展等都取决于经济发展的水平。经济对教育的制约主要表现在下述几个方面。

1. 经济水平制约教育发展的规模和速度

教育发展需要人力、物力、财力和时间,一个国家能为教育提供怎样的投入水平,不是由社会制度和人们的主观愿望决定的,其本质上是由社会的经济水平决定的。有多少人能够接受教育、接受什么类型的教育以及学科和专业的设置等都是由经济发展的速度和水平决定的。一般而言,教育发展的规模与速度,取决于生产力发展所提供的物质条件和生产力发展对教育事业所提出的要求。

2. 经济结构制约教育结构

教育结构是指各级各类学校的比例关系和衔接方式,以及不同性质专业之间的比例构成。生产力的发展促使经济结构产生各种变化,从而也决定了教育结构的变化。例如,随着我国经济结构的变化,我国的高等教育结构已经发生了重大的变化:从数量上讲,已经从精英教育步入大众化教育阶段,并正向普及化阶段迈进;从层次上讲,学术类大专层次的学校基本消失,而研究生层次的教育迅速扩展;从结构上讲,高职高专类应用型专业得到长足发展。

3. 经济发展制约人才培养的规格

不同的经济结构对人才的基本规格的要求也各不相同。在农业经济状况下,劳动的技术含量较低,因而对人才的规格要求也较低。进入工业社会后,由于大机器生产的需要,对人才提出了新的要求:掌握一定的科学技术技能,适应生产技术基础的变化和由社会结构变化所引起的产业结构变化、职业结构变化和就业结构变化。在知识经济背景下,则更强调人才的宽专业口径、基础知识、创造能力等。

4. 经济发展制约教育内容与手段

经济发展也对教育的内容、手段和组织形式等产生了影响。在现代背景下,外语、计算机等已成为基本的教育内容。在 20 世纪前,教学手段基本上是口语加板书,随着科学技术的发展,幻灯、投影、录音、录像、网络等现代教育技术广泛地用于教育教学。

练习3.8 决定教育事业发展的规模与速度的最根本的因素是(　　)。

A. 政治因素　　　　B. 经济因素　　　　C. 人口因素　　　　D. 文化因素

练习 3.9 以前的师范生培养中,强调"三字一话",而现在的师范生培养中,更加强调现代技术媒体的运用。这种变化说明教育受制于(   )。

A. 政治决策　　　　B. 经济发展　　　　C. 人口变化　　　　D. 文化传统

(三) 文化对教育的制约

文化是一个众说纷纭的概念。一般而言,广义的文化指人类在社会生产实践过程中创造的物质财富和精神财富的总和,包括价值观、规范准则、意义与符号、物质文化。狭义的文化主要指社会的精神文化,即社会的思想道德、科技、教育、文学、艺术、宗教、社会习俗及制度规章等的复合体。这里所说的文化指一般意义上的狭义文化。文化与教育密不可分,互为前提。

1. 文化观念制约教育观念

文化观念是指在特定的文化环境中逐步形成的对自然、社会和人本身的比较一致的观点和信念。教育观念是对教育现象、教育问题的认识、观点和看法。不同的文化观念制约和影响人们对教育的态度与行为,文化观念还影响教育思想的产生与发展。例如,日本和德国具有大工业意识,因而对教育十分重视,教育经费占国民生产总值的比例比较高;而英国则更多地把社会的发展归之于政治制度的作用,因而不是非常重视教育的发展对社会发展的作用;中国自古便有读书求仕、望子成龙的文化传统,因此,"万般皆下品,唯有读书高"的教育观在我国普遍流行。

2. 文化类型影响教育目标

社会的主流文化在某种程度上影响教育目标的制定。如在我国漫长的封建社会,以儒学为核心的伦理型文化一直占主流地位,因而在教育目标上强调"明明德,亲民,止于至善",通过修己正人,达到"明人伦"。欧美文化基本上是一种知识型文化,认为"知识就是力量",注重通过知识学习达到对真理的认识。另外,不同的政治文化类型也会导致教育目标的不同。官本位文化在我国具有漫长的历史,"建国君民""学而优则仕"等成为教育目标也就不足为奇了。

3. 文化本体影响教育内容

教育内容特别是学校教育的内容,一般都是从特定的文化中精选而来的。因此,文化本体越丰富,教育内容选择的广度与深度就越大。如我国具有五千年的文明史,文化底蕴深厚,因而在人文教育的内容方面就有很大的选择空间。另外,不同的民族文化也会影响教育内容。例如,各民族都把本民族语言作为教育内容中必不可少的部分;我国古代重农抑商、追求仕途的传统文化导致教育内容主要以社会典章制度为主,很少有自然科学和生产知识;英国人比较崇尚人文精神,所以古典人文课程一直占有极高的比例。

4. 文化传统制约教育活动的方式

文化传统大体由价值体系、知识经验、思维方式、语言符号四个部分组成。这四部分的协调、配合,造就了不同的教育体系,而"教育体系又是每个民族的民族意识、文化与传统的最高体系",它"重复地把上一代从祖先那里继承下来的知识传给下一代"[①]。因而,不同的文化传统就有不同的教育活动方式。诚如美国教育人类学家斯宾德勒(G. D. Spindler)所说:

---

① 联合国教科文组织国际教育发展委员会著. 学会生存:教育世界的今天和明天[M]. 上海师范大学外国教育研究室译,上海:上海译文出版社,1979:2.

"一定社会特有的文化传统渗透于社会生活的各个方面,强烈地制约着教育过程的进行和人们养育子女的方式。"①

练习3.10 我国的中小学生家长比较认可"万般皆下品,唯有读书高",因而热衷于将孩子送到各类课外班提前学习或补习学校中的各种科目。这些家长的行为主要是受(　　)。

A．政治因素的影响　　　　　　B．经济因素的影响

C．人口因素的影响　　　　　　D．文化因素的影响

(四) 人口对教育的制约

人口是构成人类社会的基本要素,教育是延续人类的基本活动,因而人口的变化会直接制约教育的发展,这种制约主要体现在如下几个方面。

1. 人口数量对教育的制约

人口数量的变化直接制约学龄儿童总量的变化,因而会导致教育投入、教师质量等一系列的连锁反应。中华人民共和国成立后,每年新增人口2 000多万。这就意味着每隔若干年就必须增加教育经费、教师、校舍和设备等。而由于国家财力有限,教育经费难以按与人口相同的比例增长,这就必然导致教育经费、教师校舍等标准的降低,进而影响到教育质量。

2. 人口波动对教育的制约

人口高峰期会给教育造成了一系列连锁反应:首先是幼儿入托、入园难,接着是上小学、中学难,继之出现考大学的激烈竞争与就业难等问题。学龄人口迅速增加,这样不得不降格以求教师;校舍不够,只得办大班……教育质量难以保证,而且入学高峰期过后,超编人员的安置也非常困难。更严重的是这种高峰期一旦形成,不是造成一次性困难,而是呈现波浪起伏的运动状态,使困难重复出现。

3. 人口结构对教育的制约

人口结构是指人口在年龄、性别、文化、技术、职业、阶级、地域等方面的构成状况。人口结构的每个方面的变化都直接或间接地影响着教育。例如,年龄结构的变化影响着各级各类教育的发展规模,性别结构的变化直接关系到教育管理方式方法的变化,文化技术结构的状况影响着不同时期的教育任务,职业结构的变化趋势指示着教育结构的调整方向等。

4. 人口流动对教育的制约

人口流动对教育政策的制定、教育制度的改革、教育工作的开展等都会产生这样那样的影响。例如,城市化进程必然导致大量农村人口向城市流动,这样就给教育带来两个问题:一是流动人口本身的教育问题,二是流动人口子女(学龄期子女)的教育问题。自农村流入城市的民工,文化技术水平相对较低,因而需要接受各种各样的培训,但由于城乡二元化的格局,使他们很难享受到城市居民能够得到的教育。更严重的是流动人口的子女教育问题。由于父母工作地点的不确定性、社会地位的不稳定性,等等,使得对流动人口子女的教育很难有效地开展,入学难、失学率高、违纪率高等问题已经影响到社会的和谐与安定。

5. 人口分布对教育的制约

人口分布过密或过稀都会制约教育的发展。人口过密的地方,容易造成教育拥挤现象:学额过满、教学资源紧张、大班上课等。人口过稀的地方,则会造成教育人口分散、学生上学

① G. D. Sppinder. *Education and Culture Process* [M]. NY:Holt, Rinehart and Winston. 1974. 279.

困难,使义务教育难以普及。此外,容易造成学额不足,不得不采用复式教学、巡回教学等方式,这既不利于了学生的身心发展,也制约着教育质量的提高。

三、教育对社会发展的促进

教育对社会发展具有促进作用,这是不言而喻的。但并不是所有的教育投资都能产生良好的社会经济效益。教育对社会发展具有促进作用,但这种作用的发挥需要相应的条件。教育只有在特定的条件下才能发挥其社会功能。那么,教育具有哪些社会功能? 大致而言,教育具有政治功能、经济功能、文化功能、人口功能。

(一) 教育的政治功能

教育的政治功能是指教育具有维系国家和社会政治稳定、促进社会政治发展的功能。教育的政治功能的具体表现如下。

1. 维系社会政治稳定

在任何国家、任何社会,教育都是维护社会统治、维系政治稳定的基本途径之一。当然法治是实施社会政治控制的重要手段,但法治本质上也是通过法治思想的教化而实现的。教育维系社会政治稳定主要通过两个路径:一是为社会培养各种政治人才。政治人才一般指社会各个部门、各个领域的领导者与管理者,这些政治人才都需要通过教育才能培养出来。二是培养具有一定政治素质的社会公民,即完成政治社会化。政治社会化,从个体的角度看,是个人获得各种政治倾向所经历的过程,是个体通过政治文化的学习,形成和发展"政治自我"的过程。从社会角度看,是政治文化(政治态度、信仰、情感、价值信息)形成、维持和改变的过程,是一代人把政治标准和信仰传给下一代的过程。

2. 促进社会政治变革

从总体上看,社会政治变革是不断趋于前进与进步,教育则是促进社会政治变革的主要因素之一。教育促进社会政治变革的途径有三:(1)通过教育普及促进社会政治变革。教育的普及,作为一种社会教育意识,表明社会政治的平等与开放。教育的普及蕴藏着一种变革社会、促进社会发展的力量。教育普及化水平的不断提高将更有力地推动社会政治的变革与进步。(2)通过传播先进的思想促进社会政治的变革。在现代社会,教育通过传播科学真理,弘扬优良道德,形成正确的舆论,同时产生进步的政治观念,以促进社会的进步与革新。教育的作用在于它能张扬社会政治、思想、道德领域中的正面因素,抑制与抵制腐朽、落后的消极因素,从而为推进社会政治的进步服务。(3)促进社会政治民主化。一个国家的民主程度直接取决于一个国家的政体,但又间接取决于这个国家人民的文化程度和教育事业发展的程度;一个国家普及教育的程度越高,人的知识越丰富,就越能增强公民的意识,认识民主的价值。

练习 3.11 简述教育的政治功能。

(二) 教育的经济功能

教育的经济功能是指教育对一国经济增长和经济发展所起的促进作用。亚当·斯密在《国富论》(1776 年)中首先把人们在学校中学到的"有用才能"看成是一种"固定资本",① 教

---

① 方展画. 高等教育学[M]. 杭州:浙江大学出版社,2000:44.

育的经济价值开始得到重视。教育的经济功能具体表现在以下三个方面。

1. 教育具有完成劳动力的社会再生产的功能

教育再生产劳动力具体体现在：(1)教育使潜在的生产力转化为现实的生产力；(2)教育可以提高劳动力的质量和素质,使之获得一定劳动部门认可的技能和技巧,成为专门的劳动力；(3)教育可以改变劳动力的形态,把一个简单劳动力训练成一个复杂劳动力,把一个体力劳动者培养成一个脑力劳动者；(4)教育可以使劳动力得到全面发展,提高劳动转换能力,摆脱现代分工对每个人造成的片面性。

2. 教育具有知识再生产的功能

(1)教育可以高效能地扩大科学知识的再生产,使原来为少数人所掌握的科学知识在较短的时间内为更多的人所掌握,从而提高劳动生产效率,促进生产力的发展；(2)教育也担负着发展科学、再生产科学的任务,这在高校表现得尤为明显。

3. 教育具有更新知识与社会生产技术的功能

在古代社会,生产技术的更新主要依靠劳动者在生产劳动中进行的传播与创造；近代社会中,科研对生产技术的更新起着关键性的作用,但学校直接介入科研的情况并不多；现代社会中,尤其是20世纪50年代后,教育与科研、生产的关系日益密切,教育成为科技更新的重要因素。

练习3.12 在当代,教育被人们视为一种投资,一种人力资本,这是因为教育具有( )。
A. 政治功能　　　B. 经济功能　　　C. 文化功能　　　D. 人口功能

练习3.13 马克思认为,复杂劳动等于倍加的简单劳动,这主要说明教育具有( )。
A. 经济功能　　　B. 政治功能　　　C. 文化功能　　　D. 人口功能

(三) 教育的文化功能

教育与文化是相辅相成的,教育以传播、继承与发展文化为己任,文化通过教育得以世代相传,不断地得到继承和革新,从而推动文化的发展与社会的进步。教育的文化功能具体表现在下述几个方面。

1. 传递、保存文化

教育传递着文化,它使人能迅捷、经济、高效地占有前人所创造的精神文化的精华,迅速成长为具有摄取、鉴赏、创造文化能力的"文化人"。与此同时,教育将人类的精神文化财富内化为个体的精神财富,这样,人类的精神财富便找到了最安全且具有再生功能的"保险库",教育也就具有了保存文化的功能。教育是文化传递和保存最为基本和最为有效的手段。社会通过教育将前人所积累的生产生活经验、伦理道德规范、科学技术知识,有计划地传递给下一代人。不论人类文化的传递和保存方式发生何种变化,都离不开教育这一最基本的方式。

2. 传播、丰富文化

文化的传播,一般指某一社会文化共同体的文化向另一社会文化共同体的传输过程,是单向的；而文化的交流,则是两个或两个以上文化共同体的相互影响,是双向的或多向的。文化的交流,对于双方都是自我超越的过程,都是向自身灌注生命力和新鲜血液的过程。教育作为传播、交流文化的重要手段和途径,也就具有了丰富文化的功能。教育使人更好地进行交流,并从人与人之间的交流中吸取益处。在文化交流与教育之间,存在着一种日益发展的相互补足的关系。

练习 3.14 我国在世界各地开办孔子学院,向各国人民介绍中国文化。这说明教育具有文化(　　)。

　　A．传递功能　　　　B．创造功能　　　　C．更新功能　　　　D．传播功能

练习 3.15 近年来,越来越多的"一带一路"沿线国家留学生来我国学习,并把中国文化带回自己的祖国。这反映了教育具有(　　)。

　　A．文化传承功能　　B．文化创造功能　　C．文化更新功能　　D．文化传播功能

3. 选择、提升文化

所谓文化选择,是对某种或某部分文化的撷取或舍弃。教育对文化的选择是按照一定的社会需求及教育本身的特性进行的。在这两方面价值取向的指引下,合理的文化选择,将大大加速教育与文化的发展,使受教育者迅速而有效地吸收文化营养,并内化为个人的财富;相反,不负责任、草率的文化选择,其结果将适得其反。文化选择是文化进步的一个重要的内在机理,因而教育对文化也具有提升的功能。教育对文化的选择意味着价值的取舍与认知意向的改变,并且是为了文化自身的发展与进步。

练习 3.16 小学开展经典诵读活动时,对传统文化有一个取其精华、去其糟粕的过程。这说明教育对文化具有(　　)。

　　A．继承功能　　　　B．传递功能　　　　C．选择功能　　　　D．创造功能

练习 3.17 教育可以"简化"文化,吸取其基本内容;教育可以"净化文化",消除其不良因素。这体现了教育对文化具有(　　)。

　　A．选择功能　　　　B．发展功能　　　　C．传递功能　　　　D．保护功能

4. 创造、更新文化

不断地创造和更新,是文化的生命力的体现。任何文化,只有不断推陈出新,才能源远流长,生生不息,才能充满活力,历久弥新,发展壮大。文化诸层面的发展变化与教育密不可分,我国近代史的发展表明,如果不伴以必须由教育而形成的人的心理素质及各种观念的现代化,文化的发展、社会的进步就只能是一个发育不全的畸胎,并不免流产。[①]

(四) 教育的人口功能

人口一般是指居住在一定区域内的人的群体。教育的人口功能是指教育对诸如控制人口数量、提高人口质量等方面的积极作用。具体表现在下列几个方面。

1. 减少人口增长

调查表明,教育程度与生育率直接相关,教育程度越高,生育率则越低。1988 年印度全国营养研究所的一项研究报告表明,未受过教育或只受过小学教育的母亲通常有 6 个以上的孩子,受过中等教育的有 5 个,大学肄业的一般有 4 个,大学毕业的只有 2 个。[②] 这就是说,提高妇女的受教育水平可以起到减少人口数量的功效。

2. 提高人口素质

人口素质是由人口的身体素质、科学文化素质和思想品德素质三个方面构成的,它们都

---

① 张应强. 现代化的忧思与高等教育的使命[J]. 高等教育研究,2001(增刊):52—56.
② 鲁洁. 教育社会学[M]. 北京:人民教育出版社,1990:251.

与教育息息相关。第一,人口质量的量化指标是以受教育程度来体现的,如每万人中的大学生数、普及教育程度、青壮年文盲率等;第二,人口质量是靠教育来提高的,不管是身体素质、文化素质还是道德素质都需要通过教育来实现。

3. 改善人口结构

人口结构包括人口的自然结构与社会结构。自然结构指人口的年龄、性别等方面的比例。社会结构指人口的阶级、文化、职业、地域、民族等方面的比例。教育可以使人口的结构合理化,即使人口结构有利于社会生产和人口的自然平衡。教育可以改变人们的"重男轻女"的传统意识,从而降低女胎的流产率,进而调整新生儿的性别结构。调查表明,教育与死亡率成反比例关系[①],生育率与死亡率的改变,不可避免地要改变人口的年龄结构。教育可以改变城镇人口的比重,使其中一部分受过良好教育的人可以进入城市,另外,通过普及农村教育,提高农村人口素质,从而给农业人口就地完成城镇化提供了可能。至于教育对人口的职业结构的影响则更为明显,因为教育是人们实现职业变动的主要手段。

4. 促进人口流动

人口流动一般有三种类型:一是城乡之间的流动,二是国内贫困地区向发达地区的流动,三是不发达国家向发达国家流动。人口有计划的合理流动,对适应生产力发展和资源开发,促进地区间文化技术的交流、合作与发展都具有积极意义。受过教育的人口更容易流动,因为发达地区或国家一般需要的是具有一定专业知识与技术的人才,而且受过教育的人不易受本土观念的束缚、他们更想到适合发挥自己才能的地方去工作。另外,文化教育发达的城市和地区更吸引迁移人口,因为发达的经济、先进的科技是吸引迁移人口的重要因素。其实,教育本身就是一种人口流动,因为教育特别是高等教育如同一个人才集散地,先把各地的人才收拢,加以培养,然后根据社会发展的需要、学习者的志愿和特长,再把他们输送出去,从而实现跨区域的人才流动。

练习3.18 衡量一个国家文明程度和人口素质高低的重要标志是(　　)。
　Λ. 经济发展水平　　B. 科技发展水平　　C. 人口结构状况　　D. 基础教育水平

◆ 温馨提示

　　教育要与社会发展相适应是教育的基本规律之一。一方面,教育受到社会经济、政治、文化、生产力等的制约;另一方面,教育又会反作用于社会经济、政治、文化、人口、科技等的发展,即教育的社会功能。学习时注意利用关键词去理解与记忆,如"经济对教育的制约"关键词是"规模与速度""教育结构""培养规格""内容与方法";"教育的人口功能"只要找到"数量-质量-结构-流动"这个逻辑与关键词,理解与记忆就会容易得多。

第二节 ◆ 教育与人的发展

　　人总是要发展的。那么,人的发展包括哪些内容? 人的发展有哪些客观规律? 有哪

---

① 刘铮.人口现代化与优先发展教育[J].人口研究,1992(2): 5—7.

些因素影响和决定人的发展？下面我们从界定人的发展的内涵开始，逐个探讨这些问题。

一、人的发展及规律

（一）人的发展的基本含义

发展是指事物连续不断地由低级向高级、由旧质到新质的有规律的变化运动过程。人的发展是指作为复杂整体的个人在从生命开始到生命结束的全部人生中，身心两方面发生积极变化的过程。这里的"身"指的是人的身体发展，具体指机体的各种组织系统，如骨骼、肌肉、心脏、神经系统、呼吸系统的正常发育及体质的增强，即人的生理方面的发展；这里的"心"指的是人的心理发展，如感觉、知觉、注意、记忆、思维、想象、情感、意志、性格等方面的发展，即人的精神方面的发展。

人的身体发展和心理发展相互影响、相互制约，是一个不可分割的统一体。一方面，身体的发展，特别是神经系统的发展，制约着心理的发展。如果人的身体有缺陷，如大脑发育不正常，那么人的认知、性格、能力等都会受到影响。另一方面，身体的发展也受到人的认识、情感、意志等心理过程和特征的影响。

人的发展是一个过程。人的发展过程具有下列特点：（1）社会性。马克思认为"人是一切社会关系的总和"。因此，在人的发展过程中，个体的发展必然离不开社会。（2）能动性。人和动物最大的区别就是人是理性的动物，每个人都有主观意志，可以根据自己的需要发展自己。（3）动态性。在人的发展过程中，影响人的发展的因素很多，各种因素对人的发展也产生着动态的变化。（4）活动性。人的发展是在活动中实现的，通过活动才能把人的潜在素质变成现实素质。

人的"发展"与"生长""成长""成熟"等概念既有一定的联系，但又有各自的侧重。"生长"主要指身体方面的发展，如身高、体重、骨骼构造等人的发展机体方面的发育过程；"成长"主要指身体和心理的共同的动态变化；"成熟"则是指身体和心理发展的一种状态和程度。

（二）人的发展的一般规律

1. 身心发展的顺序性

人的身心发展是一个有顺序、持续不断的发展过程。比如，身体的发展遵循着从上到下（头尾律）、从中间到四肢（中心四周律）、从骨骼到肌肉的顺序发展；心理的发展总是由机械记忆到意义记忆，思维过程由具体思维上升到抽象思维，在情感变化上由喜怒哀乐等到理智感、道德感、美感等复杂情感。人的身心发展的顺序性决定了我们的教育活动必须根据儿童身心发展的特点循序渐进地进行。

练习 3.19　在教育教学中"拔苗助长""陵节而施"违背了人的身心发展规律中的（　　）。

　　A. 顺序性　　　　B. 阶段性　　　　C. 不平衡性　　　　D. 个体差异性

2. 身心发展的阶段性

人的成长是一个持续不断的发展过程，在这个总的发展过程中，不同的年龄阶段表现出不同的身心发展总体特征，具有不同的身心发展矛盾的重点，面临着不同的发展任务。身心发展前后相邻的阶段是有规律地更替着的,在一段时期内,发展主要表现为数量的变化,经过一段时间,发展便产生了由量变到质变的过程,从而使发展水平达到了一个新的阶段。人的身心发展的阶段性决定了教育工作的针对性,对不同年龄阶段的儿童应采取不同的内容和方法,不能搞"一锅煮""一刀切"。

练习 3.20 儿童发展是一个持续不断的过程,不同年龄阶段所表现出不同的特征。儿童发展的阶段性特点决定了教育工作要( )。

A. 循序渐进　　　B. 有针对性　　　C. 因材施教　　　D. 抓关键期

3. 身心发展的不均衡性

人的身心发展具有非等速、非直线的特性。在生理发展方面,在不同年龄阶段生长不均衡。例如,青少年身高、体重有两个增长高峰,第一个出现在出生后的第一年,第二个出现在青春发育期。在高峰期,身高、体重发展较其他年龄阶段更为迅速。在心理发展方面,儿童的发展存在关键期和最佳期,发展亦有不平衡的方面。例如,2—3 岁是儿童学习口头语的关键年龄,4—5 岁是开始学习书面语言的关键年龄。《学记》云:"当其可之谓时,时过然后学则勤苦而难成",说明从古人开始就已认识到了学习的最佳期问题,错过了学习的最佳期,学习的效果就会差一些。人的身心发展的不均衡性决定了教育活动的进行要善于根据个体身心发展的最佳期,给予合适的教育以促其得到更好的发展。

练习 3.21 个体身心发展有两个高速发展时期:新生儿和青春期。这说明儿童的身心发展具有( )。

A. 顺序性　　　B. 不平衡性　　　C. 阶段性　　　D. 个体差异性

练习 3.22 "禁于未发之谓豫;当其可之谓时;不陵节而施之谓孙(xùn);相观而善之谓摩。此四者,教之所由兴也。发然后禁,则扞(hàn)格而不胜;时过然后学,则勤苦而难成;杂施而不孙,则坏乱而不修。"《学记》中的这段话表明儿童的身心发展具有( )。

A. 差异性　　　B. 可变性　　　C. 稳定性　　　D. 不平衡性

4. 身心发展的个别差异性

人的身心发展须经历共同的发展阶段,但由于人的遗传、社会生活条件和教育、主观能动性的不同,其发展的速度、水平以及发展的优势领域千差万别,彼此间表现出发展的个别差异。个体差异性有多种层次。第一,从群体的角度看,表现为男女性别的差异。第二,从个体的角度看,表现在不同儿童的同一方面发展的速度和水平各不相同,如两个同龄儿童,有的某一方面才能表现较早,有的则很晚;不同方面发展的相互关系存在差异,如有的学生第二信号系统的发展占优势,数学能力强,但绘画能力差,另一些学生则相反;不同青少年儿童具有不同的个性心理倾向,不同年龄的儿童具有不同的兴趣、爱好和性格等。人的身心发展的个别差异性要求教育活动要"有的放矢",真正做到因材施教。

练习 3.23 人们常说"聪明早慧""大器晚成"。这说明个体身心发展具有( )。

A. 阶段性　　　B. 互补性　　　C. 不平衡性　　　D. 差异性

练习 3.24 简述儿童身心发展的个别差异性表现在哪些方面?

5. 身心发展的互补性

互补性反映个体身心发展各组成部分的相互关系。它首先指机体某一方面的机能受损或缺失后,可以通过其他方面的超常发展得到部分补偿。如失明者通过听觉、触觉、嗅觉等方面的超常发展得到补偿。除此之外,互补性也存在于心理机能与生理机能之间,如人的精神、意志、情绪状态对整个体机能起到协调作用,帮助人战胜疾病和残缺。如果一个人的心理承受能力很弱,缺乏自我调节能力和坚强的意志,即使不发生严重的疾病或遭遇不太大的磨难也会被击倒。人的身心发展的互补性要求教育者首先要对全体学生,特别是对生理或心理机能存在障碍、学业成绩落后的学生平等相待,要相信他们可以通过其他方面的补偿性发展达到与正常人一样或相似的发展水平,要掌握科学的教育方法,特别是要善于发现他们的优势,长善救失。

6. 身心发展的稳定性和可变性

人的身心发展的稳定性主要表现为年龄阶段的顺序大体都是稳定的、共同的,同一年龄阶段在诸多方面的发展变化过程大体上也是稳定、共同的,并不是变化无常的。但是,这种稳定性并不是绝对的、一成不变的,而是相对的,在条件变化的情况下,某些年龄特征会在一定条件变化的范围内发生变化。例如,由于在现代化、全球化、信息化的社会背景下,社会的发展进步日新月异,人们的生活水平逐步改善,文化教育的普及程度也在提高,青少年的身心发展早熟于理论上的年龄阶段,表现出身心发展的可变性。人的身心发展的可变性还表现在各个年龄阶段特征在一定程度上的交叉,即在某一年龄段之初,可能还保留着大量的前一段的年龄特点,而在这一年龄阶段之末,也可能产生较多的下一阶段的年龄特点。①

练习 3.25 简述个体身心发展的一般规律。

温馨提示

人的发展包括生理和心理两方面,其中生理发展包括身体的正常发育和体质的不断增强,心理发展包括心理活动内容和活动形式的两方面。学习时要注意"发展"的两维度四类目。人的身心发展的六大规律,可以用"**顺序**(顺序性)**不可变**(稳定性和可变性),**个别**(个别差异性)**阶段**(阶段性)**须互补**(互补性)"进行记忆。特别注意各规律的特点,结合实例进行理解与判断。

二、影响人的发展的因素

一个人的成长与发展是一个复杂的过程,在这个过程中受到各种因素的影响。一般而言,人的发展大致受遗传因素、环境因素、教育因素和个体因素的影响。

(一) 遗传因素

遗传是指从亲代继承下来的生理解剖上的特点,如机体的结构、形态、感官和神经系统等的特点,也叫遗传素质。遗传或遗传素质是人发展的生物学前提。

1. 遗传素质提供了人身心发展的可能性

遗传素质是人的身心发展的物质条件,预示着个体发展的可能性。如果没有先天的遗

① 戴国明.教育学教程[M].开封:河南大学出版社,1999:83.

传基础,个体在某些方面的发展便无法实现。譬如,一个先天的盲人,不可能有正常人的视觉,很难成为一个画家;一个先天的聋哑人,也不可能有正常人的听觉,很难成为一个音乐家。从这个意义上说,遗传为个体发展提供着生理基础和前提,是个体发展的必要条件。但这仅仅是为个体发展提供了可能性,至于发展的方向如何,发展的状况如何,则取决于后天的环境、教育和实践因素。

练习 3.26 遗传素质是人身心发展的( )。

A. 主导因素　　　　B. 决定因素　　　　C. 物质前提　　　　D. 内部动力

2. 遗传素质的成熟制约人的发展阶段和过程

据研究,人的思维发展与脑的重量发展是密切相联的,人脑平均重量发展的趋势是新生儿 390 克,8—9 个月的婴儿为 660 克,2—3 岁的幼儿为 990—1 011 克,6—7 岁的儿童为 1 280 克,9 岁的儿童为 1 350 克,12—13 岁的少年儿童大脑平均重量已和成人差不多了,即达到 1 400 克。可见,遗传素质的成熟程度制约着人的发展阶段和过程,只有当身体的发展具有了一定的条件,才为学习知识提供可能。

练习 3.27 如果让六个月婴儿学走路,不但徒劳而且无益;同理,让四岁的儿童学高等数学,也难以成功。说明( )。

A. 遗传素质的成熟程度制约着人的发展过程及其阶段

B. 遗传素质的差异性对人的发展有一定影响

C. 遗传素质具有可塑性

D. 遗传素质决定了人发展的最终结果

3. 遗传素质的差异影响人的个性差异

遗传素质的差异是客观存在的,在生理上,典型的是各种族表现出身高、肤色、面孔等的不同;在心理上,个性差别也存在着与生俱来的不同,如有的孩子生来好动,有的孩子生来安静。有的儿童智力发展较快,有的则智力发展迟缓。现代科学研究也证明了这种差异的存在,在基因中发现了一种主要的化学物质——脱氧核糖核酸(DNA),它是贮存一定遗传信息或密码的单位,通过一定的过程控制着蛋白质的合成,从而决定生物和人千差万别的性状。所以,人的个性差异在一定程度上受先天遗传素质的影响。

4. 遗传素质具有可塑性

在后天的环境、教育及个体因素的共同作用下,人的遗传因素是会发生变化的。正如遗传学著作所说:"在基因组中的 DNA 决定了个体在生理上的、结构上的和行为上的潜在性能,但并非所有的潜在性能都必定可以在那个正在发育着的个体中获得实现。"[1]这是由于人的获得环境、获得状态及方式可以促进或阻碍人的某些遗传因素的作用。譬如,随着生活条件的不同,现在的婴幼儿、青少年相比较以前的孩子而言,其身高、体重有所增加,性成熟期也有所提前,智力的发展水平也有所提前。如果人们长期进行某一方技能的训练,可以使大脑的相应方面的反应能力有所提高。例如,粉刷技工、印染技工对颜色的辨别和把握能力超过一般人,酿酒专家、美食大厨对味道就有着较普通人更强的鉴别能力。

---

[1] [美]E. J. 加德纳. 遗传学原理[M]. 杨纪珂、汪安琦译. 北京:科学出版社,1987:382.

（二）环境因素

任何的生物体,只要是现实的、具体的,都生活在一定的环境中,动物和人概莫能外。从生物进化的角度看,环境对人和动物的发展都产生着影响,动物也在不断地适应环境中逐步进化。所以,环境影响人的发展,这是毫无疑问的。但问题是这一影响作用有多大。环境决定论者把人看作环境的消极、被动的产物,片面夸大环境对个体发展的影响作用。例如中国古代的思想家墨子认为,人的发展犹如白布放进染料缸中,"染于苍则苍,染于黄则黄,所入者变,其色亦变"（《墨子·所染》）。如果将丝放入青色的染料中,丝就被染成青色,将丝放入黄色染料中,则丝变成黄色。丝的颜色改变了,染料本身也改变了。荀子也有类似的观点,他说:"蓬生麻中,不扶自直;白沙在涅,与之俱黑。"西方行为主义心理学家提出的 S-R 学说,认为人的发展就是环境刺激的结果,有什么样的刺激就会有什么样的反应,完全无视有机体内部的条件。人不同于动物就在于人是有意识、有主观能动性的存在,环境的作用,不可能不通过人的选择和认同,只有被人所认同和接受的环境刺激,才能真正成为人的发展的影响因素。所以,我们要反对过度夸大环境作用的"环境决定论",正确地认识环境在人的发展中的作用及其限度。

1. 环境为人的发展提供了条件

即使遗传素质为人的发展提供了可能,但如果缺乏后天的环境,人的发展照样会受到严重影响。人生活在不同的环境中,这些环境为人的发展提供了不同的条件,对人的发展起着制约作用。如"橘生淮南则为橘,生于淮北则为枳""一方水土养一方人"说的就是这个道理。

2. 环境影响人的发展的差异

遗传素质为人的发展只是提供了可能的条件,而不是必然的条件。就大多数处于常态的人来说,个体之间遗传素质的差异并不明显。相对于遗传素质来说,后天的环境对人的发展更具有决定性意义。即使是同卵双胞胎,如果一个生活条件优越,一个生活条件恶劣,他们长大后不管是生理还是心理上都会有所不同。

3. 环境决定人的发展方向与水平

"人是社会关系的总和",因此,人一生下来就必然与周围的人发生各种交往,周围人的思想、观念、习惯、风俗等必然对他产生着潜移默化的影响。如生活在山村的孩子,相对比较勤劳踏实,思想比较深沉,待人真诚、友善;而生活在城市的孩子,相对比较活跃,兴趣广泛,待人热情,知识面相对来说比较广,善于交际。这说明不同的环境会使人的发展方向也不一样。生活在物质资源匮乏、生产力落后的社会里,人的身心发展水平都普遍比较低。而生活在物质资源丰富、文化生活发达的社会里,人的发展水平会大大提高。

4. 环境决定论是错误的

虽然环境对人的发展具有很大的作用,但是环境不能决定一切。环境对人的发展影响最终取决于人的主观能动性。环境,如果只作为一个静态的场景,不为人所认识、所利用,就不会对人发生任何影响。环境,只有为人主动选择、吸收后,才可能对个体发生影响。但这一影响在性质上可能是积极的,也可能是消极的;在方式上,可能是限制、阻碍,也可能是希望和动力。所有种种可能,究竟变成什么样的现实,根本上不是取决于环境,而是取决于人对待环境的态度,取决于人的主观能动性的发挥。具有主观能动性的人,能够战胜恶劣的环境,为自己的发展创造条件;相反,意志薄弱、缺乏理想者不仅战胜不了困难,而且面对良好的环境,也会错失良机,失去发展的可能。所以,对于教育者来说,既要看到环境对人的限制,更要激发人的主观能动性。

练习 3.28 生活在不同环境中的同卵双胞胎的智商测试分数很接近,这说明( )。

A．遗传和后天环境对儿童的影响是平行的

B．后天环境对智商的影响较大

C．遗传对智商的影响较大

D．遗传和后天环境对智商的影响相当

练习 3.29 "蓬生麻中,不扶自直""近朱者赤,近墨者黑""孟母三迁"等所反映的理论是( )。

A．环境决定论　　　　　　　B．遗传决定论

C．教育万能论　　　　　　　D．儿童学理论

(三) 个体因素

个体先天的遗传因素和外部的环境因素都是影响个体身心发展的重要因素,为身心的发展提供着支撑。但遗传因素和环境因素说到底仅是个体发展的外部条件,真正起作用的是个体因素,外因只有通过内因才能起作用。所以,个体因素才是人的身心发展的决定因素。教育学中的个体因素主要是指人的主观能动性和实践活动。

1. 人的主观能动性与人的发展

人的主观能动性是人类特有的意识,它是人的主观意识对客观世界的反映和能动作用。所以,人从来都不是被动地适应环境,人在适应环境的同时,对环境具有改造和选择的功能。具体而言,主观能动性在人的发展中的作用如下:(1)主观能动性是个体身心发展的内因,环境和教育的影响只有通过个体的身心才能起作用;(2)主观能动性影响个体的自我设计和自我奋斗,只要个体自身内心深处希望实现某个目标,就会不遗余力地去规划、去努力;(3)主观能动性是人的发展从潜在的可能状态转向现实状态的决定性因素,在教育活动中,教育者的教授只是一种外在因素,这种因素能否起作用,取决于受教育者的学习自觉性和积极能动性;(4)主观能动性是其自身发展的动力,教育只有变为自我教育,变为受教育者的主动学习,才能真正发挥作用。

练习 3.30 简述主观能动性在个体发展中的作用。

2. 实践活动与人的发展

人的主观能动性的发挥是通过实践活动完成的。个体的实践活动是个体发展的基本途径,人正是通过活动,使人的发展由潜在性因素向现实性因素转变。如人参加体育活动促进了身体素质的发展,人参加学习活动促进智力的发展等。如果离开了实践活动,这些影响都只是一种可能,不可能对人的发展产生实际影响。

3. 个体因素在人的发展中起着最终的决定作用

遗传、环境等只是为个体的发展提供了一定的条件,但这些条件能否发挥作用,以及在多大程度上发挥作用,最终完全在于个体本身。正如毛泽东所说的:"事物发展的根本原因,不是在事物的外部而是在事物的内部。"[1]因此,在人的发展过程中,如果忽视了个体因素的作用,则会造成个体发展的异化,最终阻碍个体的发展。

---

[1] 《毛泽东选集》第一卷(第2版)[M].北京:人民教育出版社,1991:301.

练习 3.31 在外部条件大致相同的课堂教学中，每个学生学习的需要和动机不同，对教学的态度和行为也各式各样。导致这种结果的主要因素是（　　）。

　　A．遗传素质　　　　　B．家庭背景　　　　C．社会环境　　　　D．个体因素

> ◆ **温馨提示**
>
> 　　影响人的发展的因素的记忆与理解可以从内外因两个角度展开：外因包括遗传素质、环境因素（学校教育是特殊的环境），内因指个体因素或个体的主观能动性，外因只有通过内因才能起作用。特别注意各个因素的特殊地位：遗传是生物学前提或基础，环境起重要作用，个体因素起决定作用。

第三节 ◈ 学校教育在人的发展中的作用

人的发展受遗传、环境和个体因素的影响。学校教育作为一种特殊的环境，在人的发展过程中占据极为重要的位置，它在人的发展中起主导作用。

一、学校教育在人的发展中起主导作用

（一）学校教育在人的发展中起主导作用的原因

学校教育为什么在人的发展中起主导作用，这是由学校教育的特点所决定的。

1. 学校教育具有目的性

学校教育是根据一定社会的需要和人的发展规律，有目的、有组织、有计划地培养人的活动，因而对人的影响必然巨大而深远。为了实现预设的教育目的，学校在教育教学过程中，会对教学内容进行精心选择，从而使学生不仅学到系统知识，也能养成一定的道德规范；学校对环境的布置，事先经过精心的提炼，克服和排除那些不利的因素，从而使受教育者生活在一个弥漫着科学、文化和道德规范的校园环境中，保证学生朝着健康的方向发展；学校展开的各项活动，也都紧紧围绕教育目的而进行。总之，学校教育通过有计划、有组织的引导，从而使受教育者朝着特定的方向发展。

2. 学校教育具有专业性

学校是专门培养人的场所，因而学校教育在培养人的过程中具有专门性，具体表现在以下两个方面：第一，学校教育工作者具有专门的任职资格，受过系统训练，具有较深厚的专业知识和教育学、心理学方面的知识，他们懂得如何教育人，能遵循人的身心发展规律教育学生；第二，在学校使用的教材内容系统而完整，具有一定的科学性和逻辑性，教科书的内容是经过实践检验无可争辩的事实及理论，具有一定的科学性，思想性寓于科学性之中；教科书的编写，语言简练、精确，内容由浅入深，面面俱到，富有逻辑性，有利于学生对知识的掌握。

3. 学校教育具有系统性

人的培养是一个复杂的系统工程，要求学校教育必须具有较强的系统性。在学校教育

过程中,既要发展人的社会性,又要发展人的自然性;既要考虑人的共性,又要考虑人的个性;既要满足人的发展的需要,又要体现人的发展的可能;等等。学校教育会从全方位系统性地予以统筹,必然在很大程度上提高人的发展。

4. 学校教育具有协调性

学校教育能够将影响人的各种因素(遗传、环境、主观能动性等)加以协调,使之处于最佳状态,发挥出最大的效益。如表现出音乐天赋的个体,学校可以为其创造一个更好的环境,激发其主观能动性,使音乐天赋得以最大限度地开发等等。

综上所述,学校教育对人的发展具有主导作用,它对人的影响是比较全面、系统而深刻的,但我们也不能过分夸大学校教育的作用,不能把人的发展过程中出现的所有问题都归咎于学校教育,"教育万能论"是一种"乌托邦"式的理想。

练习 3.32　为什么说学校教育对人的发展起主导作用?

(二) 学校教育对人的发展起主导作用的具体表现

学校教育对人的主导作用具体表现在以下四个方面。

1. 定向与指导作用

学校是有目的、有计划、有组织的活动,为人的发展指明方向,并提供指导与引导。具体而言,学校教育对受教育者发展的主导意义主要应表现在帮助受教育者选择合适的发展方向上,这里的"合适"是指社会发展对人才素质的基本要求与个体特质发展的一致,教育者应帮助、创设条件,使受教育者的个体特质朝着有利于社会发展的方向展现和发展。在此,"主导"表现为对发展方向的引导,帮助个体对发展的多种可能性做出判断和价值选择。[1]学校教育是由受过专业训练的教师来进行的,教师根据明确的教育目的,选择科学的教育内容,采用合适的教育方式,遵循学生身心发展的客观规律,有针对性地给予学生指导与帮助,自觉地促进学生按照正确的方向得以发展。

2. 促进与加速作用

教育要遵循个体的身心发展规律。诚然,人的发展有其特有的自然规律,教育对人的发展的影响和促进不能忽视人的自然生长过程,更不能违背个体发展的自然规律。在此基础之上,教育是要促进、加速人的发展的。所谓促进,也就意味着教育不是顺其自然的过程,不是跟在人的自然发展后面亦步亦趋的活动,而是以一种科学、有效的方式使人获得更好、更快的发展,正是由于教育对个体发展具有加速作用,在现实生活中,才使得人们深刻体会到教育对个体而言所具有的巨大价值。[2]教育对个体发展的促进与加速作用,主要体现在促进个体个性化与社会化的发展。教育无论是促进个体个性化,还是促进个体社会化,都不能截然隔离二者的关系,而是要在二者统一的基础上加以认识和把握。一方面,个性化必须建立在社会化的基础上,缺乏社会化的个性只能是原始的自然性,表现出来的只是个人的"任性"和"怪癖",而不是健全良好的个性;另一方面,只有以丰富的个性为基础的社会化,才是民主社会的社会化,才是健全意义上的社会化,人的社会性和个性的统一,决定了教育必须在促进二者统一的基础上,平衡二者的关系[3]。

---

① 叶澜.教育概论[M].北京:人民教育出版社,1999:237.
② 王北生.当代教育基本理论论纲[M].北京:人民教育出版社,2012:267.
③ 全国十二所重点师范大学联合编写.教育学基础(第 2 版)[M].北京:教育科学出版社,2008:38.

3. 协调与整合作用

影响个体发展的因素很多,有来自遗传素质、环境影响、教育影响、个体因素等各个方面的影响,同时更离不开这些因素相互组成的系统的、整体的、相互联系的综合因素的影响。其中,教育,尤其是学校教育,作为这个整体系统的一个组成部分,它对个体的发展有着独特的价值和作用。学校教育按照人的发展目标与培养目标,有的放矢地协调影响人发展的各种因素,整合各类因素的系统功能,以更有效地促进人的身心发展。学校教育对各类影响因素的协调与整合作用,是其他因素所不具备的价值和作用。

4. 奠基与开发作用

学校教育在个体的发展中起主导作用的深层含义在于,学校教育应为人终身的发展奠定坚实的基础,为离开学校后个体的继续发展创造条件。学校教育只有立足于每个人一生的发展,才可能对人的发展起着主导作用;学校教育的意义如果只限于在校时间,或者只限于人才的养成与选拔,那就太小了。[①] 未来社会是一个学习化社会,在学习化社会中,每一个人必须终身不断地进行学习,而学校教育在人的一生非常有限的时空范围内,着眼于充分开发人的潜能,教会个体各种学习技能,为人的终身学习奠定基础。

练习 3.33 影响人的身心发展的因素很多,教育,尤其是学校教育在人的身心发展中起( )。

A. 决定作用　　　B. 动力作用　　　C. 主导作用　　　D. 奠基作用

(三) 学校教育对人的发展起主导作用的条件

学校教育在人的发展中起主导作用必须满足下列前提条件。

1. 人自身的主观能动性

人与动物不同,人是一个能动的个体,具有主观能动性。环境和教育对人的影响作用的大小与人的主观能动性有着直接的关系。人的主观能动性是人的一种内在需要和动力,是一种积极的学习动机和渴望。当受教育者具备了积极的求教动机时,环境和教育的外因才能发挥相应的作用。学习者的学习积极性越高,教育的作用就越大。教育中的"教学相长"只有在教育者和受教育者两个积极性发生共鸣时才会产生。

2. 教育的自身状况

教育主导作用发挥的程度和能力的大小,与教育自身的条件也有很大的关系。这些条件包括教育的物质条件、教师的素质、管理水平以及相关的精神条件等。

3. 家庭环境的效应

家庭环境的效应,包括适当的家庭经济条件、父母的文化水平以及良好的家庭氛围等,或多或少地影响学校教育的主导作用的发挥。

4. 社会发展状况

社会发展状况,包括社会生产力发展水平、社会政治经济制度的进步程度、整体的社会环境、民族心态、文化传统、科学技术发展状况等。

总之,教育的主导作用不是无条件产生的,它要受到多方面因素的制约。教育如能得到社会各方面条件的积极配合,就能充分发挥出促进人的发展和社会发展的独特作用。

---

① 叶澜. 教育概论[M]. 北京:人民教育出版社,1999:237.

> **温馨提示**
>
> 　　本节的学习可以根据"为什么—具体表现—前提条件"这个逻辑去理解与记忆。为什么学校教育在人的发展中起主导作用,可以从教育的概念(目的性、系统性)、学校的本质(专门性)、影响人发展的因素(协调性)几个角度去理解与把握;至于学校教育起主导作用的具体表现,则可以从"导方向(定向与指导)—加速度(促进与加速)—供资源(协调与整合)—奠基础(奠基与开发)"这个逻辑去记忆。学校教育起主导作用的条件可以从"家庭—学校—社会—个体"这个思路去记忆和理解。

二、学校教育在个体个性化中的作用

　　个性化指个体在社会适应、社会参与过程中所表现出来的、比较稳定的独特性。人的个性化发展,个人自主能力、独立能力、创造能力与自觉自控能力的提高,蕴涵着人自身发展的潜能和自立自主的能力。正因为如此,人的个性化具有重要的个体意义和社会意义。[①]

(一) 学校教育促进人的主体意识和主体能力的发展

　　人的主体意识可以看作个体对自我主观能动性的认识,包括个体的自我意识和对象意识;人的主体能力是个体对外部世界的认识、加工、改造能力。人作为一个社会性的存在,不是被动的、消极地接受来自于自然与社会的客观存在,而是通过人的主体意识积极、主动地感知、识读客观世界,通过人的主体能力认识、变革客观世界。对于个体而言,无论是主体意识的形成,还是主体能力的获得,都不完全是与生俱来的,也不是一成不变的,通过接受教育,个体获得相应的知识和能力,提高了自身素质,增强了自身能力,从而能够更好地能动地适应客观世界并变革客观世界。教育对人的个性化的功能,表现为激发个体的内在潜能,发挥个体的主体意识,展现个体的主体能力,获得更多的创造价值。

(二) 学校教育促进个体特征的发展和独特性的形成

　　教育是有目的、有组织、有系统的实践活动,既要根据社会要求对学生开展教育活动,同时又要尊重个体的差异进行因材施教,促进个体在性格、气质、兴趣、爱好、理想、信念、世界观、价值观、能力、水平各个方面的发展,形成人之为人的独特性,彰显着具有鲜明个性特征的生命个体。个体通过后天的教育培养,不仅体现在性格、气质、思维、情感、意志等方面的个性特征,还体现为个体在专业技能和职业特征的独特性等。为此,学校教育根据不同教育阶段的教育要求设置教育目标,选择教育内容,优化课程结构,创新教育教学方式,适应不同阶段个体的身心发展。同时,针对不同的个体,学校教育也会提供相应课程(如选修课)让学生自由选修,以最大限度地促进学生的个性养成。

(三) 教育促进个体生命的意义彰显和价值实现

　　人的生命在本质上讲是一个创造性的存在,它总是在不断地创造过程中生成自己、发展自己、完善自己。作为个体的生命存在,每一个人的生命都是独特的、唯一的、不能替代的、不可复制的、无法让渡的。"教育就是要通过尊重受教育者的生命个性而满足受教育

---

① 全国十二所重点师范大学编写.教育学基础[M].北京:教育科学出版社,2002:72.

者的生命个性美的诉求,帮助他张扬生命个性美,让他感受自己生命的独特性和差异性,让他体味正是这不可替代性赋予生命以意义,赋予生命以自由创造本质。"① 换言之,教育使人意识到生命的存在并努力追求生命的价值与意义,教育赋予人创造生命价值的信心与力量②。

三、学校教育在人的社会化中的作用

社会化和个性化是人自身发展的两个不同方面。人的社会化反映人的一种"群"的聚合性和共处性,是社会得以凝聚群系个体的重要形式,也是个体自身发展的重要内容之一。③那么,学校教育如何促进人的社会化?

(一) 学校教育促进人的价值观念的社会化

人的行为是由其内在的价值观念所支配的。而人的价值观念是个体通过习得社会的行为规范要求而形成的社会产物,也就是说,人的价值观念是社会的价值规范在个体头脑中的反映。学校教育是儿童认识世界、掌握知识、涵育自我的过程,也是儿童体认社会、锤炼本领、培养使命的阶段。不同社会发展阶段的学校教育,代表着一定的社会发展要求,培育适应社会发展需要的人才,传承社会主流文化,传递社会核心价值观念。从宏观而言,学校教育的方针政策与培养目标,符合适应社会发展的现实需求,也符合引领社会未来发展的需要;从中观来看,学校的办学思想、教育理念及管理方式,符合社会发展的要求;具体到微观层次来说,教育活动设计、学校内部管理及校园文化氛围,也体现了社会的规范要求。在学校教育过程中,通过教师引导、同伴影响及个体自主,儿童习得知识、获得技能、提高能力,从而培养儿童对待自身和他人的情感、态度、价值观。这些价值观念,是儿童进行人际交往、社会生活的必备条件。通过接受和认同社会的文化价值观念与行为规范要求,儿童不断地内化社会文化,不断地促进个体的社会化发展。

(二) 学校教育促进人的行为方式的社会化

个体通过接受和认同一定的社会文化价值观念与社会行为规范,形成社会性的发展目标。人要在社会生活中更顺利地生活,就要掌握成为社会成员所必须的生存技能,比如说,要具备基本的生活技能,也需要人际交往技能,还要掌握一定的职业技能。人生活在不同的社会场景中,在不同的场景中扮演不同的角色,学会认同特定场景中个体的身份及所体现的角色,自觉地按照每种身份和角色的行为要求,进行为人处事、人际交往、和谐共生,这是个体社会化的最终体现。

"教育是人与人精神契合,文化得以传递的活动。"④ 学校教育通过向儿童传递社会规范,帮助儿童认识社会规范的意义、内容及方式,通过个体内化为自我意识和行为,防止个体行为违背或偏离社会规范要求。在学校教育中,通过不同的学生生活组织形式,引导学生掌握人际交往的技能。比如,儿童生活的集体主要是班集体,班级的班风与舆论氛围是儿童成长的重要因素,儿童通过与班级同学和教师的交往,习得人际交往的经验和技能,为其走出

① 杨四耕. 当代新基础教育的生命美学观及其方法论意义[J]. 教育理论与实践,2001(06):7—11.
② 袁振国. 当代教育学[M]. 北京:教育科学出版社,2004:74.
③ 全国十二所重点师范大学. 教育学基础[M]. 北京:教育科学出版社,2002:72.
④ 雅思贝尔斯. 什么是教育[M]. 邹进译. 上海:生活·读书·新知三联书店,1991:2.

班级、走出学校、走向社会面对不同情况下的人际交往打下了必备的基础。

人的发展与完善,就在于社会化和个性化二者的和谐与统一。没有人的社会化及其发展,个体将难以适应社会、参与社会,从而使各个不同的个体在社会中失去共有的基础和赖以相互交往的基本规范。而没有人的个性化及其发展,个体的观念和行为就会千人一面,其自身的才智及其潜能难以充分自由地发挥。不止如此,对个性的束缚和压抑,不仅会造成个性自主自立和创造性的萎缩,而且还会影响到社会文化的进步,使发展的内在生机和活力匮乏。可见,失去社会化的个性化,极易导致个体的过分自由;失去个性化的社会化,极易导致社会创造活力的抑制,单纯强调或重视人的社会化价值或人的个性化价值,都是不可取的。人的社会化,应是个性化了的社会化;人的个性化,也应是社会了的个性化。[1]

温馨提示

学校教育有促进人个性化和社会化的作用。个性化作用主要体现在主体意识和主体能力的发展、个体特征和独特性的形成、个体生命意义彰显和价值实现几个方面。社会化主要体现在价值观念与行为方式社会化两方面。

本章小结

教育的两大规律分别是:教育发展受社会发展的制约,又反过来促进社会发展;教育促进人的发展,但教育又要与人的身心发展特点相适应。教育受社会发展的制约是一种客观存在,而教育对社会发展能产生多大的作用取决于客观环境如何,教育并不是任何时候都能促进社会的发展,教育的经济功能、政治功能、文化功能、人口功能的发挥都需要特定的条件,如何协调教育与社会的关系,这是一个永远的命题。教育的对象是人,没有人,教育就失去了存在的意义。教育在人的发展中起主导作用,但这种主导作用的发挥必须基于个体主观能动性的发挥。所以,作为教育工作者,我们必须对影响人发展的因素作动态的、理性的分析,从而使教育真正地成为育人的事业,使人成为教育的出发点和最终目的。

第 3 章练习参考答案

---

[1] 全国十二所重点师范大学. 教育学基础[M]. 北京:教育科学出版社,2002:72—73.

❋ 知识结构

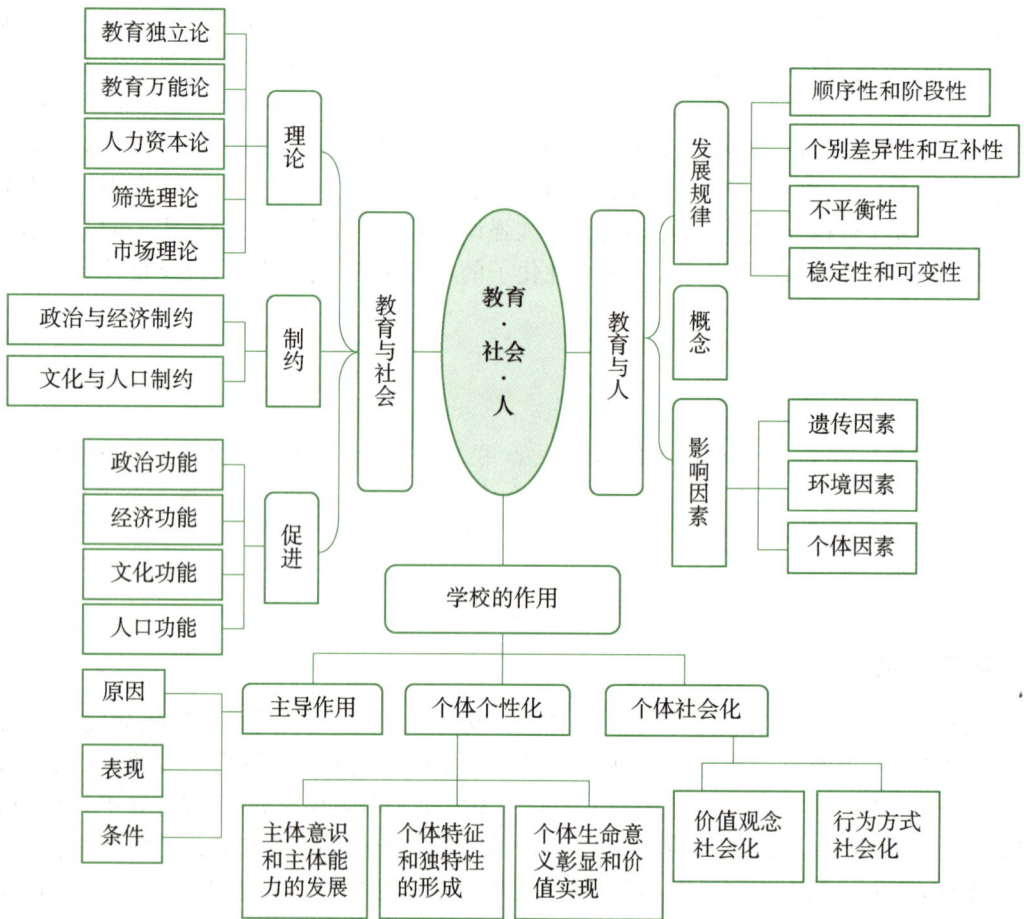

教育目的与培养目标

- 识记与理解教育目的、教育方针、培养目标的涵义,知道三者的关系;
- 理解五种关于教育目的的理论,并能分析各自的特点;
- 知道我国现阶段教育目的的内涵与基本特征;
- 理解马克思的全面发展学说,知道五育的内容与关系;
- 熟悉我国小学教育的培养目标。

引子

成人与成才,哪个更重要?

我清楚地记得,约在 1960 年左右,陈毅元帅讲了一段令人深思的话,大意是:一个空军飞行员,如果开不好飞机,那总不好吧;然而,飞机开得再好,开到敌人那边去了,反过来打自己的国家,那就很糟了。这段话极为深入浅出。无能,固然不好;无德,就更不好;才高而德缺,是灾难。

德育在于"育人",而非"制器"。做人、情感、人性、人格的教育亦即人文教育,应占有优先地位。特别是对未成年人而言,人文教育绝不是抽象的、说教的,而是具体的、有血有肉的。首先是学会"爱",懂得"耻"。要从身边一件件小事做起,"勿以善小而不为,勿以恶小而为之"。我们讲,成人比成才更重要,做人先于做事,情感重于智力,正是体现了以"德"为首培养人的要旨。①

学校教育的目的到底是什么?是教人"成人"还是教人"成才"?中国工程院院士、华中科技大学前校长、博士生导师杨叔子认为,作为一个人,"无能,固然不好;无德,就更不好;才高而德缺,是灾难"。所以,他坚信"成人比成才更重要,做人先于做事,情感重于智力"。就是说,学校教育追求的首先是"人",然后才是"才"。那么,何谓教育目的?历史上有哪些教育目的观?我国的教育目的与小学的教育目标又是怎样的?这一章试图对这些问题作出回答。

---

① 杨叔子. 成人比成才更重要[N]. 人民日报,2004 - 09 - 02(13).

第一节 ◆ 教育目的概述

正如费尔巴哈所言:"人本是一个依照目的而活动的东西,他没有个体目的,就什么事都做不出来。"① 与自然界日月更替、动物的本能行为有所不同,人类的实践活动自始至终都受自觉目的的牵引和支配。教育作为人类的一项特殊活动,更有其内在的特定目的。"教育目的是教育理论和实践中的核心问题,任何教育改革,都是从对教育目的的思考开始的,都是从对培养什么样的受教育者的定位和构想开始的,并以此为指向和归宿。"②

一、教育目的及其结构和意义

(一) 教育目的的内涵

教育理论界对教育目的这一概念有着各种不同的界定或表述。譬如,教育目的就是指"把受教育者培养成为一定社会的人的总要求";③ "所谓教育目的,是指社会对教育所要造就的社会个体的质量规格的总的设想或规定";④ "所谓教育目的就是人们在进行教育活动之前,在头脑中预先观念地存着的活动过程结束时所要取得的结果,它指明教育要达到的标准或要求,说明办教育为的是什么,培养人要达到什么样的规格";⑤ "简单说,它是人们在观念上、思想上对教育活动的设计以及借助一定教育手段通过一定的教育途径去达到某种结果的设计";⑥ 教育目的是"培养人的总目标,关系到把受教育者培养成为什么样的社会角色和具有什么样素质的根本性质问题";⑦ "教育目的是对教育对象所要达到的规格和要求做出的规定",⑧ 等等。

以上种种表述从不同侧面揭示了教育目的的特征,或繁或简地界定了教育目的的基本内涵。首先,教育目的是对教育的一种预期要求、设想或规定,是通过教育活动去达到的价值追求;其次,它关注的是受教育者个体的总体发展规格,是对个人发展的综合素质要求,同时也以对受教育者个体素质的理解与把握为前提;再次,它具有社会性,体现了社会发展对受教育者的基本要求;最后,在形式上,它表现为教育思想、教育观念或教育理念,影响和指引人们的教育实践。据此,可将教育目的作如下界定:教育目的是根据社会发展的要求和人自身发展的需要,以观念或理念形式加以表达的要求受教育者达到的规格与要求的预期设想或规定。

(二) 教育目的的结构

教育目的的结构,是指教育目的的组成部分及其相互关系。教育目的是对各级各类教

---

① 费尔巴哈. 费尔巴哈哲学著作选集[M]. 上海:三联书店,1962:627.
② 扈中平. 教育目的应定位于培养"人"[J]. 北京大学教育评论,2004(3):24.
③ 中国大百科全书·教育[M]. 北京:中国大百科全书出版社,1985:122.
④ 王道俊、王汉澜主编. 教育学[M]. 北京:人民教育出版社,1989:95.
⑤ 黄济、王策三主编. 现代教育论[M]. 北京:人民教育出版社,1996:214.
⑥ 孙喜亭. 教育原理[M]. 北京:北京师范大学出版社,1993:154.
⑦ 顾明远. 教育大词典(增订合编本)上册[M]. 上海:上海教育出版社,1997:765.
⑧ 郑金洲. 教育通论[M]. 上海:华东师范大学出版社,2000:183.

育的统一要求,同时,教育有不同的形态、类型和层次。从教育的形态看有家庭教育、社会教育、学校教育等,学校教育又有不同的类型和层次,教育目的只是预设的总要求,不可能详细规定不同类型和不同层次学校所培养的人的特殊规格。因此,各级各类学校应根据教育目的的要求,结合学校的实际,制定切实可行的培养目标,并且要根据培养目标确定培养方案、各育目标、课程计划、教学目的和教学目标等。学校教育目的的结构具体如下。

学校教育目的的结构
- 教育目的(国家统一制定的,或是教育家理想中的,是教育的最高理想)
- 培养目标(各级各类学校根据教育目的和学校实际制定)
- 各育目标(根据培养目标制定的德、智、体等各育目标)
- 教学目的(根据各育目标制定的教学结果的总设想)
- 教学目标(教学目的在各门学科教学活动中的具体化)
- 课时目标(根据教学目标制定的不同课时的具体要求)

总体而言,目的是制定目标的依据,而目标是目的实现的保证,具有可测定性和可操作性。无论培养目标、各育目标、教学目标还是课时目标都必须遵循教育目的。教育目的不仅标示着一定社会对培养人的要求,也标示着教育活动的方向和目标,是教育活动的出发点和归宿。

练习 4.1　下列各项,属于全部教育活动的主题和灵魂,是教育的最高理想的是( )。

A．教育方针　　　B．教育政策　　　C．教育目的　　　D．教育目标

(三) 教育目的的意义

教育目的对所有教育活动具有指导意义,是教育工作的出发点,也是教育工作期望的理想归宿,是落实教育任务、确定教育内容、选择教育方法和手段、检查和评价教育效果的根据。具体来说,教育目的的意义主要表现在以下几个方面。

第一,教育目的指明受教育者的发展方向,引导受教育者的发展过程,有效促进受教育者的发展。教育目的是根据社会发展和受教育者身心发展需要而制定的对教育活动的总要求,对受教育者预定的发展方向和教育过程进行了设计或规定,指明受教育者的发展方向,引导受教育者的发展过程,能保证学校、家庭、社会等各方面和学校各部门形成共识,以有效地促进受教育者的发展。

第二,教育目的预定教育的理想结果,对教育活动起指导、支配作用。教育目的是教育活动的出发点和依据,为教育活动预定理想的结果,是一切教育活动的出发点和落脚点,对教育活动具有导向和统领作用。

第三,教育目的是国家或阶级、政党利益的集中体现,全方位地规范着教育活动的方方面面,是教育行政机关和学校管理部门确定教育内容,指导、检查和评估学校教育教学工作的依据。

第四,教育目的为教师的教育和教学工作提供了努力的方向,能规范教师的教育教学活动。理想的预期结果还能对教育者和受教育者产生强大的激励作用,有助于提高教育工作的效果和效率。

第五,教育目的有利于教育行政机关、学校管理部门和教育工作者端正教育思想,促进教育改革。教育目的是教育理论和教育实践的核心内容。学习和研究教育目的,有利于教

育工作者端正教育思想,自觉投入教育改革,从而促进教育改革和发展。

二、教育目的、教育方针和培养目标

教育目的、教育方针、培养目标是三个相互关联而又有区别的概念,有必要加以辨析。

(一)教育目的

教育目的(aim),是指教育所要培养的人的质量和规格的总要求,即解决把受教育者培养成什么样的人的问题。一般由两部分内容组成:一是规定教育所要培养的人才具有什么样的社会功能,即是否具有为社会的政治、经济、生产力发展服务的价值;二是规定教育所要培养的人才具有什么样的素质,即具有怎样的个体身心内在素质及其结构合理与否。

(二)教育方针

教育方针(principle),在一些国家、执政党或某些时期也称之为"教育大旨"(如日本)或教育宗旨(如我国清末至1949年前国民党统治时期)。它是国家或执政党在一定的历史时期根据社会政治、经济发展的要求,为实现教育目的而规定的教育工作的总原则和行动指南(指针)。它是制定各项教育政策的根本依据。一般包括三个部分:一是指明教育的性质和服务方向;二是规定教育目的,即教育总的培养目标;三是指出实现教育目标的根本途径。教育方针具有阶级政治性、行政法令性以及规范性、时代性、发展性等特点。

(三)教育目标

教育目标(goals),有两种含义。一种即是教育培养目标,或直称"培养目标"(goal),它是根据教育目的制定的各级各类学校或不同专业培养人才的具体要求,是这些学校或专业培养受教育者的身心素质的具体标准。二是作为预期的教育(教学)效果的教育目标(objective)或教学目标。这种教育目标,"也称教学目标,它是预期的教学效果,既可以是一门课程的目标,也可以是一个教学单元或一节课的目标。对于教师而言,常遇到的是后一类目标"[1]。美国教育心理学家布鲁姆(B. S. BLoom)在其《教育目标分类学》中所述的"教育目标"就是这种含义的教育目标,他把教育目标分为认知、情感和动作技能三个领域,其中认知领域的教育目标又分为知识、领会、运用、分析、综合、评价等[2],这些目标又是前一种含义"培养目标"的具体化。

练习4.2 在教育目标分类中,美国教育心理学家布鲁姆就学生学习结果划分的三大领域是( )。

A. 知识、技能和技巧   B. 知识、理解和应用技能

C. 认知、情感和动作技能   D. 认知、应用和评价功能

从三者的联系看,教育目的和教育方针在对社会性质的规定上具有内在一致性,都含有"为谁(哪个阶级,哪个社会)培养人"的规定性,都是一定社会(国家或地区)各级各类教育在其性质和方向上不得违背的根本指导原则。培养目标是教育目的的具体化。教育目的决定培养目标,同时,教育目的只有与各级各类学校的具体实际结合,才能落到实处,才具有可操作性。"教育方针"包括"教育宗旨"和"培养目标",是教育目标体系中较高层次的"教育目

---

① 郑金洲.教育通论[M].上海:华东师范大学出版社,2000:212.

② [美]B. S. 布鲁姆等编.教育目标分类学(认知领域)[M].罗黎辉、丁证霖等译.上海:华东师大出版社,1986:16.

标"，具有较大程度的普遍性和理想化特征，当然"培养目标"比起"教育方针"更为具体一些。

从三者的区别来看，教育目的是基于对社会发展和人的发展的认识而产生的教育结果预期，既具有客观性和现实性特点，又具有主观性和超前性（理想性）的特点。教育目的一般包含"为谁培养人""培养什么样的人"的问题；而教育方针除此之外，还含有"怎样培养人"的问题和教育事业发展的基本原则，其内涵更加丰富，更具有明显的阶级性、政治性和政策规定性，在一定时期内甚至具有强制性。教育目的是理论术语、学术性概念，而教育方针是工作术语、政治性概念。此外，教育目的是各级各类教育培养人的总的质量标准和总的规格要求，具有一般性。培养目标则是不同级别、不同类型、不同层次、不同专业教育的具体目标，具有特殊性。

总体而言，教育目的具有核心指导性、概括统一性，教育方针具有指令性、政治指向性，教育目标具有具体多样性、实践操作性。教育目的、教育方针、培养目标相互联系、结合，共同构成国家的完整的教育目标体系。

三、教育目的的制定依据

教育目的是由人提出的，属于意识形态范畴，它的形式是主观的，但其内容却是客观的。教育目的的制定是主观和客观相统一的活动。教育目的是由教育主体制定的，既体现着人的主观意志，又必须依托社会发展的客观需要和受教育者身心发展的特点。一定社会的政治、经济、生产、文化、科学技术发展的要求和受教育者身心发展状况是确定教育目的的重要依据。

（一）社会政治经济制度

教育目的属于社会意识形态范畴，与社会政治经济有着直接的制约关系。社会的生产关系、政治观点和政治制度直接决定教育目的的社会性质。不同社会、不同阶级、不同政党的人才标准不同，教育目的便会有所不同。在阶级社会里，统治阶级的教育目的取决于统治阶级的政治利益和经济利益，因此，教育目的具有鲜明的阶级性。

（二）生产力和科技水平

生产力是社会发展中最活跃的因素，对社会发展起着最终的决定作用，从而也是制约教育目的的最终决定因素。不同社会发展阶段、不同时代，由于生产力和科学技术发展水平不同，对人才规格、类型和具体的素质要求也不相同，教育目的的具体内容自然也就有所不同。

（三）受教育者的身心发展规律

教育是培养人的专门活动，教育目的作为一种发展指向，必须考虑各具特色、差异多样的不同受教育者发展的可能性，否则就无法促进人的身心发展。如果教育目的不符合人的身心发展的需要和特点，教育效用就很难发挥，教育为社会需要服务的目的也就会落空。

（四）教育思想和文化传统

不同的教育思想影响教育目的的制定。社会本位论和个人本位论是两种相对立的教育思想，自然会产生不同的教育目的。如美国是个人本位论的支持者，所以制定的教育目的强调个体个性的张扬。另外，文化传统也影响教育目的的制定，我国与美国的文化传统各不相同，因而相应的教育目的也各具特点。

练习4.3 简述确立小学教育目的的基本依据。

❖ 温馨提示

教育目的是指人们根据社会发展的要求和人自身发展需要,以观念或理念形式体现出来的、指导教育实践活动的、关于受教育者素质总体发展规格的预期设想或规定。教育目的与教育方针、培养目标既有联系又有区别。学习时要注意三者的特点关联,特别注意影响教育目的制定的依据。

▌ 第二节 ◆ 教育目的的几种观点

一、个人本位目的观和社会本位目的观

个人本位的教育目的观和社会本位的教育目的观,都是围绕如何看待个人发展和社会发展各自的地位及关系而形成的两种对立的教育目的观,反映了两种截然不同的价值取向。教育从它产生开始就存在着促进个人发展与社会发展的矛盾,对教育在促进个人发展与社会发展两方面孰轻孰重、孰先孰后的不同见解就产生了教育目的中的个人本位论和社会本位论。

(一) 个人本位论

个人本位的教育目的观可以追溯到古希腊时期的智者学派。他们坚持教育的目的不在于国家利益和社会发展,而在于发展人的个性和理性,使人成为真正的人。这是个人本位论的理论萌芽。18世纪和19世纪初是这一理论的全盛时期。主要代表人物有法国的卢梭,瑞士的裴斯泰洛齐,德国的康德、福禄培尔等。

个人本位论的基本观点如下:坚信人生来就具有健全的本能,就是真善美的体现;主张教育应以个人需要为本,个人价值高于社会价值;强调根据儿童的本性,以个人自身完善和发展的需求为出发点来制定教育目的和构建教育活动;强调教育要发展人的本性,挖掘人的潜能,增进受教育者的个人价值。简言之,教育的根本目的是人的本性和本能的高度发展。

练习4.4 在教育目的价值取向问题上,主张教育是为了使人增长智慧、发展才干、生活更加充实幸福的观点属于(　　)。

A. 个人本位论　　B. 社会本位论　　C. 知识本位论　　D. 能力本位论

(二) 社会本位论

社会本位的教育目的观可以溯及古希腊的柏拉图和我国战国时期的荀子。柏拉图认为理想的国家是各阶层的社会成员各安其位,各谋其政,各司其职,从而体现出正义原则。对社会成员施行教育的目的是宣传并维持"正义",培养各阶层社会成员具备国家所需要的各种品质。而教育的最高目的就是培养国家的最高统治者"哲学王"。[①] 可见柏拉图的教育价

[①] 傅建明.教育原理与教学技术[M],广州:广东教育出版社,2005:136.

值取向是国家和社会。荀子则从性本恶的人性论出发,认为教育要以"礼"来对人们进行约束和改造,以国家和社会的要求来规范人们的言行,使之"安分守己"。19 世纪下半叶是社会本位论发展的鼎盛时期,主要代表人物有孔德、迪尔凯姆(E. Durkeim,又译为涂尔干)、纳托尔普、凯兴斯坦纳等。孔德认为:"真正的个人是不存在的,只有人类才存在,因为,不管从哪方面看,我们个人的一切发展,都有赖于社会。"① 涂尔干也指出:"教育对社会而言只是一种手段,只是社会为了在儿童内心形成自身存在所必需的基本条件而采取的手段",因此,"塑造'社会我',这就是教育的目的"②。在涂尔干的"教育"概念中,十分强调人对社会的适应,"适应整个社会在总体上对儿童的要求,并适应儿童将来所处的特定环境的要求",概言之,"教育在于使年轻一代系统地社会化"③。

社会本位论的主要观点如下:个人的发展有赖于社会,受社会的制约;教育目的应根据社会需要来确定,促使个人社会化,使人适应社会需要;培养符合国家根本精神的有用公民。因为个人生活在社会中,受制于社会环境,教育的一切活动都应服从和服务于社会需要,教育除了社会目的之外,没有其他的目的,教育的目的是为社会培养合格的成员和公民,使受教育者社会化,社会价值高于个人价值。

练习 4.5 德国教育家凯兴斯坦纳曾提出过"造就合格公民"的教育目的。这种教育目的论属于( )。

    A. 个人本位论   B. 社会本位论   C. 集体本位论   D. 个别差异论

练习 4.6 在教育目的价值取向上,存在的两个典型对立的理论主张是( )。

    A. 个人本位论与社会本位论   B. 国家本位论与社会本位论

    C. 全面发展论与个性发展论   D. 国家本位论与个人本位论

二、人文主义目的观与科学主义目的观

人文主义与科学主义是两种对立的哲学或社会文化思潮,在两种思潮的背后形成了两种教育目的观:人文主义教育目的观和科学主义教育目的观。

(一)人文主义教育目的观

在古希腊出现了一种称作"Liberal education"(文科教育,自由教育)的教育思想,其根本目的是培养自我完善的人。认为"最高的善则为善而善,无其他善能超之。因此,所有人类努力的终极目标即在此。总之,即自我实现或自我实现活动"④。亚里士多德是历史上第一个提出教育的终极目标是"自我实现"这一人文主义思想精髓的哲人,为人文主义教育思想的形成奠定了基础。

人文主义教育目的观认为,人性是美好的,并且是永恒不变的,教育的本质和根本目的就是培育人性。无论何时何地,人性依然如故,教育依然如故。它基于"人性不变""理性是人的最高价值"和"个人价值高于社会价值"的人文理论基础,以人道反对神道,弘扬人的价值和尊严,时刻关注现实人生的意义和对世俗幸福的追求。在教育中强调尊重儿童,注意儿

---

① 扈中平. 教育目的论[M]. 武汉:湖北教育出版社,1997:65.

② 涂尔干. 教育及其性质与作用. 载张人杰主编. 国外教育社会学基本文选[M]. 上海:华东师范大学出版社,1989:1—13.

③ 涂尔干. 教育及其性质与作用. 载张人杰主编. 国外教育社会学基本文选[M]. 上海:华东师范大学出版社,1989:9.

④ C. H. Patterson. *Humanistic Education*[M]. Englewood Cliffs, New Jersey:Prentice-hall,1973:68.

童身心的全面发展,要求自由平等和个性解放,始终把人的价值和人自身的完善放在教育价值的首要位置。

(二) 科学主义教育目的观

文艺复兴时期,随着人的解放和对人的地位、价值、需要的肯定,人们开始摈弃中世纪强加于人的苦行僧式的生活方式,对人们在物质享受方面的追求有所接纳。[①]17 世纪第一次科学革命催生了"科学主义"思潮。它在后来的几次科学革命和产业革命中渐渐壮大,最终形成声势浩大的科学主义运动。近代科学的思想先驱之一弗兰西斯·培根无疑是科学功利主义的奠基人。他认为科学的任务不仅在于认识自然的规律,更重要的是利用掌握了的自然规律,征服和驾驭自然,促进社会的改革和进步。[②]培根的功利主义思想为近代科学革命奠定了舆论基础。

科学主义教育目的观是以社会的需要尤其是物质需要为出发点,以社会物质生产和科技进步为中心的关于教育目的功利主义主张。科学主义在某种程度上说是人文主义异化的产物。

当前,人们已经逐渐认识到,无论是纯粹、极端的科学主义,还是一味追求人的精神满足和人性发展的人文主义,都不能适应人的发展和社会发展的需求。因此,许多人开始转向追求二者的协调发展,主张科学教育与人文教育的融合,走向科学人道主义。科学人道主义"是人道主义的,因为它的目的主要是关心人和他的福利;它又是科学的,因为它的人道主义的内容还要通过科学,对人与世界知识领域不断地作出新贡献而加以规定和充实"[③]。科学人道主义以科学为基础,以人文为取向,在科学人文的相互融合中促进人格的完善和发展。

> ◈◈ 温馨提示
>
> 关于教育目的的价值取向有多种观点,其中最为常见的是五种观点:个人本位、社会本位、人文主义、科学主义、马克思的全面发展理论(下文详述)。学习时注意各种观点的代表人物与基本观点,理清各种观点的优缺点。

第三节 ◆ 我国小学教育的培养目标

小学教育的培养目标是依据我国的教育目的制定的,所以,在讨论小学教育的培养目标之前必须理清我国的教育目的。

一、我国的教育目的

(一) 我国相关法律规定的教育目的

教育目的是一个历史性的范畴,中华人民共和国成立后,我国对教育目的的表述也随着

---

① 扈中平. 教育目的论[M]. 武汉:湖北教育出版社,1997:121.
② 林杰. 人文主义教育与科学主义教育思潮评析[J]. 江苏高教,2002(3):51—54.
③ 联合国教科文组织国际教育发展委员会. 学会生存[M]. 北京:教育科学出版社,1996:8.

社会发展而有所不同。

1986 年,第六届全国人大四次会议通过的《中华人民共和国义务教育法》规定,义务教育必须贯彻国家的教育方针,努力提高教育质量,使儿童、少年在品德、智力、体质等方面全面发展,为提高全民族素质,培养有理想、有道德、有文化、有纪律的社会主义建设人才奠定基础。[①]1995 年,第八届全国人大三次会议通过的《中华人民共和国教育法》规定:"培养德、智、体等方面全面发展的社会主义事业的建设者和接班人。"[②]1999 年 6 月,《中共中央国务院关于深化教育改革全面推进素质教育的决定》指出:"实施素质教育,就是全面贯彻党的教育方针,以提高民族素质为根本宗旨,以培养学生的创新精神和实践能力为重点,造就有理想、有道德、有文化、有纪律、德智体美等全面发展的社会主义事业建设者和接班人。"[③]十六大报告指出:"全面贯彻党的教育方针,坚持教育为社会主义现代化服务,为人民服务,与生产劳动和社会实践相结合,培养德智体美全面发展的社会主义事业建设者和接班人。"[④]2006 年修订的《中华人民共和国义务教育法》规定:"义务教育必须贯彻国家的教育方针,实施素质教育,提高教育质量,使适龄儿童、少年在品德、智力、体质等方面全面发展,为培养有理想、有道德、有文化、有纪律的社会主义建设者和接班人奠定基础。"[⑤]中华人民共和国第十二届全国人民代表大会常务委员会第十八次会议于 2015 年 12 月 27 日通过了修改后的《中华人民共和国教育法》,明确规定我国的教育目的是"教育必须为社会主义现代化建设服务,为人民服务,必须与生产劳动和社会实践相结合,培养德、智、体、美等方面全面发展的社会主义建设者和接班人"[⑥]。

现阶段的教育目的具有历史继承性,也反映了现阶段社会发展的特点和我们对教育目的新的思考和探索。

(二) 我国教育目的的内涵

2015 年《中华人民共和国教育法》规定的教育目的,其内涵可以从下列几个方面进行理解。

1. 价值取向——服务现代化,服务人民

就价值取向而言,首先是政治取向。教育目的明确规定了我国教育的社会主义方向,即"为社会主义现代化建设服务"。我国是社会主义国家,教育的目的就是通过提升个体的劳动能力,加快社会主义现代化建设。其次是社会价值。"为人民服务"是中国共产党的根本宗旨,中国共产党是人民利益和愿望的代表,只有全心全意为人民服务才能得到人民的拥护和支持。教育的目的之一就是为人民过上美好的生活而努力。为人民服务是每个知识分子

① 中华人民共和国义务教育法.[EB/OL]. 1986 - 04 - 12[2019 - 06 - 13]. http://www. npc. gov. cn/npc/xinwen/2019-01/07/content_2070254. htm.

② 中华人民共和国教育法[EB/OL]. 1995 - 03 - 18[2019 - 06 - 13]. http://www. moe. edu. cn/publicfiles/business/htmlfiles/moe/moe_619/200407/1316. html.

③ 中共中央国务院关于深化教育改革,全面推进素质教育的决定[EB/OL]. 1999 - 06 - 13[2019 - 06 - 13]. http://old. moe. gov. cn/publicfiles/business/htmlfiles/moe/moe_177/200407/2478. html.

④ 全面建设小康社会,开创中国特色社会主义事业新局面——在中国共产党第十六次全国代表大会上的报告[EB/OL]. 2012 - 12 - 17[2019 - 06 - 13]. http://www. china. com. cn/guoqing/2012-10/17/content_26821180_9. htm.

⑤ 中华人民共和国义务教育法(2006 年修订)[EB/OL]. 2007 - 07 - 17[2019 - 06 - 13]. http://www. chinalawedu. com/lvshi/cjw/5_1690. shtm.

⑥ 中华人民共和国教育法[EB/OL]. 2015 - 12 - 28[2019 - 06 - 13]. http://www. gov. cn/zhengce/2015-12/28/content_5029900. htm.

的基本职责和终身奋斗的目标。

2. 实施方式——教育与生产劳动和社会实践相结合

在实施方式上,我国的教育目的要求教育与生产劳动相结合,即通过生产劳动使理论与实践相结合,学用一致,逐步消除体力劳动与脑力劳动的差别。社会实践,不仅包括生产、科学活动,也包括第三产业的社会活动。通过社会实践加深对祖国国情的了解,增强历史使命感和责任感,学会关心,学会共处,学会做事,勤于实践,勇于创新,养成健全的人格与健康的心态。

3. 规格要求——德智体全面发展和个性成长

教育目的中的"德、智、体等方面全面发展"是指受教育者在品德、智力、体质以及审美能力和劳动能力诸方面都得到发展,也就是受教育者个性的充分的全面的发展。因为,品德、智力、体质、审美能力和劳动能力等素质要素在受教育者个体身上的特殊结合,是各不相同的,由此构成了他们的个性特点,表现出各自不同的全面发展的个性。可见,个人的全面发展和个性发展是辩证统一的。因此,我们讲的全面发展,绝不是要求每个受教育者各方面平均发展,成为同一模式的人,而是包括着个性的多样性和丰富性。因此,教育要使受教育者都能根据自身的特点,发展有益的个性。

4. 目标定位——社会主义事业的建设者和接班人

"建设者"和"接班人"是教育目的表述中的中心词。"建设者"和"接班人"是统一的。它要求受教育者同时具有"建设者"和"接班人"的基本特质,既有建设之才,又有接班之能,德才兼备。它要求教育所培养的人将来无论从事何种职业或工作——是从事以体力劳动为主的还是从事以脑力劳动为主的职业或工作,都应当成为社会主义事业的合格建设者,同时又应当是坚持走社会主义道路的可靠接班人。

(三) 我国教育目的的基本特征

我国现阶段的教育目的具有下列一些基本特征。

1. 以马克思的全面发展学说为理论基础

马克思关于人的全面发展学说,通过对生产过程中作为劳动力的人的特征和属性的历史考察,确立了关于人的发展的科学理论,指出"人的本质并不是单个人所固有的抽象物。在其现实性上,它是一切社会关系的总和"[①]。认为人是通过实践活动而获得自身的发展的,人的全面发展是社会生产发展的普遍规律。马克思关于人的全面发展的学说为我国制定社会主义的教育目的提供了科学的价值观和正确认识、处理社会与个人发展关系的方法论。从我国教育目的的表述可以看出,我们始终坚持德、智、体等方面全面发展的方向,始终强调教育与生产劳动相结合的方针,就是落实马克思关于人的全面发展学说的表现。

练习 4.7　确立我国教育目的的理论基础是(　　　)。

A. 素质教育理论　　　　　　　　B. 马克思关于人的全面发展理论

C. 创新教育理论　　　　　　　　D. 生活教育理论

---

① 马克思恩格斯全集(1卷)[M].北京:人民出版社,1972:18.

2. 有鲜明的政治方向

我国是社会主义国家,教育自然要为社会主义建设服务,这是我国教育性质的根本所在。教育的根本目的就是为社会主义现代化建设培养各种人才。中华人民共和国成立以来出现过各种不同的教育目的,无论我国发展的各个时期工作重点有什么不同,我国教育目的所规定的社会主义性质却始终没有变。这在各个时期所提出的教育目的中均有表现,如"有社会主义觉悟的、有文化的劳动者""社会主义人才""社会主义建设者和接班人",等等。现阶段的教育目的明确规定"教育必须为社会主义现代化建设服务、为人民服务",培养"社会主义建设者和接班人",政治指向极为鲜明。但这种政治指向性,既不同于宣扬超阶级性的资产阶级教育目的,也不同于古代社会以剥夺绝大多数人的受教育权而赤裸裸地为统治阶级利益服务的教育目的。我国的教育目的追求每一个社会成员都享有平等的受教育权,并为受教育者提供最大限度的全面发展的可能空间。同时,它也根据实践中的经验和教训,要求受教育者做到政治与业务素质的统一,又红又专,德才兼备。

3. 强调全面发展与个性发展的统一

全面发展,是我国人才培养的规格标准,是教育目的中对受教育者身心素质的要求。中华人民共和国成立以来,主张培养的人必须德才兼备,既要有崇高的理想、道德和人生观,又要有丰富的科学文化知识和技术。同时,要有健康的体魄,进步、高尚的审美情趣,表现美、创造美的能力以及劳动观点和生产劳动技能,即做到德智体美劳全面发展。但全面发展的同时并不否认个性发展,而是尊重个体的存在价值,促进个性的充分发展。社会主义建设的不同领域需要具有不同风格与特长的建设者,需要"具有实事求是、独立思考、勇于创造的科学精神"的建设者。所以,我国的教育目的在强调德智体美劳全面发展的一般要求的同时,也重视个人的自主性、创造性和其他个性品质,强调个体才能和特长的充分发挥,寓一般于特殊之中,形成较为完善的教育目的内涵。

练习4.8　简述我国教育目的的基本精神。

二、马克思的全面发展教育理论

马克思的全面发展学说是我国制定教育目的的理论基础,因此,有必要了解马克思的全面发展学说的基本观点。

(一) 全面发展的内涵

马克思主义认为人的全面发展是指人的智力、体力得到充分的、自由的、和谐的发展,同时也包括道德、志趣意向等个性品质的发展。全面发展的内容具体包括:(1)人的劳动能力的全面发展;(2)人的才能的全面发展;(3)人自身的全面发展;(4)人的自由发展。马克思主义创始人坚持教育与生产劳动相结合、实现全面发展的唯一方法。

"全面发展教育"是为了培养全面发展的人、实现全面发展的教育目的而实施的教育,是实现教育目的的手段和途径。我国社会主义的全面发展教育,是指我们的教育目的所规定的"德智体美等方面全面发展"的教育。全面发展教育是实现全面发展的手段,即教育者通过向受教育者传授知识、技能、思想政治道德观念,促进其身心的各个方面、各个部分、各个层次的全面、充分、自由、和谐统一的发展。全面发展教育具有以下特征:(1)全体性,每一个学生都得到一定程度的发展;(2)全面性,使每个个体的各种潜能得到最大程度的发展;

(3)主动性,全面发展不是外加的,而是自主和自由的;(4)和谐性,即德智体美劳各方面优化组合与平衡协调;(5)充分性,个体在社会给予的空间条件下,达到自身潜能的最大发展;(6)可持续性,个人的现实发展既可以得到充分的实现,又不会对其发展未来和潜能造成损害。

练习 4.9 马克思的"人的全面发展"本质是指(　　)。

A. 德、智、体、美、劳全面发展

B. 劳动能力的全面发展

C. 有社会主义觉悟有文化

D. 既能从事体力劳动又能从事脑力劳动

练习 4.10 马克思主义关于"人的全面发展"的内涵:其一是指劳动能力的全面发展;其二是指实现人的个性的(　　)。

A. 真正自由的发展

B. 充分的和自由的发展

C. 有条件的自由发展

D. 有条件的全面发展

(二) 全面发展教育的内容构成

1. 基本内容

关于全面发展教育的构成,目前有"三育说""四育说""五育说"甚至"六育说""七育说""八育说"等不同的观点。三育说是指:德育、智育、体育;四育说是指:德育、智育、体育、美育;五育说是指:德育、智育、体育、美育、劳动技术教育;还有在五育说的基础上加上心育(心理教育)、法制教育等。但多数人认为我国中小学实施的全面发展教育包含德育、智育、体育、美育、劳动技术教育这"五育"。

德育即思想品德教育,是教育者按照一定社会的要求,有目的、有计划地对受教育者施加系统的影响,把一定社会的思想观点、政治准则、道德规范等转化为个体思想品质的教育。

智育是引导学生掌握系统的科学文化知识,训练和形成基本技能技巧,形成科学的世界观、发展智力的教育。智育是全面发展教育的重要组成部分,是社会生产延续和发展、人类自身发展不可缺少的条件。智育的任务主要是向学生传授系统的科学文化基础知识和培养基本技能技巧,发展学生的智力,形成学生智慧和科学的世界观。

学校体育是指引导学生掌握健身、卫生等方面的知识,训练和形成健身技能和运动能力,发展学生机体素质和体力,增强学生体质的教育。体育的任务是:增强学生体质,这是学校体育的根本任务;向学生传授体育和卫生的基本知识和基本技能;结合体育特点对学生进行思想品德教育;向国家输送优秀体育运动员,促进我国体育运动技术水平的提高。整体而言,学校体育具有基础性、普及性、教育性和系统性等特点。

练习 4.11 与群众体育、竞技体育相比,学校体育的突出特点是(　　)。

A. 娱乐性与竞技性　　　　　　　　B. 普及性与文化性

C. 教育性与基础性　　　　　　　　D. 全体性与全面性

2. "五育"的关系

"五育"既各有其相对独立性,又具有内在联系,它们共同构成我国的全面发展教育。

第一,各育都针对人的身心素质发展的某一方面,都有自己独特的任务、作用和特殊的教育方法、手段,不能相互取代。如德育针对的是学生的品德培养,关注重点是政治思想、人生价值、行为方式、为人处世等;智育针对的是学生的智能提升,关注重点是知识、能力等;体育针对的是学生的体质增加,关注重点是身体素质、卫生习惯等;美育针对的是学生的美感养成,关注重点是欣赏能力、生活情趣、精神境界等;劳动技术教育针对的是学生的劳动锻炼,关注重点是劳动意识、劳动技能、职业生活等。"五育"中的各育都有独特的功能和作用,教育实践中应坚持"五育并举",任何一育都不能偏废。

第二,各育又相互依存,相互渗透,相互促进,共同构成一个整体,每一育都是全面发展教育中必不可少的构成部分。如德育为人的发展提供方向和动力,保证各育效果的性质;智育为各育目标的实现提供必要的科学知识基础和智力基础;体育为各育实施提供身体条件;美育为各育的实施提供审美保证,是全面教育的升华;劳动技术教育为各育的实施提供手段,劳动技术教育可以促进脑力劳动与体力劳动结合,使学生手脑并用、理论联系实际,是全面发展的手段。在思想上、在研究中可以把各育分离开来,但在实践中每一育都不可能相互孤立地对学生发生作用,必须要树立整体观念,把各育作为整体的一部分来认识。只有综合设计教育活动,发挥教育的整体功能,才能真正提高教育的实效。

练习 4.12 我国当前全面发展教育的组成部分是:德育、智育、体育、( )。

A. 美育
B. 劳动教育
C. 爱国主义教育
D. 美育、劳动教育

三、我国小学教育培养目标的具体表述

培养目标是指教育目的在各级各类教育机构的具体化,是根据教育目的,结合各级各类教育实际制定的培养人的具体规格和标准。一个社会对受教育者有一个总要求,这个总要求落实到各级各类教育机构,培养人的具体规格和标准各不相同,这种在具体教育机构中具体化了的教育目的,就是通常所说的培养目标。各级各类学校确定的对所培养人的特殊要求即学校培养目标,是由特定的社会领域和特定职业层次的需要决定的。因此,各级各类学校的培养目标最终以不同类别、不同层次的人才培养规格体现出来。

(一) 义务教育的培养目标

根据2001年教育部颁布的《基础教育课程改革纲要》的规定,九年义务教育的培养目标是:"具有爱国主义、集体主义精神,热爱社会主义,继承和发扬中华民族的优秀传统和革命传统;具有社会主义民主法治意识,遵守国家法律和社会公德;逐步形成正确的世界观、人生观、价值观;具有社会责任感,努力为人民服务;具有初步的创新精神、实践能力、科学素养和人文素养以及环境意识;具有适应终身学习的知识基础、基本技能和方法;具有健壮的体魄和良好的心理素质,养成健康的审美情趣和生活方式,成为有理想、有道德、有文化、有纪律的一代新人。"[1]

---

① 基础教育课程改革纲要(试行)[EB/OL]. 2001-06-08[2019-06-13]. http://old.moe.gov.cn/publicfiles/business/htmlfiles/moe/moe_309/200412/4672.html.

（二）小学教育的培养目标①

1. 德育方面

初步具有爱祖国、爱人民、爱劳动、爱科学、爱社会主义的思想感情，初步养成关心他人、关心集体、认真负责、诚实、勤俭、勇敢、正直、合群、活泼向上等良好品德和个性品质，养成讲文明、讲礼貌、守纪律的行为习惯，初步具有自我管理以及分辨是非的能力。

2. 智育方面

具有阅读、书写、表达、计算的基本知识和基本技能，了解一些生活、自然和社会常识，具有基本的观察、思维、动手操作和自学的能力，养成良好的学习习惯。

3. 体育方面

初步养成锻炼身体和讲究卫生的习惯，具有健康的身体。

4. 美育方面

具有较广泛的兴趣和爱美的情趣。

5. 劳动教育方面

初步学会生活自理，会使用简单的劳动工具，养成爱劳动的习惯。

◆ 温馨提示

本节的内容多为选择题与简答题。学习时注意根据"教育目的内容与特征—教育目的的制定依据—小学教育培养目标的具体表述"这个逻辑梳理相关的知识点。重点注意教育目的的特征与影响因素，马克思的全面发展理论的内容。

✿ 本章小结

教育目的与培养目标是教育工作的核心或者说是行动纲领，其制定科学与否直接制约教育的方向与质量。但是关于"教育目的应该是什么""教育目的应该由谁来决定"等问题，尽管先哲圣贤们有过大量的研究，但并没有一个明确的答案。原因是影响教育目的的相关因素众多，诸如学生利益、道德意向、公民素质、经济因素、职业因素、对知识的追求，等等，要对这些因素进行平衡并不是一件容易的事。因此，基于"教育应该是怎样的"逻辑，本章力图回答"教育目的与培养目标应该是怎样的"的问题。

第 4 章练习参考答案

---

① 国家教委教基[1992]24 号文件. 义务教育全日制小学、初级中学课程计划. 1992.8.

✿ 知识结构

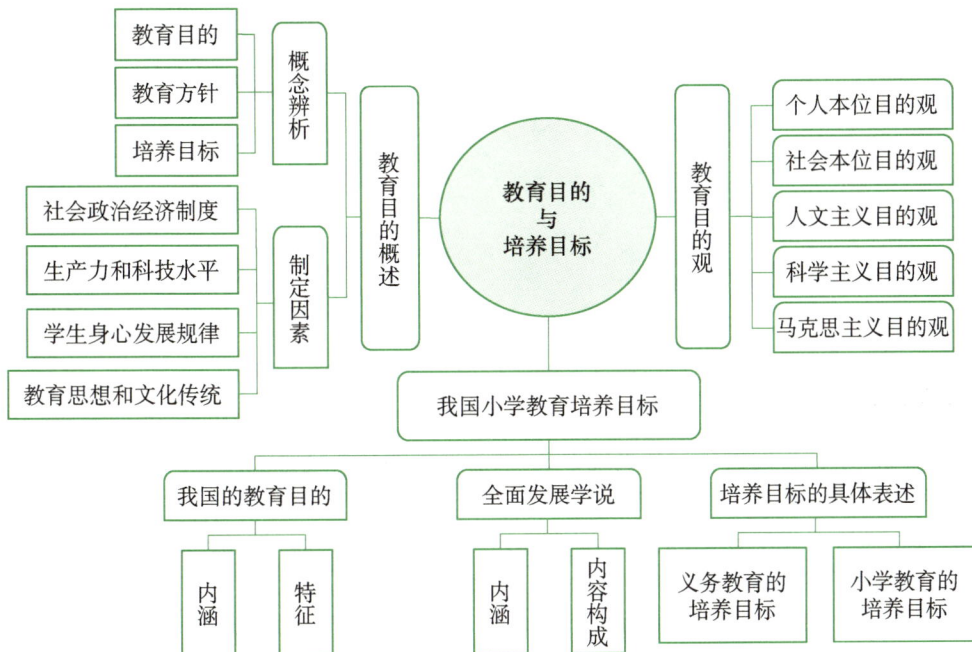

第5章

小学课程

🌿学习目标

- ● 准确理解课程的概念及其表现形式,熟悉课程的主要理论流派、代表人物和观点;
- ● 熟记十大课程形态的名称与特点;
- ● 知道课程开发的含义,熟记影响课程开发的因素和课程开发的模式;
- ● 了解我国基础教育课程改革的理念、目标及内容;
- ● 理解新课程改革下的学习观、教学观、评价观、学生观与教师观。

引子

这里的课堂有点甜

浙江义乌市义亭镇义亭小学的"糖缘"校本课程,依托当地特有的自然与历史文化资源开发,旨在让学生在糖梗(即甘蔗)种植、红糖制作全过程中接受劳动教育,提高劳动技能,学习、传承红糖文化,并了解其中的科学知识。

学校组织学生参观红糖文化艺术馆,艺术馆分为古代制糖技艺场景雕塑区、制糖工具展示区、红糖历史和制作工艺介绍区等6个功能区块。艺术馆里还设立了红糖文化艺术品展示区,用百子灯、剪纸、油画、国画等艺术方式表现红糖文化。"糖缘"课程,让学生了解到义乌红糖发展的历史和制作工艺,加深了乡土情怀,提高了传承民间技艺的使命感。它像糖一样,把多学科的学习"黏"在一起。

语文教师把学生带到种植基地,让学生观察糖梗的生长,写观察日记;让学生参观糖厂,学生身临其境,动手体验,写起作文来得心应手。数学教师让学生丈量糖梗尺寸,认识红糖营养成分表上的数字,学生由此懂得了百分数的意义和阅读"非连续性文本"。美术教师让学生画糖梗的形态。而红糖里蕴含的科学知识就更多了——糖梗种植要注意什么? 如何防御病虫害? 红糖的营养价值和白糖有什么不同? 红糖有什么医用价值? 红糖熬制过程中为什么要加入小苏打? 小苏打起什么作用? 怎么对榨汁后的甘蔗渣进行综合利用? 学生在"糖缘"课程学习过程中,学到了很多书本上没有的科学知识。[①]

"课程"是什么? 是教科书抑或是课表中所列的各种科目? 周一的升旗活动、学校组织

---

① 余春来.这里的课堂有点甜[N].中国教育报,2018-12-05(009).

的春游秋游是不是课程？优秀学生评选制度是课程吗？……要清楚理解课程并不是一件容易的事。因为课程是一个极其宽泛的概念，也是学校教育系统中最重要、最繁难的教育问题之一。[①]说其重要，是因为课程是学校实现教育目标的关键；说其繁难，是因为每个学生都是这个世界的唯一，满足每一个学生的课程设计，困难重重！义乌市义亭小学的"糖缘"课程，充分利用当地的课程资源，打破学科界限，拓宽课堂空间，将科学世界与学生的生活世界相联系，融语文、数学、美术等多种教学科目于一体，使小学生在快乐的体验中获得知识与技能，在感受家乡文化的过程中形成自己的使命感，在动手操作的过程中养成探究精神，确实值得称道。那么，"糖缘"课程属于哪一类课程？课程有哪些类型？课程的本质又是什么？下面，我们将从分析课程的概念入手展开对这些问题的探讨。

第一节 ◆ 课程与课程类型

课程是个使用广泛且含义多重的术语，不同的人，在不同的年代、不同的情境，从不同的角度对课程进行认识、理解和建构，会得出不同的概念。因此很多情况下，课程概念的内涵与外延各不相同，要得到一个较为一致的课程涵义是较为困难的。事实上，就"怎样认识课程并对课程做出界定"这个问题，就能引发出很多类型与各种取向的课程概念。[②]

一、课程概念

(一) 课程的词源

在我国，"课程"一词最早出现于唐代。唐朝孔颖达在《五经正义》里为《诗经·小雅·巧言》的"奕奕寝庙，君子作之"句注疏："教护课程，必君子监之，乃得依法制也。"这里的"课程"指庙宇，与现代学校课程几乎没有关系。南宋朱熹在《朱子全书·论学》中亦有"宽着期限，紧着课程""小立课程，大作功夫"等句。此处的课程已含有学习范围、进程、计划等意义，与现代人对课程的理解颇有相似之处。

在西方，英国著名教育家斯宾塞(H. Spencer)于1859年在其名著《什么知识最有价值》一文中，首先提出"curriculum(课程)"这一术语，意指"教育内容的系统组织"。该词源于拉丁文"currere"，即"race-course"，意为"跑道"，指赛马者的行程，与教育中"学习内容进程"意义相近。至于学界对于课程的研究，一般认为，美国学者博比特在1918年出版的《课程》一书，标志着课程作为专门研究领域的诞生，这也是教育史上第一本课程理论专著。

> **练习5.1** 西方教育史上第一本课程理论专著是( )。
> A. 博比特的《课程》　　　　　　B. 泰勒的《课程与教学的基本原理》
> C. 斯宾塞的《什么知识最有价值》　D. 昆体良的《雄辩术原理》

中世纪起，"课程"这一术语一直指学校时间表上科目内容的安排。在西方国家，"课程"作为一个术语概念，有三个层面的指称：一是指一套课程；二是指"课程系统"，包括课程规划、课程实施和课程评价等部分，又称为课程工程；三是指"课程研究领域"(即中文的"课程

---

① 钟启泉. 现代课程论(新版)[M]. 上海：上海教育出版社, 2003：3.
② 钟启泉等. 课程与教学论[M]. 上海：华东师范大学出版社, 2008：2.

论")。所以,古今中外对"课程"一词含义的理解是基本一致的,即"课程是指学校教学的科目及其进程"。

(二) 课程的语义

关于课程,历史上有不同的理解,列举如下。

1. 课程即教学科目

把课程等同于所教科目,在历史上由来已久。我国古代的"六艺"(礼、乐、射、御、书、数),欧洲中世纪的"七艺"(文法、修辞、辩证法、算术、几何、音乐、天文学)都属于这一类。事实上,最早采用"课程"一词的斯宾塞,也是从指导人类活动方面的诸学科角度来探讨知识价值和训练价值的。

2. 课程即学习经验

美国教育家杜威根据实用主义经验论,反对"课程是活动或预先决定的目的"这类观点,在他看来,手段与目的是同一过程不可分割的部分。所谓课程,即学生的学习经验。学生的学习取决于他自己做了什么,而不是教师做了什么。也就是说,唯有学习经验才是学生实际意识到的课程。目前,西方一些人本主义课程论都趋向于这种观点,开始把课程的重点从教材转向学生。

3. 课程即学习结果或目标

课程即预期的学习结果或目标。一些学者认为,课程应该直接关注预期的学习结果或目标,即要把重点从手段转向目的,因而教育教学目标的选择和制定成为核心任务。这就要求课程应事先制定一套有结构、有序列的学习目标,然后围绕既定的教育教学目标选择、组织学习经验,实施教育教学活动,并进行教育教学评价。持这种课程观的主要有博比特、泰勒、加涅等人。

练习5.2 "课程不应指向活动,而应直接关注制定一套有结构、有序列的学习目标,所有教学活动都是为达到这些目标而服务的。"这种观点意味着课程即( )。

A. 教学科目　　　　B. 社会改造　　　　C. 经验获得　　　　D. 预期学习效果

4. 课程即文化再生产

鲍尔斯和金蒂斯是这一观点的重要代表人物。他们认为任何社会文化中的课程,事实上都是该种社会文化的反映,学校教育的职责就是要再生产对下一代有用的知识和价值。政府有关部门根据国家需要来规定所教的知识、技能等,专业教育者的任务是要考虑如何把它们转换成可以传递给学生的课程。也就是说,课程就是从某种社会文化里选择出来的材料。

5. 课程即社会改造的过程

一些激进的教育家认为,课程不是要使学生适应或顺从于社会文化,而是要帮助人们摆脱社会制度的束缚。有人提出"学校敢于建立一种新的社会秩序吗"的著名命题,他们建议课程把重点放在当代社会的主要问题和主要弊端、学生关心的社会现象,以及改造社会和规划社会活动等方面。课程应该有助于学生在社会方面得到发展,帮助学生学会如何参与制定社会规划,这些都需要学生具有批判意识。

美国学者古德莱德(J. I. Goodlad)归纳出五种不同的课程:第一种是理想的课程,即指由一些研究机构、学术团体和课程专家提出应该开设的课程,如现在有人提议在中学开设同性恋教育的课程,并从理论上论证其必要性,就属于理想的课程,这种课程的影响取决于是否被官方采纳并实施;第二种是正式的课程,即指由教育行政部门规定的课程计划和教材等;第三种是领悟的课程,即指任课教师所领会、理解的课程,我国学者将这种由教师重构后的课程称作"师定课程";第四种是实行的课程(运作的课程),即指在课堂里实际展开的课程;第五种是经验的课程,即指学生实际体验到的东西,称作"生定课程"。

练习 5.3 按照美国学者古德莱德的课程层次理论,教师在课堂教学中具体实施的课程属于( )。

 A.理想的课程 　　 B.正式的课程 　　 C.领悟的课程 　　 D.运作的课程

练习 5.4 按照美国心理学者古德莱德的课程层次理论,由研究机构、学术团体和专家提出的课程属于( )。

 A.理想的课程 　　 B.正式的课程 　　 C.领悟的课程 　　 D.运作的课程

(三) 课程的文本表达

课程的内容是构成课程的基本要素,是课程内在结构的核心部分。课程的内容一般有三种文本表达形式:课程计划、课程标准、教科书。

练习 5.5 简述课程内容的三种文本表达方式。

1. 课程计划

课程计划是根据教育目的和不同类型学校的教育任务,由国家教育主管部门制定的有关学校教育教学工作的指导性文件。它规定了不同课程类型相互结构的方式(如学科课程、活动课程及综合课程等),也规定了不同课程在管理及学习方式方面的要求,以及所占比例(如必修课与选修课的比例);同时对学校的教学、生产劳动、课外活动等做出全面安排,具体规定了学校应设置的学科、学科开设的顺序及课时分配,并对学期、学年、假期进行划分。

课程计划由培养目标、课程设置、考试考查、实施要求四个部分组成,具体包括七个方面:(1)培养目标,即预期的课程学习结果;(2)课程设置,即某级或某类学校应开设哪些科目;(3)学科开设顺序和各学科的主要任务;(4)课时分配,根据学科的性质、作用、任务、内容的分量和难易程度,恰当地分配各门学科的授课时数;(5)学年和学周安排,包括学年阶段的划分、各个学期的教学周数、学生参加生产劳动的时间等;(6)考试考查的科目、要求、方法;(7)执行计划的若干实施要求。

课程计划体现了国家对学校的统一要求,是学校办学的基本纲领和重要依据。我国基础教育课程改革实施以来,已将"课程计划"取代过去的"教学计划"。

练习 5.6 体现国家对学校的统一要求,作为学校办学的基本纲领和重要依据的是( )。

 A.课程计划 　　 B.课程标准 　　 C.教学大纲 　　 D.教学目标

2. 课程标准

课程标准是国家课程标准的简称,是根据课程计划以纲要的形式规定的某一学科的性质、课程目标、内容标准、实施建议的指导性文件。课程标准是教材编写、教学、评估和考试命题的依据,是国家管理和评价课程的基础,也是衡量各课教学质量的重要标准。现在,我国已将"课程标准"取代过去的"教学大纲"。

课程标准一般分为前言、课程目标、内容标准、实施建议、附录等五个部分。前言部分对课程的性质、价值与功能作出定性的描述,并对课程标准设计的思路作出详细说明;课程目标部分,罗列知识与技能、过程与方法、情感态度价值观三维目标;内容标准部分,点明学习领域或主题;实施建议部分,提供教学建议、教材编写建议、评价建议、课程资源开发与利用等建议;附录部分,对课程标准中出现的一些主要术语进行解释和说明,便于使用者能够更好地理解与把握。

练习 5.7 教育行政部门制定小学教学质量评价标准应依据(   )。

A. 教学计划　　　　B. 课程标准　　　　C. 教学模式　　　　D. 考试成绩

练习 5.8 编写小学教科书的直接依据是(   )。

A. 课程标准　　　　B. 课程目标　　　　C. 课程方案　　　　D. 课程计划

3. 教科书

教科书又称课本,是根据课程标准系统阐述学科内容的教学用书,是课程标准的具体化。可以说,教科书是教学内容选择和组织的物化形态,其规定的内容限定了教学的范围,成为师生双方进行教学与学习的最重要的资源。凡是在课程计划中规定的课程,一般都有相对应的教科书。

练习 5.9 教学大纲具体化的表现形式是(   )。

A. 教学计划　　　　B. 课程目标　　　　C. 教学目标　　　　D. 教科书

（1）教科书与教材的区别

教材是师生用于教与学的所有的材料,教科书是教材的重要组成部分。教材包括文字教材和音像教材,其中文字教材有教科书、教学参考书、学生的自学指导书等,音像教材有影片、幻灯片、光盘、网络资源等。

练习 5.10 教师上课时所使用的课件、视频、投影、模型等教学资源属于(   )。

A. 教材　　　　　　B. 教案　　　　　　C. 教参　　　　　　D. 教科书

（2）教科书的编写原则

第一,为学生的学习和教师的教学提供帮助;第二,具有良好的普适性与选择性;第三,具有鲜明的时代性;第四,强调内容的基础性;第五,协调学科知识结构与学生心理结构之间的平衡。

（3）教科书的内容与编排要求

第一,教科书的内容阐述,要层次分明,文字表达要简练、精确、生动、流畅,篇幅要详略得当;第二,教科书在编排形式上要有利于学生的学习,符合卫生学、教育学、心理学和美学的要求;第三,标题和结论要用不同的字体或符号标出,使之鲜明、醒目。封面、图表、插图等要力求清晰、美观;第四,字体大小要适宜,装订要坚固,规格大小、薄厚要合适,便于携带。

练习 5.11 小学教科书的编排形式应有利于学生的学习,不仅要符合教育学、心理学和美学的要求,还应符合(   )。

A. 社会学的要求　　B. 政治学的要求　　C. 生态学的要求　　D. 卫生学的要求

4. 课程资源

广义的课程资源指的是有利于实现课程目标的各种因素,狭义的课程资源是指教学内容的直接来源。根据不同的标准,课程资源可以分成不同的类别。根据来源划分,课程资源可分为校内课程资源、校外课程资源、信息化课程资源；根据载体划分，课程资源可分为文字资源和非文字资源；根据存在方式划分，课程资源可分为显性课程资源和隐性课程资源；根据功能特点划分，课程资源可分为素材性课程资源和条件性课程资源；根据学习方式划分，课程资源可分为教授化课程资源和学习化课程资源等。

练习 5.12 课程资源指的是( )。

A．教师和学生 　　　　　　　　　 B．课程标准和教科书

C．国家课程、地方课程与学校课程 　 D．有利于实现课程目标的各种因素

练习 5.13 根据载体不同，可以把课程资源划分为( )。

A．校内课程资源与校外课程资源 　　 B．教授化课程资源与学习化课程资源

C．条件性课程资源与素材性课程资源 　 D．文字性课程资源与非文字性课程资源

(四) 课程的基本要素

一般而言，课程由课程目标、课程内容、课程实施和课程评价四个要素构成。

1. 课程目标

课程目标，就是预先确定学生通过某门课程的学习所应达到的学习结果，或者说学生通过某门课程的学习而在相关素质或特征方面所应发生的变化。

一般而言，课程目标确定的依据有四：(1)教育目的、培养目标；(2)学生的身心发展特点；(3)社会的要求；(4)学科的发展。

课程目标的类型有四：(1)普遍性目标，指将一般教育宗旨或原则直接运用于课程领域，成为一般性、规范性的课程目标；(2)行为目标，指以显性化、精确性、具体的、可操作的行为形式加以陈述的课程目标；(3)生成性目标，指在教育情境之中随着教育过程的展开而自然生成的课程目标；(4)表现性目标，指在教育的真实情境下，每个学生个性化、创造性表现的课程目标。

练习 5.14 课堂上，老师让各小组用自己的方式展示对"友情"的理解，出现了故事讲述、小品表演、诗歌朗诵等多种形式。这一教学行为旨在达成( )。

A．行为性目标 　　 B．普遍性目标 　　 C．表现性目标 　　 D．生成性目标

课程目标是确定课程内容、教学目标和教学方法的基础，从某种意义上说，所有教育目的都要以课程为中介才能实现，可以说，课程目标是指导课程设置、内容编排过程中最关键的因素。

2. 课程内容

课程内容就是根据课程目标，有目的地选择的一系列直接经验和间接经验的总和，是从人类的经验体系中选择出来，并按照一定的逻辑序列组织编排而成的知识体系和经验体系。一般而言，课程内容以间接经验为主，但并不排除直接经验。课程目标是课程内容选择的直接依据，但社会因素、学生因素和学科因素也是重要影响因素。其中尤其要注意考虑受教育者的身心发展规律和发展水平。

练习 5.15 现代课程论认为，制约课程内容选择的因素主要包括( )。

A．知识、技能与情感 　　　　　 B．难度、广度与深度

C．社会、儿童与学科 　　　　　 D．政治、经济与文化

内容选择完之后,最大的问题是如何组织与编排。早在 20 世纪 40 年代,泰勒就明确提出了课程内容编制和组织的三条逻辑规则,即连续性、顺序性和整合性。就现实而言,小学课程内容的编排要处理好下列三种逻辑关系。

(1) 直线式和螺旋式

直线式指把课程内容组织成一条在逻辑上前后联系的"直线",前后内容基本不重复,即课程内容直线前进,前面安排的内容不会在后面呈现;螺旋式指在不同阶段、单元或不同课程门类中,使课程内容前后重复出现,逐渐扩大知识面,加深知识难度,即在同一课程内容前后重复出现,前面呈现的内容是后面呈现内容的基础,后面内容是前面内容的不断扩展和加深,层层递进。

练习 5.16 《义务教育数学课程标准(2011 年版)》规定,小学第一学段初步认识分数和小数的意义,第二学段理解分数和小数的意义,这要求该部分教学内容应采取的组织方式属于( )。

A．直线式 B．圆周式 C．螺旋式 D．顺向式

(2) 纵向组织和横向组织

纵向组织,指按照知识体系的逻辑顺序,从已知到未知、从易到难、从简到繁、从具体到抽象等先后顺序组织安排课程内容。横向组织,指打破学科的知识界限和传统的知识体系,按照学生发展的阶段,以学生发展阶段需要探索的社会和个人最关心的问题为依据,组织课程内容,构成一个个相对独立的专题。

练习 5.17 综合课程打破了学科界限和知识体系,按照学生的发展阶段,以社会和个人最关心的问题为依据组织内容。这种课程的组织形式是( )。

A．垂直组织 B．横向组织 C．纵向组织 D．螺旋组织

练习 5.18 按照由易到难、由简到繁的知识体系逻辑顺序编排课程内容。这种组织方式属于( )。

A．横向组织 B．水平组织 C．纵向组织 D．综合组织

(3) 逻辑顺序和心理顺序

逻辑顺序,指根据学科本身的体系和知识的内在联系来组织课程内容;心理顺序,指按照学生心理发展的特点来组织课程内容。

3. 课程实施

课程实施是把一项课程计划付诸实践的动态过程,也是一个相互调适的过程。

(1) 课程实施的取向

第一,课程实施的忠实取向,认为课程实施过程即是忠实地执行课程计划的过程。衡量课程实施成功与否的基本标准是课程实施过程实现预定的课程计划的程度。

第二,课程实施的互动调适取向,指课程实施过程是课程计划与班级或学校实践情境在课程目标、内容、方法、组织模式诸方面相互调整、改变与适应的过程。

第三,课程实施的创生取向,指把课程实施视为师生在具体的课堂情境中共同合作、创造新的教育经验的过程。真正的课程并不是在实施之前就固定下来的,它是情境化、人格化的。课程实施本质上是在具体的课堂情境中"创生"新的教育经验的过程。

练习 5.19 针对班级学生基础较差,学习兴趣不高的情况,周老师上课时对教学内容进

行删减,增加一些趣味性知识。这一课程实施符合( )。

  A. 忠实取向   B. 创生取向   C. 技术取向   D. 相互适应取向

  (2)课程实施的影响因素

  影响课程实施的主要因素大致可以归纳为四大类:第一,课程改革本身的性质,包括改革的必要性及其相关性、改革方案的清晰程度、改革内容的复杂性、改革方案的质量与实用性;第二,社区的整体情况,包括地方、学校和教师对改革的需要程度、实施者对改革的清晰程度;第三,学校水平的影响因素,包括校长的作用、教师之间的关系、教师的特点及行为取向等;第四,外部环境,包括政府部门的重视、外部机构的支持以及社区与家长的协助等。

4. 课程评价

  课程评价是一个价值判断的过程,具体来说,课程评价指的是依据一定的评价标准,通过系统地收集有关信息,利用多种方法,对课程的计划、实施、结果等有关问题做出价值判断并寻求改进途径的一种活动。课程评价的模式主要有以下四种。

  (1)目标评价模式

  1949年,美国学者泰勒出版的《课程与教学的基本原理》提出了课程的"四段论",形成了著名的"泰勒原理"的课程编制模式,开创了课程评价、教育评价之先河。该模式主要对比目标与结果,过分强调预设性目标,而且其评价范围狭隘,形成性功能不足。

  (2)差距评价模式

  普罗弗斯运用系统管理科学理论,针对泰勒模式评价范围狭隘、形成性功能不足的弊病,提出差距评价模式,对设计、配置、过程、成果、成本五方面与标准进行对比。

  (3)CIPP评价模式

  CIPP是背景(Context)、输入(Input)、过程(Process)和成果(Product)这四种评价英文名称的第一个字母组成的缩略语,该模式由斯塔弗尔比姆及其同事于20世纪60年代末、70年代初提出。CIPP评价模式运用最为广泛,尤其是其新版本把评价环节扩充为七个,对评价模式作出又一次重大突破。

  (4)应答评价模式

  国际著名评价专家斯泰克把自己的评价模式称为应答性评价,不同于预定式评价(实现设定好的标准),主张应答实践者、利益相关者的要求和价值。一言以蔽之,该模式就是以利益相关者所关心的问题为中心的一种评价。

温馨提示

  本节的学习注意下列几个方面:首先,牢记三个"最早"。我国的"课程"一词最早出现于唐代;在西方,斯宾塞首次提出"课程"这一术语;博比特的《课程》是教育史上第一本课程理论专著。其次,理解课程的不同语义,牢记古德莱德的五种课程。再次,知道课程内容的文本表达形式:课程计划、课程标准、教科书,并理清三者的关系,熟记教科书的编写原则、教材编排要求,理解课程资源及其类型。最后,知道课程的四大要素:课程目标(制定依据与类型)、课程内容(编排方式)、课程实施(三种取向)和课程评价(四种类型)。这部分是课程的基础知识,考点较多,考试时一般以选择题和简答题出现。

二、课程类型

(一) 分科课程、活动课程与综合课程

根据课程的内容组织形式划分,课程可分为分科课程、综合课程与活动课程。

1. 分科课程

分科课程,又称学科课程,是一种单学科的课程组织模式。主张课程要分科设置,如小学数学、语文等。它以文化知识为基础,以知识的逻辑体系为依据,强调不同学科之间的相对独立性,强调一门学科的逻辑体系的完整性,并强调使学生获得逻辑严密和条理清晰的文化知识。现在小学阶段开设的语文、数学、外语等课程均属于学科课程。中国古代的"六艺"和西方古代的"七艺"是最早的学科课程。因此一般认为,学科课程是最古老、使用最广泛的课程类型。

学科课程强调从不同的知识体系出发来设计课程;注重知识的内在逻辑;重视理论知识,强调将基本概念、基本原理和事实教给学生。

学科课程强调每一学科的逻辑组织,能够系统地传授学生相关的学科知识,但较少考虑学科之间的相互联系,容易带来科目过多、分科过细等问题。

练习 5.20 目前我国小学开设的"语文""数学""英语"等课程属于(　　)。

　　A.活动课程　　　　　B.综合课程　　　　　C.学科课程　　　　　D.融合课程

2. 活动课程

活动课程又称儿童中心课程或经验课程。是从儿童的兴趣和需要出发,以活动为中心组织的课程。活动课程的思想可以追溯到法国自然主义教育思想家卢梭。活动课程的代表人物是杜威。主张从儿童的需要、兴趣出发设计课程;以儿童的心理发展顺序为中心编制课程;儿童在活动中探索,通过不断的尝试,获得关于现实世界的直接经验和真切体验。

活动课程能够给学生提供更为广泛的学习空间和更为充分的动手操作机会;调动学生解决问题的主动性,运用知识的自觉性,有利于培养学生能力和发展智力。但儿童在活动课程中获得的知识缺乏系统性和连贯性,具有较大的偶然性和随机性。

3. 综合课程

综合课程,又称"广域课程""合成课程""统合课程",是指打破传统的学科课程的知识领域,组合两门以上学科领域而构成的课程形式,如小学阶段的"科学"。综合课程由怀特海率先提出,强调学科之间的关联性、统一性和内在联系,强调通过相关学科的整合,促进学生认识的整体性发展并帮助学生获得解决问题的全面视野和综合方法。

综合课程的主要种类:(1)相关课程:也称"联络课程",保持原来学科的划分,组成各相邻学科,如数学与物理、化学与生物等既保持原有学科之间的界限,又在各科课程标准中确定了相关科目的联系点,是各科教材之间保持密切的横向联系;(2)融合课程:也称"合科课程",由若干相关学科组合成的新学科。例如把动物学、植物学、微生物学、遗传学融合为生物学。融合比关联更进一步,它是把相关学习内容融合为一门学科。相关课程和融合课程都属于综合课程或广域课程,两者之间的区别在于知识的融合程度,融合课程比相关课程的融合度更高。

综合课程坚持知识统一性,合并相关学科,减少教学科目;保留学科课程的性质,属于学科课程的一种改进完善的课程类型。

综合课程能够促进知识的综合化,培养学生综合分析问题以及解决问题的能力;丰富和拓宽学习内容的范围;提高学习效率,减少内容重复、浪费时间的现象。但是综合课程的内容组织与教材编写较为困难;教学难度较大,很多专而不博的教师无法胜任该课程类型的教学;不利于学生系统完整的专业理论知识的学习,不利于高级专业化人才的培养等。

练习 5.21 小学《科学》课程整合了自然科学各学科的内容,这种课程属于(　　　)。

A. 融合课程　　　　B. 广域课程　　　　C. 核心课程　　　　D. 合并课程

练习 5.22 小学开设的科学、艺术课程,其课程类型属于(　　　)。

A. 分科课程　　　　B. 综合课程　　　　C. 活动课程　　　　D. 经验课程

(二) 国家课程、地方课程与校本课程

根据课程设计、开发和管理的主体划分,可以将课程划分为国家课程、地方课程和校本课程。

1. 国家课程

国家课程是国家规定的课程,它集中体现一个国家的意志,专门为培养未来的公民而设计,是依据未来公民接受教育之后所要达到的共同素质而开发的课程。它根据不同教育阶段的性质与培养目标,制定各个领域或学科的课程标准或教学大纲,编写教科书。国家课程是一个国家基础教育课程计划框架中的主体部分,也是衡量一个国家基础教育质量的重要标志。它的主要价值在于通过课程体现国家的意志,国家课程具有统一性和强制性。

国家课程明确规定了学生在接受学校教育期间应达到的标准,它为学校和社会各界提供了清楚、具体的教育质量标准,从总体上规定了不同学段的教育目标,这种目标具有强制性和系统性,有助于在国家层次上形成一个连续的课程框架,从而使不同学段之间具有较强的连贯性。但国家课程由于标准、规划过于统一,因而同时也存在缺乏普遍适应性、课程内容容易脱离学校和学生实际、难以发挥教师的积极性等问题。

2. 地方课程

地方课程是地方教育主管部门以国家课程标准为基础,在一定的教育思想和课程观念的指导下,根据地方经济、政治和文化发展水平等实际情况而设计的课程。它是不同地方对国家课程的补充,反映了地方社会发展状况对学生素质发展的基本要求,可以说,地方课程在内容上是对国家课程的补充,但是在地位上具有平等性。同时,地方课程对该地方的中小学课程实施具有重要的导向作用,它的主导价值在于通过课程满足地方社会发展的现实需要。

练习 5.23 在我国基础教育课程结构中,地方课程与国家课程在地位上具有(　　　)。

A. 平等性　　　　B. 层次性　　　　C. 辅助性　　　　D. 从属性

3. 校本课程

校本课程是相对于国家课程和地方课程的一种课程。学校可根据学校课程开发与管理的指导意见和所在地区的教育环境优势,结合本校的传统和资源,兼顾学生的兴趣和需要,在专家指导下,组织学校教师、学生、家长和社区有关人士共同参与,进行校本课程的开发、设计和实施工作。校本课程的主导价值在于通过课程展示学校的办学宗旨和特色。

校本课程与国家课程、地方课程相比,在开发和管理上主要表现出自发自愿、自我控制、回应内部需要、利用自身资源等特点。

练习 5.24 某学校开发一门介绍当地风俗、物产与人物的课程。该课程属于(　　　)。

A. 地方课程　　　　B. 校本课程　　　　C. 隐性课程　　　　D. 分科课程

(三)显性课程与隐性课程

按课程的呈现方式来划分,课程可分为显性课程与隐性课程。

1. 显性课程

显性课程又称公开课程或正规课程,是指在学校情境中以直接的、明显的方式呈现的课程。它按照预先编制的课表实施,是学校施教、学生学习的主要依据。学生通过考核后可以获得特定教育学历或资格证书。

显性课程具有明确的目的性、组织性、计划性,其中计划性是显性课程的主要特征,同时也是区分显性课程和隐性课程的主要标志。显性课程的管理、实施、评价比较规范,容易引起学校、教师和学生的重视,易于保证课程实施质量。

2. 隐性课程

隐性课程又称隐蔽课程、自发课程或潜隐课程,与显性课程相对应,是学校情境中以间接的、内隐的方式呈现的课程,即学校通过教育环境(包括物质的、文化的和社会关系结构)有意或无意地传递给学生的非公开的教育经验(包括学术的与非学术的),所以不作为获得特定教育学历或资格证书的必备条件。

隐性课程的主要表现形式主要有四种类型:

(1)观念性隐性课程:包括隐藏于显性课程之中的意识形态,学校的校风、学风,有关领导与教师的教育理念、价值观、知识观、教学风格、教学指导思想等;

(2)物质性隐性课程:包括学校建筑、教室的布置、校园环境等;

(3)制度性隐性课程:包括学校管理体制、学校组织机构、班级管理方式及其运行方式等;

(4)心理性隐性课程:主要包括学校的人际关系状况,师生特有的心态、行为方式等。

练习 5.25 学校中的"三风"是指校风、教风和学风,是学校文化的重要构成,就其课程类型而言,它主要属于(　　　)。

A. 学科课程　　　　B. 活动课程　　　　C. 显性课程　　　　D. 隐性课程

练习 5.26 贴在教室墙上的课程表本身也是一种课程,这种课程属于(　　　)。

A. 学科课程　　　　B. 活动课程　　　　C. 隐性课程　　　　D. 显性课程

练习 5.27 学校利用板报、橱窗、走廊、墙壁、雕塑、地面、建筑物等媒介体现教育理念,实现育人功能。在课程分类中,这属于(　　　)。

A. 学科课程　　　　B. 活动课程　　　　C. 显性课程　　　　D. 隐性课程

(四)必修课程与选修课程

按学生的学习选择权来划分,课程可分为必修课程与选修课程。

1. 必修课程

必修课程是指按国家、地方或学校规定,学生必须学习的公共课程,是为了保证所有学生的基础学力而开发的课程,可分为国家规定的必修课、地方规定的必修课与学校规定的必修课等。必修课程的主导价值在于培养和发展学生的共性,体现对学生的基本要求。

必修课程的根本特性是强制性,是社会权威在课程中的体现。必修课程所具有的功能是多方面的,它可以选择传递主流文化;帮助学生掌握系统化的知识,形成特定的技能和态度;促进社会政治、经济、科技的发展;帮助学生获取某一教育程度的文凭和某种职业资格;促进学生的体质、认知、情感和技能的发展。

2. 选修课程

选修课程是指依据不同学生的特点和发展方向,允许个人选择的课程,是为了适应学生的个性差异而开发的课程。选修课程的主导价值在于满足学生的兴趣、爱好,培养和发展学生的良好个性。

练习 5.28 从实现学校培养目标来看,必修课和选修课之间具有(   )。

A. 层次性　　　　B. 等量性　　　　C. 等价性　　　　D. 主次性

温馨提示

课程类型是重要的考点。学习时首先要明白课程分类的标准;然后牢记不同分类标准下的课程类型的名称和特点,特别注意活动课程、综合课程、校本课程、隐性课程的特点;最后,注意地方课程与国家课程在地位上是平等的,必修课和选修课从实现学校培养目标的角度来看,具有等价性。

第二节 ◈ 课程理论与课程开发

一、课程理论

(一) 学科中心课程理论

学科中心课程理论又称为知识中心课程理论,学科中心课程主张学习内容应以学科为中心,并与学科相应地设置课程,通过分科教学,使学生掌握各种课程的基本知识、技能、思想方法。学科课程强调知识的系统性、逻辑性,同时关注学生的兴趣,以及知识与实际的联系。该理论的代表人物有斯宾塞、赫尔巴特和布鲁纳。结构主义课程论、要素主义课程论、永恒主义课程论都属于学科中心课程论。我国目前中小学的课程也属于学科中心课程。

结构主义课程理论的代表人物是布鲁纳,主要观点如下:(1)强调学科结构的重要性;(2)提倡螺旋式课程;(3)倡导发现学习。

要素主义课程理论的主要代表人物是巴格莱,主要观点如下:(1)课程的内容应该是人类文化的"共同要素",课程的设置首先要考虑国家和民族的利益;(2)学科课程是向学生提供经验的最佳方法;(3)重视系统知识的传授,以学科课程为中心。

永恒主义课程理论的主要代表人物是赫钦斯,主要观点如下:(1)具有理智训练价值的传统的"永恒学科"的价值高于实用学科的价值;(2)"永恒学科"是课程的核心。

学科中心课程理论具有下列优势:(1)有利于传授系统的科学知识,继承人类文化遗产;(2)重视学生对知识的系统学习,便于学生对知识的掌握与运用;(3)受到悠久传统的影响,大多数教师习惯于此;(4)课程的构成比较简单,易于评价。但也具有一定的局限性:(1)容易把各门学科的知识割裂开来,学生不能在知识的整体中、联系中进行学习;(2)编制的课程完全从成人的生活需要出发,不重视甚至忽视儿童的兴趣和需要,不利于因材施教,容易导致理论与实践脱节,导致学生不能学以致用;(3)各学科容易出现不必要的重复,增加学生的学习负担。

(二) 活动中心课程论

活动中心课程论又称儿童中心课程论或经验课程论,其代表人物是美国的教育家杜威和克伯屈。基本观点如下:(1)主张密切联系儿童的社会生活经验,从儿童的兴趣和需要出发,以儿童的活动为中心来设计课程的内容和结构,提倡"做中学",使课程满足儿童当前的兴趣和需要;(2)课程的组织要心理学化,应该考虑儿童心理发展的次序,以利用其既有的经验和能力。

活动中心课程的优点如下:(1)重视学生学习活动的心理准备,在课程设计与安排上满足学生的兴趣,有很大的灵活性,有利于调动学生学习的主动性和积极性;(2)强调实践活动,重视学生通过亲自体验获得直接经验,要求学生主动探索,有利于培养学生解决实际问题的能力;(3)强调围绕现实社会生活的各个领域精心设计和组织课程,有利于学生获得对世界的完整认识。局限性如下:(1)活动中心课程论夸大了儿童的个人经验,忽视了知识本身的逻辑顺序,影响了系统的知识学习,只能使学生学到一些片段、零碎的知识,最终导致教学质量的降低;(2)活动中心课程不指定具体明确的课程标准和教科书,活动的内容根据儿童的兴趣和需要而定,因此活动课程往往带有随意性和狭隘性。

练习 5.29 主张课程内容的组织以儿童活动为中心,提倡"做中学"的课程理论是(　　)。

　　A.学科课程理论　　B.活动课程理论　　C.社会课程理论　　D.要素课程理论

(三) 社会中心课程论

社会中心课程论又称社会改造主义课程论,以布拉梅尔德为社会改造主义代表,以布厄迪、金蒂斯等为批判理论代表。

社会中心课程论的观点如下:(1)把课程的重点放在当代社会的问题、社会的主要功能、学生关心的社会现象,以及社会改造和社会活动计划上;(2)认为课程是实现未来理想社会的运载工具,教育的根本价值在于社会的发展,学校应致力于社会的改造而不是个人的发展,以建立一种新的社会秩序和社会文化。

社会中心课程理论强调课程建设要关注社会焦点问题,反映社会政治经济变革的客观需求,课程学习应深入社会生活中,强调课程结构有意义的统一性,深刻认识到社会因素对教育的制约作用,因此,它具有一定的特色和优势。但社会中心课程理论夸大了学校变革社会的功能,把课程设置的重心完全放在适应和改造社会生活上,忽视学生的主体性,阻碍学生主体意识和能力的发展,其预想的课程目标很难实现。

> **温馨提示**
>
> 课程理论是关于课程内容选择、组织(编排)与评价的理论,所以,学习时可以遵循"内容-组织-评价"这三个点理解与记忆。如学科中心理论:内容-学科知识;组织-知识逻辑顺序;评价-知识掌握程度。另外,牢记各种理论的代表人物。

二、课程开发

课程开发是指通过精心计划的活动,开发出一项课程并将其提供给教育机构中的人们,以此作为实施教育方案的过程,它包括课程目标的确定、课程内容的选择与组织、课程的实施与评价等阶段。可以将其理解为开发出一项课程的精心计划的整体活动。

(一)影响课程开发的因素

1. 儿童发展

课程是供儿童使用并促进其身心健康发展的媒介,为此,课程必须是学生能够接受的,适合学生身心发展需要的。具体而言,学生身心发展的需要和可能、原有知识基础和能力发展水平、年龄特点等都是影响课程开发的重要因素。诸如儿童身心发展年龄与阶段特征制约课程目标,儿童的需求、兴趣与爱好影响课程内容的选择,儿童的心理发展顺序制约课程内容的逻辑顺序。

2. 社会需求

社会对课程的制约是从社会需要和社会条件两方面发挥作用。具体而言,社会生产力的发展决定课程内容的选择、教学手段的使用以及评估方式的改变,社会制度与政策直接制约课程目标的制定与课程内容的筛选,社会结构对课程结构会产生影响。社会对课程的需求往往不是直接的,而是通过教育方针、政策、有关课程的法规等中间环节或手段来实现。

3. 学科特征

课程开发从本质上说是从学科庞大的知识体系中选择什么、按什么标准进行选择、根据什么逻辑进行编排的过程。不同的学科有着自身的知识体系与逻辑体系,课程开发必须遵循不同学科的逻辑进行知识选择与编排。

综上所述,儿童身心发展影响课程计划、课程标准及教材组织,社会需求决定课程发展的方向,学科特征制约课程内容的选择与组织形式。

(二)课程开发的模式

课程开发主要有三种模式:泰勒的目标模式、施瓦布的实践模式和斯滕豪斯的过程模式。

1. 目标模式

目标模式的代表人物是"现代课程理论之父"拉尔夫·泰勒。泰勒在 1949 年出版的《课程与教学的基本原理》一书中提出了课程开发的基本程序和方法。泰勒提出课程开发的四个基本问题:(1)学校应该达到哪些教育目标?(2)学校应该提供哪些教育经验才能达到这些目标?(3)这些经验如何才能有效地加以组织?(4)如何确定这些目标正在得到实现?这四个基本问题后来被人们称为"泰勒原理"(Tyler's Rationale)。

泰勒主张,目标具有引导课程选择和组织以及评价的主要功能,目标一经决定,接着要选择学习经验以达成所定目标。关于如何选择学习经验,泰勒提出了学习经验的组织要素和结构要素。组织要素是指课程的概念、技能和价值。结构要素可分为三个层次:最基本的层次由个别科目、广域课程、核心课程等组成;中间层次是指以一学期、一学年为单位的科目;最低层次的结构通常为课、课题或单元。评价阶段属于第三层次,目的在于检查课程的实际效果与预期的教育目标之间的差距。评价至少要有两次,一次行于课程方案实施前期,另一次则在实施后期。评价不等于笔试,除笔试外,还要通过观察、谈话、收集学生作品等方式来进行。学校对评价的结果必须做出恰当的分析、解释。①

练习5.30　1949年,美国学者泰勒出版的《课程与教学的基本原理》提出了课程的"四段论",形成了著名的"泰勒原理"的课程编制模式。这一模式被称为(　　　)。

　　A. 时间模式　　　　　B. 过程模式　　　　　C. 环境模式　　　　　D. 目标模式

练习5.31　泰勒在《课程与教学的基本原理》一书中提出了课程的开发的"目标模式",这一模式主要局限在于(　　　)。

　　A. 程序不清晰　　　　　　　　　B. 过分强调预设性目标

　　C. 缺乏逻辑性　　　　　　　　　D. 不重视课程评价环节

2. 实践模式

美国著名的课程理论专家施瓦布提出的实践模式主要是针对以目标模式为代表的传统课程理论而提出来的。施瓦布认为传统模式太强调课程理论的作用,根据学生的学习目标来衡量课程与教学的成败,只注重最终的学习结果,而没有把课程当作一个动态的实践过程,忽略了学生学习过程本身,忽略了对课程实践过程的评价。实践模式把课程看作由教师、学生、学科内容和环境四要素组成的相互作用、有机的"生态系统",通过这个"生态系统"要素间相互理解、相互作用,满足学生兴趣需要,提高能力与德性。

实践模式认为,课程不能脱离教师和学生而制定,不应将教师和学生孤立于课程之外,强调教师和学生是课程的合法主体和创造者。教师是课程的主要设计者,在课程编制中起主导作用,并且在实施课程的实践中完全有权根据特定的情境,发挥自己的创造性,对课程内容予以合理的取舍、批判。同样,学生也是课程的重要主体和创造者,虽然他们不能直接设计、开发课程,但他们有权对教师提供的课程进行选择,有权质疑学习内容的价值与学习方式。学生把全部生活经验参与到课程改造的过程中,可以让"创造和接受课程变为同一过程,实现学生行为、成长和成熟能力的提高"②。施瓦布还提出课程审议观点,指出教师、学生、学科内容与环境四个基本要素之间相互作用、相互影响是课程审议的核心内容。教师是确定课程目的和解决问题过程中的一个基本要素,是课程审议的第一手信息来源。学生在课程审议中占有重要地位,课程审议必须以学生的实际水平、年龄特征以及个别差异为依据。学科内容是课程审议的来源、对象,是具体课程的"潜能",通过课程审议成为最终的课程资源。

3. 过程模式

在批判、反思目标模式的基础上,英国课程理论家斯滕豪斯在其代表作《课程研究与编制导论》一书中提出了过程模式。斯滕豪斯认为,课程的研究和开发应该是一个动态的、持续发展的过程,课程的设计应是集研究、编制、评价于一身的。过程模式肯定了课程研究的

---

① 拉尔夫·泰勒. 课程与教学的基本原理[M]. 罗康等译. 北京:中国轻工业出版社,2014:12.

② 顾书明. 论作为校本课程理论源流的几种课程模式[J]. 教育理论与实践,2003(11):55—58.

重要性以及课程内容的内在价值,强调学习者应主动参与和探究学习,重视学生思考能力和创造性的培养,强调课程开发关注的应是过程,而不是目的。

课程内容是指那些能够反映学科领域内在价值的概念、原则和方法,应该通过分析公共文化价值,研究知识本质,来寻找有关课程内容的选择原则。斯滕豪斯认为知识不是一种现成的让学生接受的东西,而是思考的对象,因此赞同布鲁纳学科基本结构的思想,认为教学要传授学科结构特有的概念和过程。在课程内容组织和教学方面,斯滕豪斯强调既要使之清楚地反映各学科领域的基本概念、过程和方法,又要能使普通教师教给普通学生,因此,他选择了布鲁纳的螺旋式课程组织,这不仅有利于反映知识形式,而且有助于学科知识和能力的统一。

斯滕豪斯认为,课程评价不应以目标的实现情况为依据,而应以在多大程度上反映知识形式、实现程序原则为依据。在学生的学习过程及结果评价中,教师应是一个诊断者、批评家,而不是一位判分者。一方面学习评价应建立在学生的自我评价上,另一方面学习评价应建立在教师的诊断与评析基础之上。斯滕豪斯甚至还明确提出了"教师即研究者"的观点。

练习 5.32 在课程史上,首次提出"赋权给教师""教师即研究者"概念的教育家是( )。

A. 斯宾塞　　　　B. 泰勒　　　　C. 施瓦布　　　　D. 斯滕豪斯

第三节 ◆ 我国基础教育课程改革

一、基础教育课程改革的理念与目标

(一) 基础教育课程改革的理念

基础教育课程改革的理论基础主要有三个:人的全面发展、多元智能理论和建构主义理论。课程改革的核心理念是"为了中华民族的复兴,为了每位学生的发展",基本理念主要体现在学生观、教学观、学习观、课程观和评价观等方面。

练习 5.33 新一轮基础教育改革的理论基础包括( )。

A. 人本主义理论、多元智能理论、素质教育理论

B. 人的全面发展、多元智能理论、建构主义理论

C. 人的全面发展、合作教育学、建构主义理论

D. 人本主义理论、合作教育学、素质教育理论

1. 学生观

(1) 学生是发展的人,要用发展的观点认识学生。学生的身心发展是有规律的;学生具有巨大的发展潜能;学生是处于发展过程中的人;学生的发展是全面的发展。

(2) 学生是独特的人。学生是完整的人而非单纯的抽象的学习者;每个学生都有自身的独特性;学生与成人之间存在巨大的差异。

(3) 学生是具有独立意义的人。每个学生都是独立于教师的头脑之外,不以教师的意志为转移的客观存在;学生是学习的主体;学生是责权主体。

练习 5.34 简述当前我国基础教育课程改革所倡导的学生观。

2. 学习观

我国的基础教育课程改革以转变学生的学习方式为重要的着力点,以尊重学生学习方式的独特性和个性化为基本信条,要求在所有学科领域的教学中渗透自主学习、探究学习与合作的学习方式,为研究性学习的充分开展提供独立的学习机会。具体要求为下列几个方面。

(1) 从接受学习到主动参与。改变被动和接受式的传统学习方式,通过设置各种活动和转变教学思想,引发学生积极主动地参与学习,从中享受学习的乐趣。

(2) 从死记硬背到勤于动手。传统的知识观认为学生是知识的容器,强调书本知识的理解与记忆,但知识是从实践活动中产生的,只有在动手操作、亲身体验中获得经验,才能建构出属于学生自己的知识。

(3) 从机械训练到乐于探究。学习作为建构新知识的活动,应该成为学生不断质疑、不断探索、不断表达个人见解的经历,这样才能使学习超越原有的个体化行为,成为群体合作的行动,成为团队精神和群体意识发展的契机。

(4) 从知识吸取到能力养成。学习的过程不仅是知识吸取的过程,同时也是能力发展的过程。在学习过程中应该养成学生搜集和处理信息的能力、获取新知识的能力、分析和解决问题的能力以及交流与合作的能力。

练习 5.35 学生在小组或团队中,通过任务分解、责任分工、协同互助,以完成共同的学习任务。这种学习方式属于(   )。

A. 掌握学习　　　　B. 合作学习　　　　C. 探究学习　　　　D. 发现学习

练习 5.36 材料:

读《找骆驼》课文,了解课文大概意思后,教师提出:商人找到骆驼后,回来的路上再遇老人,会对老人说什么? 你的理由是什么? 学生通过自己读课文后,想法很多,例如:(1)对老人说:"谢谢,对不起,我错怪你了。"(2)不和老人说话,不理老人,自己偷偷走掉。(3)"一个老头,闲着没事干,出来瞎溜达啥?"等等。学生说第一种想法时,教师引导他们从书上找理由,学生较快说出。当学生说到第二种想法时,教师问:"你的理由是什么?"

"这是一个忘恩负义的商人。"一生说。

"对,我童话书里看到很多商人都是坏蛋。"又一生说。

"那如果你看到这样的商人,你想对他说些什么呢?"教师试图通过这个问题让学生说出"老人帮你找到了骆驼,你应该谢谢他"之类的话。可是学生却说:"这个坏蛋,打他一拳,让所有人都打他一拳。"

问题:请运用新课程改革中学习方式的有关理论对以上材料进行简单评析。

3. 教学观

(1) 从教育者中心转向学习者中心。新课改强调应该倡导"学习者中心",以学生为主体,尊重学生的意见想法及实际需要,满足学生的兴趣爱好,调动学生的主动性和积极性,让学生主动参与课堂,真正成为学习的主人。

(2) 从教会学生知识转向教会学生学习。所谓"授人以鱼不如授人以渔",教会学生知识只能让学生着眼于现在,而教会学生学习则能够着眼于学生的终身发展。新课改注重教授学生学习的方法,培养学生的学习态度和习惯,让学生学会学习。

(3) 从重结论轻过程转向重结论的同时更重过程。唯分数论的思维往往过多关注结果而忽视过程,造成了学生在学习过程中急功近利,忽视对知识的深层理解等问题。新课改要求让学生经历学习的过程,增强感知;关注学生的发展过程,能够做到"容错";关注学生的日常表现,不以分数作为评价学生的唯一标准。

(4)从关注学科转向关注人。学科为本位的教学理念往往是重认知轻情感,重教书轻育人,不能够实现人的全面发展。新课改强调关注每一位学生,关注学生的情绪生活和情感体验,关注学生的道德生活和人格养成。

4. 评价观

(1)在指导思想上,从过分强调甄别与选拔走向发展性评价。重视评价的发展功能和激励性功能,重视对学生学习潜能的评价,立足于促进学生的学习和充分发展。

(2)在评价的主体上,从单一评价到多元评价。调动学生主动参与评价,改变评价主体的单一性,实现评价主体的多元化;建立由学生、家长、社会、学校和教师等共同参与的评价机制。

(3)在评价的方法上,由终结性评价走向形成性评价,突出过程性。提倡对不同的学生采用不同的评价标准和方法,以促进所有学生都在"最近发展区"上获得充分的发展。

(4)在评价结果的使用上,强调评价是为了发展。评价结果主要作为分析学生实况、制定改进措施和引导学生学习方法改变的依据。充分发挥评价促进学生发展、教师提高和改进教学实践的功能。

练习5.37 材料:

刘老师教学《第一场雪》时,运用各种方式激励学生。学生在质疑时,她就说:"真是个爱思考的孩子!"学生朗读表现出色,她就说:"老师仿佛置身于雪景中,心中无比轻松愉悦。"大家齐读得好,她便说:"老师也被感染了,想美美地读一读。"大家读得不好时,她首先肯定"读得不错",然后提出希望:"要是能将'嗬'读得不仅能表现出惊讶,还能表现出赞叹的感觉来,就更棒了!"

问题:谈谈"新课改"倡导的评价理论。

5. 教师观

(1)教师角色的转变:从教师与学生的关系看,新课程要求教师是学生学习和发展的促进者;从教学与课程的关系看,新课程要求教师应该是课程的建设者和开发者;从教学与研究的关系看,新课程要求教师应该是教育教学反思的研究者;从学校与社区的关系来看,新课程要求教师应该是社区型的开放教师。

(2)教师行为的转变:在对待师生关系上,新课程强调尊重、赞赏;在对待教学上,新课程强调帮助、引导;教师在对待自我上,新课程强调反思;在对待与其他教育者的关系上,新课程强调合作。

温馨提示

在学习新课程的理念时,特别注意新课程的基本观:学生观、教学观、学习观、教师观和评价观以及三种主要学习方式——自主学习、合作学习和探究学习。熟记每个理念的具体内容并能结合实践理解,学会利用相关理论分析实际问题,解决实际问题。

(二)基础教育课程改革的目标

1. 改变课程过于注重知识传授的倾向,强调形成积极主动的学习态度,引导学生学会学习,在获得基础知识与基本技能的同时形成正确的价值观。

2. 改变课程结构过于强调学科本位、科目过多和缺乏整合的现状,整体设置九年一贯的课程门类和课时比例,并设置综合课程,以适应不同地区和学生发展的需求,体现课程结构的均衡性、综合性和选择性。

3. 改变课程内容"难、繁、偏、旧"和过于注重书本知识的现状,加强课程内容与学生生活以及现代社会和科技发展的联系,关注学生的学习兴趣和经验,精选终身学习必备的基础知识。

4. 改变课程实施过于强调接受性学习、死记硬背、机械训练的现状,倡导学生主动参与,乐于探究,勤于动手,培养学生搜集和处理信息的能力、获取新知识的能力、分析和解决问题的能力以及交流与合作的能力。

5. 改变课程评价过分强调甄别与选拔的功能,发挥评价促进学生发展、促进教师提高和改进教学实践的功能。

6. 改变课程管理过于集中的状况,实行国家、地方、学校三级课程管理,增强课程对地方、学校及学生的适应性。①

练习 5.38 2001 年颁布的《基础教育课程改革纲要(试行)》在课程管理方面的改革目标是( )。

A. 设置综合课程 　　　　　　　　B. 转变学生学习方式
C. 体现课程结构的均衡性和选择性 　　D. 形成国家、地方、学校三级课程体系

二、基础教育课程改革的内容

(一) 课程目标

基础课程改革的根本理念是为了学生的发展,即强调课程要促进每个学生的身心健康发展,培养学生良好的思想品德,培养学生终身学习的愿望和能力,处理好知识、能力以及情感等关系,提出课程目标有三个维度:知识与技能,过程与方法,情感、态度与价值观。

新课程倡导"全面的、人的教育",克服传统课程过分注重知识传授和技能训练的倾向,既注重学生的认知方面的发展,又注重学生情感、态度、价值观等方面的发展;强调德、智、体、美、劳等全面发展,主张为学生提供个性化的课程,促进学生身心和谐健康地发展。

练习 5.39 新课改提出的课程目标具有三个维度,它们是( )。
① 知识与技能　② 知识与兴趣　③ 过程与方法　④ 情感、态度与价值观
A. ①②③ 　　　　　B. ①②④ 　　　　　C. ①③④ 　　　　　D. ②③④

(二) 课程内容

生活世界和科学世界是两个各有所侧重的世界。所谓科学世界指建立在逻辑结构的基础上,由概念原理和规则构成的世界。现实情况中,科学世界对课程体系、课程内容起着主宰作用,科学理性被无限制强化,导致了科学世界与生活世界的割裂。

学生生活在现实世界之中,每时每刻与自然、社会和他人发生联系,课程内容只有面向

---

① 中华人民共和国教育部.《基础教育课程改革纲要(试行)》[S].北京:人民教育出版社,2001:19.

学生的生活世界,让学生与社会情境实现良好的互动,才能真正改变学生的生存状态、生活方式,切实提高学生的生活质量。因此,新课程改变课程内容过于注重书本知识的现状,加强课程内容与学生生活世界的联系,关注学生的学习兴趣和经验,精选学生终身学习所应该必备的知识;改变"课程等同于教材,资源仅限于书本"的观念,从学生所熟悉的现实生活中选取学生所关注的话题,将生活及时、适时地纳入课堂和课程中来,连接科学世界与学生的生活世界,实现生活走进课堂,课堂走向生活。

(三) 课程结构

课程结构是课程体系的骨架,主要规定组成课程体系的学科门类以及各学科内容的比例关系、必修课与选修课、分科课程与综合课程等的搭配等。新课程结构具有三个基本特征:均衡性、综合性和选择性。均衡性指学校课程体系中的各种课程类型、具体科目和课程内容能够保持一种恰当、合理的比重;综合性指针对过分强调学科本位、科目过多和缺乏整合的现状提出的,体现在三个方面:(1)加强学科的综合性,(2)设置综合课程,(3)增设综合实践活动课;选择性则是针对地方、学校与学生的差异而提出的,要求学校课程要以充分的灵活性适应于地方社会发展的现实需要,即课程结构要有一定的可操作性。

练习 5.40 为了适应不同地区学校和学生的要求,各地可以对国家统一规定的中小学课程结构进行相应的调整。这体现了课程结构的(   )。

A. 可操作性　　　B. 可替代性　　　C. 可转换性　　　D. 可度量性

练习 5.41 我国基础教育课程改革要求整体设置九年一贯的义务教育课程,通过课时比例调整使其保持适当的比重关系。这强调了课程结构要体现(   )。

A. 均衡性　　　B. 综合性　　　C. 选择性　　　D. 统一性

练习 5.42 根据《基础教育课程改革纲要(试行)》的要求,我国小学现阶段既开设语文、数学、英语等分科课程,又开设科学、艺术等综合课程。这体现了课程结构具有(   )。

A. 综合性　　　B. 均衡性　　　C. 选择性　　　D. 时代性

我国新一轮基础教育课程改革中,要求义务教育课程实行九年整体设置。各阶段的情况具体如下。

1. 小学阶段以综合课程为主

小学低年级开设品德与生活、语文、数学、体育、艺术(或音乐、美术)等课程;小学中高年级开设品德与社会、语文、数学、科学、外语、综合实践活动、体育、艺术(或音乐、美术)等课程。

练习 5.43 目前我国小学课程设置的主要类型是(   )。

A. 分科课程　　　　　　　　　B. 综合课程
C. 活动课程　　　　　　　　　D. 分科与综合相结合

2. 初中阶段设置分科与综合相结合的课程

主要包括思想品德、语文、数学、外语、科学(或物理、化学、生物)、历史与社会(或历史、地理)、体育与健康、艺术(或音乐、美术)以及综合实践活动。积极倡导各地选择综合课程。学校应努力创造条件开设选修课程。在义务教育阶段的语文、艺术、美术课中要加强写字教学。

3. 高中阶段以分科课程为主

为使学生在普遍达到基本要求的前提下实现有个性的发展,课程标准应有不同水平的要求,在开设必修课的同时,设置丰富多样的选修课程,开设技术类课程。积极试行学分制管理。

4. 从小学三年级至高中设置综合实践活动,作为国家必修课程

综合实践活动具有整体性、实践性、开放性、生成性、自主性等特点。综合实践活动具体包括研究性学习、社区服务与社会实践、劳动与技术教育和信息技术教育。除此之外,综合实践活动还包括大量非指定领域,如班团队活动、校传统活动(科技节、体育节、艺术节)、学生同伴间的交往活动、学生个人或群体的心理健康活动等。

练习 5.44 小学《品德与生活》的教学目标应随着儿童生活及活动过程的变化和需要不断调整。教学内容应从教科书扩展到儿童生活的各个方面,课堂从教室扩展到家庭、社会,以及儿童的其他生活空间。这段话说明该课程具有(   )。

A. 生活性　　　　　　B. 综合性　　　　　　C. 开放性　　　　　　D. 活动性

练习 5.45 小学开设的综合实践活动课程属于(   )。

① 国家课程　② 地方课程　③ 必修课程　④ 选修课程

A. ①③　　　　　　B. ①④　　　　　　C. ②③　　　　　　D. ②④

(四) 课程实施

1. 教学要求

一方面,教师在教学过程中应与学生积极互动,共同发展,要处理好传授知识与培养能力的关系,注重培养学生的独立性和自主性,引导学生质疑、调查、探究,在实践中学习,促进学生在教师指导下主动地、富有个性地学习。教师应尊重学生的人格,关注个体差异,满足不同学生的学习需要,创设能引导学生主动参与的教育环境,激发学生的学习积极性,培养学生掌握和运用知识的态度和能力,使每个学生都能得到充分的发展。

另一方面,大力推进信息技术在教学过程中的普遍应用,促进信息技术与学科课程的整合,逐步实现教学内容的呈现方式、学生的学习方式、教师的教学方式和师生互动方式的变革,充分发挥信息技术的优势,为学生的学习和发展提供丰富多彩的教育环境和有力的学习工具。

2. 教材开发与管理

(1)教材改革应有利于引导学生利用已有的知识与经验,主动探索知识的发生与发展,同时也应有利于教师创造性地进行教学。教材内容的选择应符合课程标准的要求,体现学生身心发展特点,反映社会、政治、经济、科技的发展需求;教材内容的组织应多样、生动,有利于学生探究,并提出观察、实验、操作、调查、讨论的建议。

(2)积极开发并合理利用校内外各种课程资源。学校应充分发挥图书馆、实验室、专用教室及各类教学设施和实践基地的作用;广泛利用校外的图书馆、博物馆、展览馆、科技馆、工厂、农村、部队和科研院所等各种社会资源以及丰富的自然资源;积极利用并开发信息化课程资源。

(3)完善基础教育教材管理制度,实现教材的高质量与多样化。实行国家基本要求指导下的教材多样化政策,鼓励有关机构、出版部门等依据国家课程标准组织编写中小学教材。建立教材编写的核准制度,完善教材审查制度,除经教育部授权省级教材审查委员会外,按照国家课程标准编写的教材及跨省使用的地方课程的教材须经全国中小学教材审查委员会审查;地方教材须经省级教材审查委员会审查。教材审查实行编审分离。

(4)改革中小学教材指定出版的方式和单一渠道发行的体制,严格遵循中小学教材版

式的国家标准。教材的出版和发行试行公开竞标,国家免费提供的经济适用型教材实行政府采购,保证教材质量,降低价格。

(5)加强对教材使用的管理。教育行政部门定期向学校和社会公布经审查通过的中小学教材目录,并逐步建立教材评价制度和在教育行政部门及专家指导下的教材选用制度。改革用行政手段指定使用教材的做法,严禁以不正当竞争手段推销教材。

(五) 课程评价

1. 建立促进学生全面发展的评价体系

评价不仅要关注学生的学业成绩,而且要发现和发展学生多方面的潜能,了解学生发展中的需求,帮助学生认识自我,建立自信,促进学生在原有水平上的发展。

2. 建立促进教师不断提高的评价体系

强调教师对自己教学行为的分析与反思,建立以教师自评为主,校长、教师、学生、家长共同参与的评价制度,使教师从多种渠道获得信息,不断提高教学水平。

3. 建立促进课程不断发展的评价体系

周期性地对学校课程执行的情况、课程实施中的问题进行分析评估,调整课程内容,改进教学管理,形成课程不断革新的机制。

4. 继续改革和完善考试制度

在已经普及九年义务教育的地区,实行小学毕业生免试就近升学的办法。鼓励各地中小学自行组织毕业考试。考试命题要依据课程标准,杜绝设置偏题、怪题的现象。教师应对每位学生的考试情况做出具体的分析指导,不得公布学生考试成绩并按考试成绩排列名次。

(六) 课程管理

《基础教育课程改革纲要(试行)》明确规定:"改变课程管理过于集中的状况,实行国家、地方、学校三级课程管理,增强课程对地方、学校及学生的适应性。"[1]三级课程管理体制既顺应了世界范围内课程权力再分配的洪流,也是课程改革的客观需要。它突破了以往课程权力过于集中,难以适应地方与学校具体情境的弊端,增强课程的适应性,推进了课程管理民主化的进程。学校基于改革和发展的实际需要,在一定程度上吸收教师和学生参与课程管理和决策,能够充分体现出学校、教师和学生的学习需求,体现学校的特色和发展风貌。

练习 5.46 基础教育课程改革规定要建立"三级课程管理体制",这里的"三级"是指(　　)。

A. 省-市-县　　　　　　　　B. 中央-地方-学区
C. 国家-地方-学校　　　　　　D. 中央-省-市县

温馨提示

关于基础教育课程改革的内容,学习时可以根据"目标-内容-结构-实施-评价-管理"这些关键词展开。注意每个关键词下的主要内容:目标-三维目标;内容-走向生活;结构-均衡、综合、选择;综合-分科与综合-分科;实施-教学与教材;评价-促进发展;管理-三级管理体制。留意综合课程的内容与性质(国家必修课程)。

[1] 中华人民共和国教育部.《基础教育课程改革纲要(试行)》[S].北京:人民教育出版社,2001:19.

✿ 本章小结

课程在学校教育中处于核心地位,教育的目标、价值主要通过课程来体现和实施。课程涵义的考察和理解是未来教师走进课程领域的逻辑起点。课程的文本表达、结构要素和类型则为未来的课程实践提供操作指南。不同取向的课程理论可以为未来教师描述、解释、批判和指引课程实践提供开阔的视野和可能的学理依据。目标模式、过程模式、实践模式等常见的课程设计模式是未来教师开展课程设计的基本指南。了解我国课程改革,有助于未来教师更为理性地审视和反思种种课程实践中的基本问题,把握未来课程改革的走向。

第 5 章练习参考答案

✿ 知识结构

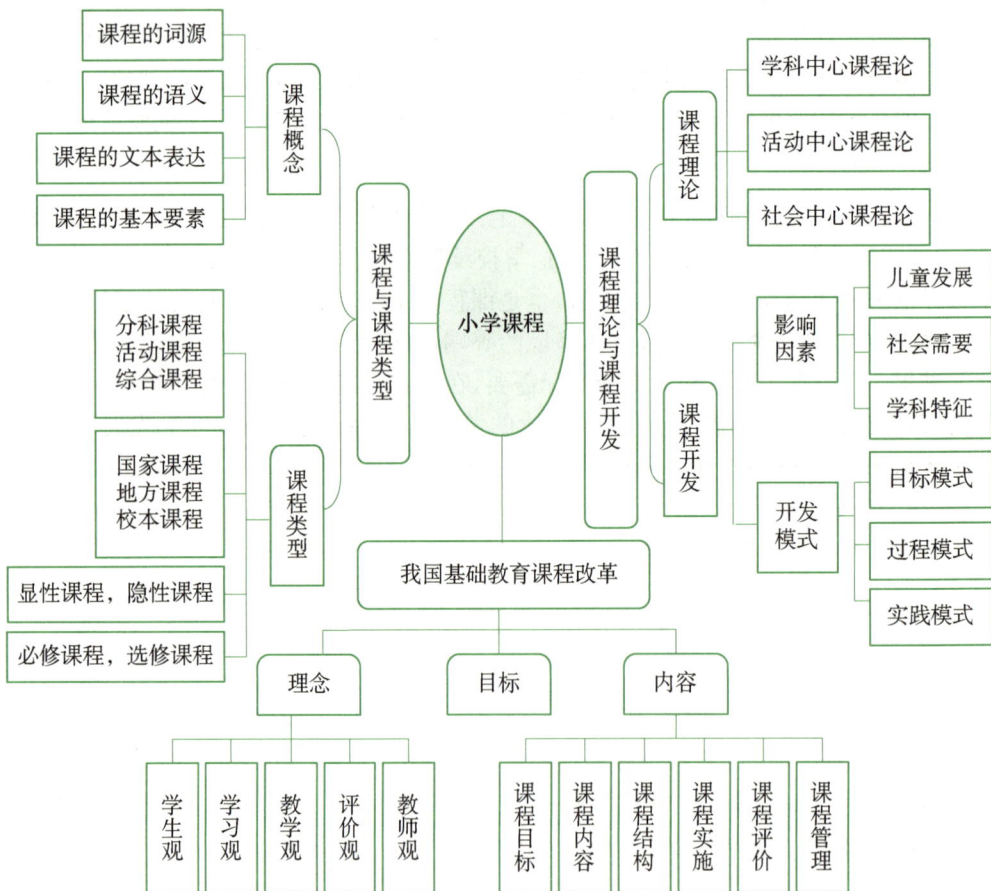

小学教学

学习目标

- 理解教学的概念与本质，知道教学在学校工作中的地位；
- 熟记教学过程的要素和阶段、理解教学过程的本质特点；
- 熟记并理解教学过程四大规律，并能用于解释小学教育现象；
- 熟记并理解小学教学原则和教学方法，并能运用于教学实践；
- 了解教学工作的基本环节及基本要求，知道几种常见的教学基本组织形式；
- 能够科学地进行教学目标设计、导入设计、提问设计和板书设计；
- 知道教案的构成要素，并能根据要求进行设计；
- 熟记教学评价的类型，并能对一节课或一个教学片断进行评价。

引子

好教学成就三种"心境"

教学是学校教育的中心工作，关乎学校的教育质量，更关乎学生的成长。好的教学即好的教育，好的教育培育好的人才。那么，好的教学是什么样子？在我看来，好的教学至少要让学生与三种"心境"相遇。

第一种心境是"心花怒放"。"怒放"的"心花"就是"绽放"的"花朵"，即自主、自由、自然成长的人。自主是生命成长的属性，教师虽然可以影响学生的学习，但无法取代学生的学习。自由是人的本性。自然是学生生命个体可以依循各自的成长方式和成长规律，在适合的环境中成长。好的教学要根植于人的自然本性和本然的成长规律，唤醒学生的生命自觉，点燃学生的生命自律，激发学生的生命自主发展，让每个学生都能在适宜的教学环境中绽放生命，实现全面发展和个性化成长，从而与"心花怒放"的自己相遇。

第二种心境是"心有芳香"。"有芳香"的"心"就是"己善，且与人为善"的人。"善"是一种心态、一种能力、一种行为、一种使命、一种信念。陶行知先生在回答"教育是什么"时，强调"教育是教人变；教人变好的是好教育，教人变坏的是坏教育"。因此，好的教学就是教人变好、变善或变更好、更善的教学。也就是说，好的教学要帮助学生与"善"的改变相遇，使学生形成"善根"和"善念"，成为"善"的拥有者、发现者、实践者和传递者，并能各善其善。正如《孔子家语》中所言："与善人居，如入芝兰之室，久而自芳。"因此，教师要自带"善"的阳光，为善且善为，在教学中做到"有教无类"和"因材施教"，"心之芳香"将随之而来。

第三种心境是"心向远方"。"向远方"的"心"就是有理想、有追求、有信仰的人。好的教学不仅要引导学生理性看待历史的昨天,更要帮助学生创造更美好的未来。好的教学要为学生的未来学习和生活积蓄好生命成长的力量,使之形成自己所执着的信念和向往的追求,从而拥有良好的成长态势和持续成长的能力。好的教学既要服务好学生当下的成长,又要"指向远方",使学生明确自己前行的方向并生发远航的力量。[①]

教学是教师和学生之间相互作用的一种实践活动,通过教学,教师不仅传授系统的科学文化知识,更对学生的人格产生影响,使学生对自己、对他人、对生活都有正确的态度,促进学生树立积极向上的人生观和价值观。正如上文所提到的,教学是为学生服务的,不仅服务当下,也指向未来,可见教学的责任重大。那么如何才能上好课? 如何更好地实现教学目标? 教学有规律吗? 需要遵循哪些原则? 如何进行教学设计和教案编写? 这些问题是每个教师都要关心和思考的。

‖ 第一节 ◆ 教学与教学过程

"教学"是学校工作的中心环节,也是教育理论中的核心术语。关于教学的概念,古今中外的先贤圣哲们有过众多的探讨,提出了各类繁多的见解。那么,教学到底是怎样的一个概念? 教学过程又是一个怎样的存在?

一、教学的概念

教学的内涵到底是什么? 从词源学角度分析是明确教学涵义的重要方法之一。这里主要从历时性的维度出发,从词源学角度加以阐释。

(一)"教学"的词源

在我国,古代只有"教"和"学"二字,"教学"二字连用最早出现于《书·商书·说命下》:"斆学半"(斆,音 xiào,指教)[②]。这里的"斆学"二字有两种理解:一种认为是一字一音一义,"斆"即"学"也;另一种认为是二字二音二义,"斆"即教也。自唐至清的学者多认为,"斆"与"学"二字既有区别,又有联系。《学记》引用它作为"教学相长"思想的经典依据:"学然后知不足,教然后知困;知不足然后能自反也,知困然后能自强也。故曰:教学相长也。《兑命》曰:'学学半',其此之谓乎。"[③]

《说文解字》中将"教学"释为:"教,上所施,下所效也;学,觉悟也。""上"是指有道德品格与知识涵养的成熟个体,一般是指教师、长辈、父母等;"下"是指道德品格与知识涵养都需要丰富、成熟的个体,一般是指学生、晚辈、子女等。"施"是指教导、指示、示范等互动方式,"效"是指仿效、服从、学习等过程。"觉悟"是指对事物已达到认知理解的境界。据此,《说文解字》中关于教学的涵义可概括为:教育者对受教育者的道德品格与知识涵养进行教导并使其有所觉悟的过程。

---

① 李文送. 好教学成就三种"心境"[N]. 中国教师报,2019 - 03 - 06(004).

② [清]阮元校刻. 十三经注疏[M]. 北京:中华书局,1980:175.

③ 高时良. 学记研究[M]. 北京:人民教育出版社,2006:63—65.

到了近代，由于班级授课制的出现以及赫尔巴特教学思想的传入，教学的重心由"学"向"教"转移。此时，"教学"又等同于"教授"，这种理解导致了重教轻学的局面。直到陶行知先生留美归来，提出"教授"一词的提法有忽视学生的嫌疑，遂又改"教授"为"教学"，陶先生所指的"教学"的涵义是"教学生学"。

到了当代，人们一般认可：教学是教师教和学生学的统一活动。如《中国大百科全书·教育》指出，教学是"教师的教与学生的学的共同活动。学生在教师有目的有计划的指导下，积极主动地掌握系统的文化科学基础知识和基本技能，发展能力，增强体质，并形成一定的思想品德"①。

由上可见，"教学"在我国古代是指教弟子学，在近代则指教授（有别于管理和训育），现代一般指教与学的联结。

英文的"teach""learn""instruction"都有教学之意。teach、learn在词源上是相通的，二者在早期是同义的。learn源自于中世纪英语中的lernen一词，意即"学"或"教"。lernen的词干是lar，lar是lore的词根。lore的本义是学习和教导，现在的延伸义是指教的内容。teach的本义是"教"，词源同learn。teach还有一派生形式，该派生形式源自古英语中的taecan一词，taecan又是从taikjan一词派生来的。Taikjan的词根是teik，意思是拿给人看。②

此外，teach的词义还与token有关，token意即使用信号或符号向某人展示某事物，或引发某人对于特定人或事物的反应。token一词源自古条顿语的taiknom。这个词与taikjan（后来成为古英语的taecan）同源，意思是"教"。由此可见，token和teach这两个词在历史上是有联系的。根据这一派生，teach的意思就是通过信号或符号引起别人对事物、人物、观察和研究的结果等做出反应。由这种派生关系看，teach与使教学得以顺利进行的媒介有关。此外，teach还有两种涵义：一是impart，给予信息，向某人展示如何做及进行某科目的练习等，亦即由外向内地传授；二是inquiry，引导学习者进行探究，指师生间进行教育性的论辩，讨论有意义的议题。由此可见，英文中教学的词源有学习内容、展示某物、给予信息、开展探究等涵义，相比汉语中的解释而言，英语中的解释对于作为"活动"的教学之"活动"有更清晰的界定。

对于teach和instruct，两者经常同义替换使用。但两者仍有区别：teaching涉及整个教学情境中的师生互动关系，范围较广，包括计划、准备、评价等全部教学活动；instruction范围较窄，专指在教室中所执行的常规技能的训练。与汉语中的"教"源自于"学"有所不同，英文中teach和learn是同一词源派生出来的。

（二）"教学"的不同定义

1. 教学即对话

弗莱雷认为教学即对话。对话并非是一种技巧、策略或者机械的方法，而是"人与人之间的接触，以世界为中介，旨在命名世界"③。对话的核心是认识过程的社会性特征，以参与认知的所有主体的真正投入为据，是共同探究的过程。就是说"对话"并不是一种纯粹的技

---

① 中国大百科全书出版社编辑部编. 中国大百科全书. 教育[Z]. 北京：中国大百科全书出版社，1985：105.

② B. O. Smith, *Teaching：Definitions*. in Husen, T. et al（Eds）. *The International Encyclopedia of Education：Research and Studies*. New York：Pergamon Press. 1985, Vol. 9.

③ ［巴西］保罗·弗莱雷. 被压迫者教育学[M]. 顾建新等译. 上海：华东师范大学出版社，2001：38.

巧,而是一种途径,对话的特征表现在认识论关系中。

练习 6.1 "教学即对话。"你如何理解?

2. 教学即研究

达克沃斯认为,教学即研究。达克沃斯强调,这里的研究不是为了发表成果而展开的学术研究,而是"使学习者置身于现象之中,并努力理解他们所创造的意义"[①]的过程,这样,教学就是学生在教师和同伴的帮助下建构知识的过程。这样的教学关键有二:其一,教师能否创设情境并引导学生进入即将学习和探究的现象中;第二,教师是否善于倾听学习者解释,同时能否引导学习者之间进行相互解释。

3. 教学即知识或技能的传授

教学的描述性定义(或传统意义)可以表述为"教学是传授知识或技能"[②]。从教学的词源看,教学用来指所教的内容;教学是通过符号或象征向某人展示某事物,即教学可以描述为以下几方面:教学是提供信息;教学是向某人演示如何做某事;教学是就某一问题授课等。

4. 教学即成功

此观点旨在揭示教与学两者密不可分的关系,即学包含于教,教必须保证学。[③]意即学生学习教师所教的东西应有所成效,假如学生没有学会教师所教的内容,则教师的教学没有任何意义。

5. 教学是有意识的活动

胡森认为,教学是有意识的活动[④]。该观点从教师的角度出发,认为教学就是教师有意识地在特定环境中想方设法使学生学会某事。可以从两个层次来理解,第一,教学的意识性体现在它的目的是激发学习;第二,教师的教学行为或活动受问题情境与教师的信念影响。

(三)"教学"的相关概念辨析

在现实中,教育、智育、上课、自学等概念都是我们耳熟能详的,那么教学与它们是什么关系?为了准确地理解教学的概念,有必要对其进行简要的分析。

1. 教学与教育

教学与教育是部分与整体的关系。教育包括教学,教学只是学校进行教育的一个基本途径。在学校教育中,除了教学以外,还可以通过课外活动、生产劳动、社会实践等途径对学生进行教育。

练习 6.2 在教育理论中,教育与教学的关系是( )。

A. 结果与过程的关系　　　　　　　B. 整体与部分的关系

C. 目标与手段的关系　　　　　　　D. 内容与方法的关系

2. 教学与智育

智育是全面发展教育的一个组成部分,主要通过教学来实现,但智育也需要通过课外与

---

① [美]爱莉诺·达克沃斯. 精彩观念的诞生——达克沃斯教学论文集[M]. 张华等译. 北京:高等教育出版社,2005:184.

② [澳大利亚]邓金主编. 培格曼最新国际教师百科全书[Z]. 教育与科普研究所编译. 北京:学苑出版社,1989:7.

③ [澳大利亚]邓金主编. 培格曼最新国际教师百科全书[Z]. 教育与科普研究所编译. 北京:学苑出版社,1989:8.

④ [瑞典]胡森等主编. 国际教育百科全书[Z]. 贵阳:贵州教育出版社,1990:123.

校外活动等途径才能全面实现。教学不仅是智育的实施途径,也是德育、美育、体育、劳动技术教育的实施路径。

3. 教学与上课

教学与上课是整体与部分的关系。教学既包括上课,又包括备课、课外作业的布置与批改、课外辅导、学生学业成绩的检查和评定等环节。上课是教学工作的中心环节,教学任务主要是通过上课完成的。

4. 教学与自学

教学与自学的关系比较复杂,因为学生的自学有两种:一种是在教学过程内,在教师指导下的自学。它包括配合教学进行的预习、复习、自习和作业,是教学的组成部分。另一种是在教学过程以外,学生自主进行的自学,其内容广泛。教学不包括这种学生自主进行的自学。

从以上可以推断教学至少包括下列几层基本意思:(1)教学是教师的教与学生的学组成的双边活动;(2)在教学活动中,教师起主导作用,学生处于主体地位;(3)教学的最终目的是促进学生全面发展。

(四) 教学的基本任务

1. 引导学生掌握知识、技能和技巧

教学的首要任务是使学生掌握系统的科学文化基础知识,形成基本技能、技巧,其他任务的实现都是在完成这一任务的过程中和基础上进行的。其中,基础知识和基本技能即教学中的"双基"教育。所谓基础知识,是指形成各门科学的基本事实,相应的基本概念、原理和公式等。技能是指学生运用所掌握的知识去完成某种实际任务的能力,而基本技能则是指各门学科中最主要、最常用的技能。如语文和外语的阅读、写作技能、数学的运算技能等。

2. 发展学生智力,培养学生创造能力

教学的任务不能仅止于使学生掌握知识,而且还要着力发展学生的智力。特别是要通过发展性教学,启发诱导学生进行推理、证明、探索和发现,培养学生独立学习的能力、分析和解决问题的能力,以适应科学技术发展的时代要求。

3. 增强学生体质,提高学生的健康水平

体质主要指身体的正常发育成长与身体各个器官的活动能力。教学不但要适应学生身心的发展水平和需要,减轻学生过重的学业负担,同时还要使学生掌握锻炼身体的知识和技能,养成锻炼身体的习惯,达到增强体质、促进发展的目的。

4. 培养良好的思想品德

教学具有教育性,因此,教学在使学生形成科学的世界观、培养优良的道德品质方面起着重要作用。学生在教学中进行的学习和交往,是他们生活中认识世界和进行社会交往的组成部分。他们在掌握自然科学、社会科学知识的过程中,将提高自己的道德修养和审美情趣;在班级的集体活动中,将依据一定的规范和要求来调节自己的思想和行为。这都为学生形成科学的世界观提供了坚实基础。

5. 促进学生的个性发展

现代教学论关注学生个性发展,以马克思主义关于人的全面发展学说为指导,协调学生的知识、智力、兴趣、情感、意志、性格等各方面因素,追求教学与教育的统一,促进学生个性的发展。为此,通过教学,激发每个学生的主体能动性,不仅使他们有现代科技文化知识,而

且有自觉能动性、独立性和开拓创新性,有强烈的竞争意识、平等观念和合作精神。

练习6.3 教师不能满足于"授之以鱼",更要做到"授人以渔"。这强调教学应重视( )。

A. 传授知识　　　　B. 发展能力　　　　C. 培养个性　　　　D. 形成品德

💠 **温馨提示**

教学概念的基本要点有三:双边活动,双主作用,培养全面发展的人。这是必须牢记的。另外,明确教学是学校工作的中心工作。教学的基本任务是教书育人,即培养德智体全面发展的人。要充分注意对"教学即对话""教学即研究"的理解。

二、教学过程的概念

教学过程是教师根据一定社会的要求和学生身心发展的特点,通过有目的、有计划地指导学生掌握系统的科学文化知识和基本技能,发展学生的智力和体力,培养学生的良好品德和健康个性,使其形成科学的世界观的过程。

(一) 教学过程的基本构成要素

教学过程由哪些要素构成?对此学术界一直存在着争论,比较典型的有三要素说(教师、学生、教学内容)、四要素说(教师、学生、教学内容和教学手段)、五要素说(教师、学生、内容、方法和媒体)、六要素说(教师、学生、内容、方法、媒体与目的)、七要素说(学生、目的、课程、方法、环境、反馈和教师)和三三构成说(教学过程由三个构成要素和三个影响要素整合而成,其中三个构成要素是学生、教师和内容,三个影响要素是目的、方法和环境)等。

一般认为,教师、学生、教学内容是构成教学过程的基本要素。教师在教学活动中起主导作用,是教学活动的设计者、组织者和实施者;学生是学习的主体,也是教学活动的对象;教学内容作为教和学双边活动的中介,使教和学双方发生相互作用。

教学过程存在诸多矛盾,其中教师提出的教学任务同学生完成这些任务的需求、实际水平之间的矛盾(即学生与其所学知识之间的矛盾)是教学过程的主要矛盾,这个矛盾的解决与否,直接关系教学工作的成败。

练习6.4 构成学校教学系统的基本要素包括教师、学生与( )。

A. 教学内容　　　　B. 教学方法　　　　C. 教学条件　　　　D. 教学组织

(二) 教学过程的本质

关于教学过程的本质,学术界有多种观点,如特殊认识说,认为教学是一个认识过程,又有其特殊性;发展说,认为教学是促进学生身心发展的过程;实践说,认为教学是在教师指导下的一种特殊的实践活动;交往说,认为教学是一种特殊的交往活动;多重本质说,认为教学过程有认识论、心理学、生理学、伦理学和经济学五个方面的本质。但学术界比较公认的有下列几个方面。

1. 教学过程是一种认识过程

教学过程主要是一种认识过程,具有人类一般认识过程的共同性,表现在:(1)认识的总目的是一致的,都是通过认识客观世界,掌握科学真理,最终达到能动地改造客观世界和主观世界的目的;(2)认识的基本规律和阶段具有一致性,都遵循感性认识和理性认识相统一、认识和实践相统一的普遍规律。

2. 教学过程是一种特殊的认识过程

教学过程不同于一般认识过程。比较而言,教育过程的特殊性表现在下列几点。

(1)间接性。教学过程主要是学生掌握人类长期积累起来的科学文化知识,以间接经验为主认识客观世界。

(2)交往性。教学活动是在师生交往、生生交往、师生与前人交往过程中完成的。

(3)教育性。教学具有教育性,知识的掌控、品德的形成与健全人格的养成统一于教学过程当中,学生进行认识的过程同时也是接受德、智、体、美等全面发展的教育的过程。

(4)引导性。教学过程中学生的认识是在具有知识和教学能力的教师引导下进行和完成的。

(5)简洁性。人类一般的认识活动往往需要经过一个漫长的过程,而学生通过间接经验认识世界可以减少探索的实践,在极短的时间内掌握人类文化的精华。

练习6.5　教育过程是一种特殊的认识过程,它区别于一般认识过程的显著特点是(　　)。

A. 直接性、引导性和简洁性　　　　B. 直接性、被动性和简洁性

C. 间接性、被动性和简洁性　　　　D. 间接性、引导性和简洁性

3. 教学过程是促进学生身心发展的过程

教学过程不等于发展过程,它是实现发展的途径和手段。教学的目的就是促进学生德、智、体、美、劳等各方面全面发展。教学不仅向学生传授知识和技能,同时,学生的情感、意志等因素也参与学生的认知过程,并与学生的认知过程交织在一起。因此,学生身心健康和掌握知识在教学过程中得到全面发展。

(三) 教学过程的阶段与特点

1. 教学过程的基本阶段

一般而言,教学过程由激发动机、领会知识、巩固知识、运用知识和检查知识五个阶段组成。

(1)激发动机。学习兴趣和求知欲是直接推动学生学习的动力,是学生进行学习的基本条件和心理起点。所以,教学过程中首先要激发学生的学习动机。

(2)领会知识。这是教学过程的中心环节。领会知识包括学生感知和理解教材。感知教材就是将教材承载的抽象、理性的知识与直观的、生动的形象联系起来;理解教材是在感知的基础上,在教师的引导下,学生通过自己的思维加工形成自己对教材的理解。

(3)巩固知识。这是教学过程的一个必要环节。学生以学习书本知识、接受间接经验为主,如不及时巩固很容易遗忘。因此在教学中需要定期复习,这对巩固知识是十分必要的。

(4)运用知识。掌握知识就是为了运用知识。将学习的知识用于实践,这样可以帮助学生对所学知识的理解,形成分析问题与解决问题的能力。

(5)检查知识。检查知识是指教师通过作业、提问等各种方式检查学生掌握知识的程

度,以及时获取有关教学效果的反馈,及时调整教学进程。

练习6.6 教学的中心环节是(   )。

A．领会知识   B．巩固知识   C．运用知识   D．检查知识

2. 教学过程的特点

(1) 双边性与周期性。教学过程是教师与学生、教与学组成的双边活动过程,是教师的教与学生的学的矛盾统一。师生的双边活动,师生之间相互作用,不断发生碰撞、交流和融合。通过碰撞、交流达到融合以后,又出现新的矛盾——新知与旧知、未知与已知的矛盾,产生新的碰撞和交流,是一种波浪式的前进。教学周期的运转导致了教学过程的实现。

(2) 认知性与个性化。教学过程是学生在教师的指导下的特殊的认识过程。与人类其他的认识活动相比,它不是为了直接创造社会价值,而是为了实现学生个人的思维创造,即人类的"再创造",因而,这种认识活动不仅关注认识的结果,更注重认识的过程,关注学生个体在认识活动中的发展。随着社会历史的发展,教学过程会越来越生动化和个性化。

(3) 实践性与社会性。教学过程是学生在教师指导下进行的学习实践活动。与此同时,教育教学活动是自人类社会产生以来就具有的一种社会活动。新生一代通过接受、继承和发展上一代传授的文化成果得以生存和发展,体现出鲜明的社会性。

(4) 预设性和生成性。任何教学都是根据一定预设的方案展开的,教学目标、教学过程、教学资源等都有一定程度的预设,良好的预设是教学成功的前提。但教学是师生双边活动的过程,在教学过程中会出现各种非预设的情况,这就需要教师适时调整,从中生成新的方法与策略,产生新的智慧。

练习6.7 通过复习导入新课时,杨老师发现学生对相关知识掌握不牢固,于是针对性地进行了补充讲解。这一教学具有(   )。

A．预设性   B．生成性   C．启发性   D．随意性

◆ 温馨提示

从形式上讲,教学就是教师将特定的内容传递给学生的过程,因此教师、学生、内容是构成教学的最基本的因素。教学过程是一种认识过程,但不同于一般的认识过程,认识对象(间接性)、认识过程(引导性、简洁性)、认识环境(交往性)、认识要求(教育性)等均不相同。"领会"是教学过程的中心环节,"预设性"与"生成性"是教学过程的重要特点,这两点一定要牢记。

第二节 ◆ 教学规律与教学原则

一、教学规律

(一) 直接经验与间接经验相统一

直接经验是个体从实践中亲自探索而获得的经验,属于感性认识;间接经验主要是指

前人在长期认识过程中积累并整理的经验,一般表现为书本知识。直接经验与间接经验相结合,说明了教学中传授系统的科学文化知识与丰富学生感性知识的关系、理论与实践的关系、知与行的关系。那么,在教学过程中如何运用直接经验与间接经验相结合的规律呢?

1. 教学要以间接经验为主

间接经验是学生认识客观世界的基本途径;借助间接经验认识世界,省时省力,可以在最短的时间掌握大量的知识;继承前人的经验并转化为自己的认识,是开拓新的认识领域的前提和基础。

2. 学习间接经验要以直接经验为基础

教育心理学研究表明,个体在认识新事物之前,必须将新事物与自己已有的经验建立联系,否则个体很难形成对新事物的有意义理解和比较牢固的记忆。因此,要使人类的知识经验转化为学生真正理解掌握的知识,必须依靠个人以往积累的或即时获得的感性经验。

3. 直接经验与间接经验有机结合

正确处理直接经验与间接经验的关系,必须防止两种倾向:一种是过分强调知识的传授和学习,忽视引导学生通过实践活动、亲身参与、独立探索去积累经验、获取知识的倾向;另一种是只强调学生通过自己探索去发现、积累知识,忽视书本知识的学习和教师的系统讲授。在教学过程中,教师要注意把二者有机地结合起来。

4. 社会实践和探索活动是必要的

实践活动是促使间接经验与直接经验结合的最佳方式,也是学生理解与掌握间接经验的有效手段。所以,应尽可能给学生创造社会实践和探究活动的机会,让学生在亲身体验的过程中融合直接经验与间接经验。

练习 6.8 在学校教育中,学生对客观世界的认识主要借助的是( )。

A. 生产经验 　　　B. 生活经验 　　　C. 直接经验 　　　D. 间接经验

(二) 掌握知识与发展能力相统一

知识是人类在实践中认识客观世界(包括人类自身)的成果,它包括事实、信息的描述或在教育和实践中获得的技能。简言之,知识是人们对客观世界的认识。能力是人们完成某项任务或实现某个目标所体现出来的综合素质,有时候可以用时间表示,所花的时间越少表示能力越强。

在教学过程中,是以传授知识为主,还是以发展能力为主,教育史上曾存在形式教育论和实质教育论之争。形式教育论者认为,教学的主要任务在于发展学生的智力,至于学科内容的实用意义则无关紧要。实质教育论认为,教学的主要任务在于给学生有用的知识,至于学生的智力则无须进行特别的培养和训练。在教学过程中,既不能像形式教育论者那样,只强调训练学生的思维形式,忽视知识传授,也不能像实质教育论者那样,只向学生传授对实际生活有用的知识,忽视对学生认知能力的训练。在教学中,只有把二者有机地结合起来,才能提高教学质量。

练习 6.9 在教学过程中,强调知识的传授而忽视能力培养的理论是( )。

A. 形式教育论 　　B. 实质教育论 　　C. 传统教育论 　　D. 现代教育论

教学过程既是向学生传授知识的过程,又是发展学生智力和能力的过程,二者相互依存,相互促进。

1. 掌握知识是发展能力的基础

在教学过程中,学生能力的发展依赖于他们对知识的掌握,可以说学生能力的发展是在掌握知识的过程中实现的,离开了知识,能力的发展就成了无源之水。人们常说的"无知必无能"是很有道理的。没有知识,学生的正确观点就难以形成,学生分析、思考问题就没有依据,学生的创造发展将失去基础。因此,掌握知识是发展能力的基础。

2. 能力发展是掌握知识的重要条件

学生获得知识的过程必须借助注意、观察思考、想象和记忆等能力,否则就不可能掌握相应的知识。例如,在教学过程中,如果学生没有一定的注意力,不能将注意力集中于一定的对象,那么在学习中就会视而不见,听而不闻,貌似听课,实则神离,自然也不能学到相应的知识了。

3. 掌握知识与发展能力可以相互转化

学生在学习知识的同时,可以发展自身的能力。同样,能力的高低会对学习过程产生重要影响,可见知识和能力可以相互转化。研究这种转化的过程和条件,有助于学生全面发展。

练习 6.10 简述传授知识和发展智力之间的辩证关系。

(三) 教师主导与学生主体相统一

教学是由教师的教和学生的学组成的双边活动。在教学过程中,教师的教和学生的学两者相互依存,缺一不可。为此,教学实施时要注意下列几点。

1. 充分发挥教师的主导作用

教师是对教学工作全面负责的人,是教学活动的领导者、组织者,是学生学习的指导者和学习质量的检查者。教学任务的制定、教学内容的安排、教学方法的选择、教学组织形式的确定和教学活动的组织等,都需要教师来确定。

2. 充分发挥学生的主观能动性

在教学中,学生不只是教学的对象,而且是学习主体与发展主体。教师的教固然重要,但对学生来说毕竟是外因,外因只有通过内因才能起作用。因为学生对外部信息的选择具有能动性、自觉性,学生对外部信息进行内部加工时具有独立性、创造性。所以,最终学习效果的好坏取决于学生是否发挥主观能动性,内因是学生学习的关键因素。

3. 教师主导与学生主体有机结合

教师的主导作用要依赖于学生主体性的发挥。学生学习的主动性、积极性越高,说明教师的主导作用发挥得越好。反过来,发挥学生的主动性要依赖教师的主导作用来实现。只有教师、学生两个方面互相配合,才能收到最佳的教学效果。在教学过程中,既不能只重视教师的作用,忽略学生学习的主动性和创造性,又不能只强调学生的作用,使学生陷入盲目探索状态,学不到系统的知识,应把二者有机结合起来。

(四) 传授知识与思想品德教育相统一

传授知识与思想品德教育相统一的规律,又称教学的教育性规律。首先由德国教育家赫尔巴特发现,并作出详细的解释。他坚信"不存在'无教学的教育'"以及"不承认有任何

'无教育的教学'"[①],不管有意还是无意,教育永远具有教育性。具体而言,在教学过程中,学生的认识过程同时也是接受德、智、体全面发展教育的过程。那么,为什么教育永远具有教育性呢?

1. 教学目标具有教育性

教学目标有三：知识与技能、过程与方法、情感态度与价值观。这里的"情感态度与价值观"包含思想品德教育,可以说思想品德教育是教学目标之一。

2. 教学内容具有教育性

教科书是从一定的文化里精选出来的材料,因为"在整个可能获得的知识领域中,只是有限的部分被视为法定的知识、'值得'传递给下一代的知识"[②],教学内容是经过严格选择的、对学生的德智体发展具有积极意义的材料,因此,内容本身就隐含着特定的教育价值。如小学语文教科书中的儿童形象大多是聪明、智慧、勇敢、正义的形象,自然地给小学生树立了一个良好的榜样。

3. 教学过程方法具有教育性

尽管教科书中的内容具有一定的思想教育价值,如果没有教师有意识地加以开发和利用,教学的教育价值就会大打折扣。其实,教学的每个环节只要教师留意,都有思想品德教育的价值。只要教师心中注意在教学过程中坚守真善美统一,那么就可以在传真、扬善、颂美的过程中启迪学生为善、乐善的情怀。

4. 教学评价具有教育性

教学评价,特别是课堂教学过程中教师对学生的评价,对学生的心理影响极为巨大。如果教师能够对每一个学生都一视同仁,坚持实事求是、客观公正、有理有据地对学生的优点与错误进行评价,那么学生们慢慢地就会形成坚持真理、维护正义、公平公正等优良品质。

5. 教师的言行具有教育性

小学生具有向师性,教师的一举一动、一言一行、一思一想、一情一态都在有意无意地对小学生产生这样或那样的影响。教师的信仰、观点、品德、教养,甚至是衣着打扮、一颦一笑都会对小学生带来某种心灵的觉醒。所以,作为教师,要品行端正、行为规范,才能给小学生产生正面的影响。

在教学中运用教学的教育性规律必须防止两种倾向：一是脱离知识进行思想品德教育的倾向,这会使思想品德教育成为无源之水、无本之木,不仅不利于学生品德的提高,而且还会影响系统知识的教学;二是只强调传授知识却忽视思想品德教育,不能认为学生学习了知识以后,思想品德自然会随之提高,教学的教育性必须要经过教师对学生施加积极影响,必须通过启发激励,只有使学生对所学知识产生积极的态度时,教学的教育性才能得以实现。在教学过程中要注意把二者有机地结合起来。

练习6.11 你如何理解"教学永远具有教育性"?

---

① 〔德〕赫尔巴特.普通教育学〔M〕.李其龙译.北京：人民教育出版社,2015：6.

② M. W. Apple, *Ideology and Curriculum* 〔M〕. Routledge, Champman and Hall, Inc. 1990：19.

◆❖ **温馨提示**

　　教学规律是教学中不以人的意志为转移的客观存在。学习时要注意抓住每条规律的关键词：直接-间接；知识-能力；主导-主体；教学-教育（知识-品德）。注意两个关键词之间的相互依存关系，一般的问题就能解决了。重点关注教学的教育性规律。

二、教学原则

　　教学原则是根据一定的教学目的和教学规律而制定的指导教学工作的基本准则和要求。它是人们在长期的教学实践中总结出来的，贯穿于各项教学活动之中。教学原则的正确和灵活运用，是提高教学质量的重要保证。我国小学常用的教学原则如下。

（一）科学性与思想性统一的原则

　　科学性与思想性相统一的原则是指，教学要授予学生科学知识，并结合知识教学，对学生进行思想品德和正确的人生观、科学的世界观的教育，做到"教书育人"。贯彻科学性与思想性统一的原则的要求如下。

1. 保证教学的科学性

　　教师传授的知识应当是科学正确的，这是教学的最基本要求。教师讲授的概念要精确，论证的原理要严密；教师讲课中运用的材料、史实出处应是科学的、可靠的，不能随意引用；教师的教学方法应当是科学的；教师对教学的组织也应是科学的。

2. 挖掘教材的思想因素

　　结合教学内容的特点进行思想品德教育。教师要用马克思主义的立场、观点和方法，深入研究课程标准和教材，有目的地对学生进行情感态度和价值观念的教育。寓教育于教学之中，不要脱离教材内容进行空洞和牵强附会的说教。

3. 在教学各个环节中对学生进行思想品德教育

　　在课堂教学、课外辅导、批改作业、考试、考查和成绩评定等各个环节都要注意思想品德教育。

4. 教师要不断提高自身的专业水平和道德修养

　　教师自身的价值观、情感及其态度会同课程内容一样，对学生的思想产生深刻的影响。为此，教师应不断提高自身修养，用自己高尚的思想和情感、严谨的治学态度、实事求是的作风来影响学生，体现教学的科学性与思想性。

　　练习6.12 材料：乘法练习课上，吴老师用投影仪出示了一道开放题，3位老师带50名学生去参观植物园。票价标准分别是：成人每人10元、学生每人5元、团体（10人以上）每人6元。问题是：怎样买合算？很快，很多同学给出了答案：老师和学生一共需要花费280元。小宇提出了另一种方案："把老师学生凑成10人的组，剩下的同学按照5元的票，一共花费275元，比280元少了5块钱。"吴老师笑着点点头，其他同学听了若有所思，有的似茅塞顿开。小思却说："不就少了5块钱嘛！"他满不在乎地说："老师，都出去玩了，谁还在乎这5块钱啊？"其他同学也附和道："就是，5块钱算什么！"

　　问题：

　　谈谈在教学中如何贯彻科学性与思想性相统一的原则。

练习 6.13 曹老师教学《圆的周长》时,讲述了我国古代数学家祖冲之在计算圆周率上的卓越贡献,同学们感到很自豪,曹老师遵循的教学原则是(　　)。

A. 启发性原则　　　　　　　　　B. 巩固性原则

C. 因材施教原则　　　　　　　　D. 科学性与思想性相统一原则

(二)直观性原则

直观性原则是指在教学过程中,通过学生观察所学事物或者教师语言的形象描述,引导学生形成对所学事物、过程的清晰表象,丰富学生的感性知识,从而使学生正确地理解书本知识和发展认识能力。贯彻直观性原则的基本要求如下。

1. 正确选择直观时机和直观手段

在教学中,教师要根据教学的任务、内容和学生的年龄特征正确选用直观的时机和直观手段。不同学科、不同教材和不同年级的教学对象,采用的直观时机和手段都不一样。如在一般情况下,较低年级的教学和较抽象的学科,选择直观教学较多。直观手段一般包括实物直观(如实物、标本、实习、实验、教学性参观等)、模像直观(如图片、图表、模型、幻灯片、录像带等)和语言直观(如形象化的语言描述)等三类。

2. 直观教具的演示与语言讲解结合

教学中的直观不是让学生自发地看,而是要在教师的指导下有目的地观察,教师通过提出问题引导学生去把握事物的特征,发现事物之间的联系。通过讲解以解答学生在观察中的疑惑,获得较全面的感性知识从而更深刻地掌握理性知识。

3. 重视运用直观言语

教师用直观语言做生动的讲解、形象的描述,能够为学生提供感性知识,使学生的头脑中形成生动的表象或意象。

4. 防止为了直观而直观的偏向

直观教学是手段,不是目的。在教学中,直观要服从于明确的教学目的。教师不能为了直观而直观,从而失去了直观教学的意义。

练习 6.14 荀子曰:“不闻不若闻之,闻之不若见之。”这句话所体现的教学原则是(　　)。

A. 直观性原则　　　B. 启发性原则　　　C. 巩固性原则　　　D. 量力性原则

练习 6.15 乌申斯基认为,儿童是依靠形状、颜色、声音和感觉进行思维的。这观点要求小学教学应当遵循(　　)。

A. 启发性原则　　　　　　　　　B. 直观性原则

C. 因材施教原则　　　　　　　　D. 理论联系实际原则

练习 6.16 罗老师教《观潮》时,播放了一段视频让学生感受钱塘江大潮的雄伟壮观。其贯彻的教学原则是(　　)。

A. 启发性原则　　　B. 因材施教原则　　　C. 直观性原则　　　D. 循序渐进原则

练习 6.17 张老师在课堂上出示了一个钟表模型,通过对三个指针的操作,帮助小学生很快理解了“时、分、秒”的概念,这体现的教学原则是(　　)。

A. 巩固性原则　　　B. 直观性原则　　　C. 循序渐进原则　　　D. 因材施教原则

（三）启发性原则

启发性原则是指教学要充分调动学生的积极性和主动性,引导他们通过独立思考,积极探索,生动活泼地学习,自觉地掌握科学知识,发展分析问题和解决问题的能力。贯彻启发性原则的具体的要求如下。

1. 充分调动学生学习的自觉性和主动性

调动学生内在的学习自觉性和主动性是启发的首要问题。学生学习的自觉性和主动性受许多因素的影响,其中最重要的是明确学习目的,同时要了解并满足学生的好奇心、兴趣、求知欲等。教师要善于因势利导,将学生一时的欲望和兴趣,汇集和发展为推动学习的持久动力。

2. 设置问题情境,启发学生积极思考

教师应有意识地创设一定的问题情境以启发学生思维的积极性。教师在启发学生思考的过程中,要有耐心,给学生以思考的时间;要有重点,不能蜻蜓点水;要深入下去,引导学生获取新知识;不仅要启发学生理解知识,而且要启发学生理解学习的过程,掌握获取知识的方法。

3. 培养学生独立解决问题的能力

教师不仅要引导学生动脑,而且要引导他们动手。教师要善于启发性诱导将知识创造性地用于实际,给他们布置由易到难的各种作业,或提供素材、情境、条件和提出要求,让他们独立探索、克服困难、解决问题,别出心裁地完成作业,以便发展他们的创造才能。

4. 发扬教学民主,建立和谐的师生关系

发扬教学民主,创造宽松、和谐、民主、平等、坦率、活跃的课堂教学氛围,是贯彻启发性教学原则的重要条件。它包括建立民主平等的师生关系和生生关系,创造民主和谐的教学气氛,鼓励和尊重学生发表不同见解,允许学生向教师提问质疑等。

练习6.18 "道而弗牵,强而弗抑,开而弗达"所阐明的教学原则是（　　　）。

A. 循序渐进原则　　B. 直观性原则　　C. 启发性原则　　D. 因材施教原则

练习6.19 苏格拉底的"产婆术"体现的教学原则主要是（　　　）。

A. 直观性原则　　　B. 启发性原则　　C. 科学性原则　　D. 思想性原则

（四）理论联系实际的原则

理论联系实际的原则是指教学要以学习基础知识为主导,从理论与实际的联系上去理解知识,注意运用知识分析问题和解决问题,达到学懂会用、学以致用。理论联系实际原则是直接经验与间接经验相统一的教学规律在教学中的体现。贯彻理论联系实际原则的具体要求如下。

1. 书本知识的教学要注重联系实际

一是联系学生的生活经验和已有的知识能力、志趣、品德的实际,二是联系科学知识在生产和社会生活中的运用实际,三是联系当代最新的科研进展和科学成就的实际等。只有注重理论联系实际,教学才能生动活泼,使抽象的书本知识易于被学生理解、吸收,转化为他们有用的精神财富。

2. 重视培养学生运用知识的能力

第一,要重视教学实践,如练习、作业、实验、参观等,这对学生掌握与运用知识、形成技能与技巧以及培养学生对学科的兴趣起着关键作用。第二,要重视引导学生参加实际操作和社会实践。教师应当根据教学的需要,组织学生进行参观、访问、社会调查,参加一些课外

学科或科技小组的操作活动或开展一些科学观察、实验与发明以及生产劳动等。

3. 正确处理知识教学与技能训练的关系

在教学中,只有将知识教学与技能训练两者结合起来,学生才能深刻理解知识,掌握技能,达到学以致用。如果教师讲、学生听,而无技能的训练,那么就难以判断学生是否理解,即使他们理解了,也缺乏动手能力。

4. 补充必要的乡土教材

我国幅员辽阔,南方与北方、沿海与内地在自然条件、经济和文化发展等各方面都有很大差异。因此,在使用统一的教材时,为了使教学不脱离实际,教学必须补充必要的乡土教材。

(五) 巩固性原则

巩固性原则是指教师在教学中要引导学生在理解的基础上牢固地掌握基础知识和基本技能,达到熟练的程度,在需要的时候能够准确无误地呈现。孔子的"学而时习之""温故而知新"等,就是这个原则的具体运用。贯彻巩固性原则的要求如下。

1. 在理解的基础上巩固

要使学生对知识掌握得牢固,教师首先要在传授时使学生深刻理解并留下极深的印象。在教学中,要引导学生把理解知识和巩固记忆知识联系起来。当然,强调理解记忆,并不否定在教学中要求学生对一些知识做机械记忆。

2. 合理组织复习,教会学生记忆的方法

复习可以使知识在记忆中强化、熟练,加深学生对知识的理解,提高学生的再造与创造能力。为了组织好复习,教师要向学生提出复习与记忆的任务,安排好复习时间,注意复习方法的多样化,指导学生掌握记忆方法等。

3. 在扩充、改组和运用知识的过程中巩固知识

教师要引导学生通过学习新知识,扩大、加深、改组原有知识,以及积极运用所学知识于实际来巩固知识。这种方法不是要求学生原地踏步,反复温习,而是在学习新知识的过程中不断联系、复习已有知识,在运用知识中不断巩固和深化已有的知识与技能。

(六) 循序渐进原则

循序渐进原则又叫系统性原则,是指教学要按照学科的逻辑系统和学生的认识发展规律进行,使学生系统地掌握基础知识和基本技能,形成严密的逻辑思维。这里的"序"一是指知识的逻辑顺序,二是指学生的身心发展顺序。运用循序渐进原则要注意下列各点。

1. 根据教材的逻辑系统进行教学

按课程标准、教科书的体系进行教学的目的,是为了保证科学知识的系统性和教学的循序渐进性,但这不是要求教师完全照本宣科,而是要求教师深入领会教材的系统性,结合学生的认识特点和本班学生的情况,编写一个讲授提纲或教学活动计划,以组织、指导教学的具体进程。

2. 抓主要矛盾,解决好重点与难点的教学

教学循序渐进并不意味着教学面面俱到、平均使用力量,而是要求区别主次,分清难易,有详有略地教学。

3. 依据学生的认知规律进行教学

教学不可超越学生的认知规律而进行,如果不顾学生认知的循序性而求速成、跳跃前进,就会欲速则不达,甚至因学生接受不了而以失败告终。如果循序渐进地进行教学,学生

的基础打好了,认知能力提高了,学习速度就会加快,效率就会提高。

4. 引导学生将知识体系化、系统化

教师要经常地、有计划地布置作业和进行复习,检查学生的知识技能;使学生善于合理地安排自己的学习时间,善于有计划地进行学习,善于将所有的知识条理化、系统化,善于系统地进行复习和自我检查。

练习 6.20 我国古代教育文献《学记》中要求"学不躐等,不陵节而施",提出"杂施而不孙,则坏乱而不修",这体现了教学应遵循( )。

A. 启发性原则　　　B. 巩固性原则　　　C. 循序渐进原则　　　D. 因材施教原则

练习 6.21 荀子在《劝学篇》中指出:"不积跬步,无以至千里;不积小流,无以成江海。"这句话所蕴涵的教学原则是( )。

A. 循序渐进原则　　B. 因材施教原则　　C. 启发诱导原则　　D. 直观性原则

(七) 因材施教原则

因材施教原则是指教师要从每个学生的实际情况出发,依据学生的年龄特征和个体差异,有的放矢地进行有差别的教学,使每位学生能扬长避短,获得最佳的发展。贯彻因材施教原则的要求如下。

1. 从学生的实际出发进行教学

教学过程中,教师要了解和研究学生,既要掌握全班学生的一般特点,如知识水平、认知能力、学习动机等,又要了解每个学生的具体情况,如个性特点、知识基础等。教学只有符合学生的发展水平,才能被学生理解和接受。

2. 善于把集体教学与个别教学相联系

要处理好一般与个别、集体与个人的关系。教学要从大多数学生的实际出发,按照他们所能接受的程度进行教学。正确处理好难与易、快与慢、多与少的关系,使教学的深度、进度符合学生的接受水平。

3. 针对学生个性特点有区别地进行教学

针对学生的个性特点,教师应采取有效措施使学生得到充分的发展。例如,开设一些选修课以照顾学生的兴趣与爱好;允许能力超群的学生跨级别学习,使他们的才能获得充分的发展。

练习 6.22 陶行知曾用松树和牡丹比喻育人,用松树的肥料培养牡丹,牡丹会瘦死;用牡丹的肥料培养松树,松树会被烧死。这一比喻运用到教学上,所体现的原则是( )。

A. 直观性原则　　B. 因材施教原则　　C. 启发诱导原则　　D. 循序渐进原则

练习 6.23 数学课上,马老师有意让学习成绩较差的小军回答一个比较简单的问题。体现的教学原则是( )。

A. 启发诱导　　　　　　　　　　B. 循序渐进

C. 科学性和思想性相结合　　　　D. 因材施教

(八) 量力性原则

量力性原则又称可接受性原则,是指教学的内容、方法、分量和进度要适合学生的身心发展,使他们能够接受,但又要有一定的难度,需要他们经过努力才能掌握,以促进学生的身

心发展。量力性原则是教育必须适应学生的年龄特征和发展阶段的规律在教学中的反映，也是"最近发展区"理论的反映。贯彻量力性原则的要求如下。

1. 了解学生的发展水平，从实际出发进行教学

年龄特征和发展阶段主要是揭示个体发展的普遍规律，这些普遍规律体现在学生发展的各个方面，而且是极为多样化的。教师要具体地研究学生的发展特点，例如，在学习某种新知识的时候，他们原有的知识准备情况如何，他们的思维或记忆水平是否能够完成这一学习任务，可能发生什么困难，能够达到什么样的理解和掌握程度，等等。教师在这样的研究基础上才可能真正做到"量力"。

2. 考虑学生认知发展的时代特点

学生的认知发展也是随着时代的变化而不断发生变化的，不同时代的学生有不同的认识特点。教师只有充分认识并理解这种时代特点，才能取得良好的教学效果。

练习 6.24 材料（同练习 5.36）：读《找骆驼》课文，了解课文大概意思后，教师提出：商人找到骆驼后，回来的路上再遇老人，会对老人说什么？你的理由是什么？学生通过自己读课文后，想法很多，例如：(1)对老人说："谢谢，对不起，我错怪你了。"(2)不和老人说话，不理老人，自己偷偷走掉。(3)"一个老头，闲着没事干，出来瞎溜达啥？"等等。

学生说第一种想法时，教师引导他们从书上找理由，学生较快说出。当学生说到第二种想法时，教师问："你的理由是什么？"

"这是一个忘恩负义的商人。"一生说。

"对，我童话书里看到很多商人都是坏蛋。"又一生说。

"那如果你看到这样的商人，你想对他说些什么呢？"教师试图通过这个问题让学生说出"老人帮你找到了骆驼，你应该谢谢他"之类的话。

可是学生却说："这个坏蛋，打他一拳，让所有人都打他一拳。"

问题：

材料中的"教师"贯彻了哪些教学原则，试加以分析。

❖ 温馨提示

教学原则的学习首先要牢记八条原则的名称，可以运用下列记忆口诀："支（直观性）起（启发性）弓（巩固性），努力（量力性）寻（循序渐进）找一英（因材施教）里（理论与实践）外的鳕（科学性与思想性）鱼。"其次，理解其内涵，并能结合实际进行判断；最后，要根据材料判断某某教师在教学中运用了哪些原则（教学设计部分的材料题往往与教学原则与方法有关，应给予十分重视）及运用要求。

第三节 ◈ 教学组织与教学方法

一、教学组织形式

教学组织形式是根据一定的教学思想，为实现一定的教学目的，围绕一定的教育内容或

学习经验,在一定的时空环境下,通过一定的媒体,教师与学生之间互相作用的方式与结构。简言之,教学组织形式就是教学活动中师生相互作用的活动方式。

(一) 教学组织形式的发展

随着社会政治、经济、文化、科学水平及培养人才需求的变化,教学组织形式也不断发展变化。历史上最早出现的教学形式是个别教学,它是古代社会教育教学的基本组织形式。随着资本主义大工厂的兴起,16 世纪出现了班级授课制。19 世纪末 20 世纪初,出现了以适应学生个别差异为特点的新的教学组织形式。下面作简要陈述。

1. 古代的教育组织形式

(1)个别教学制。个别教学制就是教师分别对学生进行个别教学的组织形式,是历史上最早出现的教学组织形式。中国古代、古希腊和古埃及的学校教学基本上采用这种个别教学的形式。这种个别教学形式在古代学校的普遍采用,是与古代社会生产力发展水平较低的状况相适应的。这种教学组织的基本特征是办学规模小,教学效率低,但在一定程度上能较好地适应个别差异。

练习6.25 在古代,中国、埃及和希腊的学校主要采用教学组织形式是(   )。

A. 个别教学　　　　B. 复式教学　　　　C. 分组教学　　　　D. 班级教学

(2)班级授课制。班级授课制就是把一定数量的学生按年龄和知识程度编成固定的班级,由教师按照固定的课程表和进度表,有计划地向全班学生进行集体教学的一种教学组织形式。

2. 近代教学组织形式

(1)贝尔-兰卡斯特制,也称导生制。产生于 19 世纪初的英国,因由教师贝尔和兰卡斯特所创建,故称贝尔-兰卡斯特制。其基本特征如下:以班级为基础,教师把教学内容传授给一部分年龄较大或者较优秀的学生,由他们做"导生"去教年幼或成绩较差的其他学生。有了"导生"的帮助,教师能够教更多的学生,但教学质量很难得到保证。

(2)道尔顿制。道尔顿制全称道尔顿实验计划,又称"契约式教育",是由美国教育家帕克赫斯特于 1920 年在马萨诸塞州的道尔顿中学创立的,因此称为道尔顿制。这是一种典型的自学辅导式教学组织形式。其基本特征如下:废除班级授课制,指导每个学生自学不同的教材。首先教师为学生分别制定自学的参考书、布置作业,由学生自学和独立作业,有疑难时才请教师辅导;然后学生在完成一定阶段的学习任务后,向老师汇报学习情况并接受考察;最后在教师认为符合要求后,再布置新的学习任务,进行新的学习周期。道尔顿制能够较好地照顾到个别差异,培养学生独立作业和自学能力,但需要学生具有高度的学习自觉性;由于没有固定的班级组织,忽视了班集体的作用,不利于学生社会化的发展。

(3)文纳特卡制。文纳特卡制是由美国教育家华虚朋 1919 年在芝加哥市郊的文纳特卡镇公立中学实行的一种教学组织形式,因此被称为文纳特卡制。文纳特卡制的基本特征如下:按单元进行小步子教学;每单元结束后需要通过学习诊断才能进行新的学习;教师随时对学生进行个别指导。文纳特卡制的小步子教学原则对程序教学影响很大。

(4)设计教学法。也称"单元教学法",是由美国教育家克伯屈在 1918 年创立的,克伯屈也因此被称为"设计教学法"之父。设计教学法主张废除班级授课制和教科书,打破传统的学科界限,在教师的指导下,由学生自己决定学习的目的和内容,在自己设计、自己负责的单元活动中获得相关的知识能力。强调以项目或课题为中心设计教学活动;注重问题情境的创设;强调学生自主性,自己制定解决问题的目标计划并加以实施,最后对完成情况进行评价。

(5)分组教学。是指按学生的能力或学习成绩,把他们分为水平不同的组进行教学。19 世纪末 20 世纪初,一些国家为了解决班级授课制不易照顾学生个别差异的弊病,进行了分组教学。分组教学的类型主要有内部分组和外部分组、能力分组和作业分组等。

练习 6.26 能让学生充分交流互动并有利于发挥其主体作用的教学组织形式是( )。

A. 道尔顿制　　　　B. 个别教学　　　　C. 分组教学　　　　D. 文纳特卡制

(6)特朗普制。又称"灵活的课程表",它是美国教育家劳伊德·特朗普在 20 世纪 50 年代提出的一种教学组织形式。这种教学组织的特点是:把大班上课、小班研究或讨论和个别自学结合起来;教学实践的分配为大班上课占 40%,小组研究占 20%,个人自学占 40%;用固定的实践单位代替固定划一的上课时间,以大约 20 分钟为一个课时单位。这种教学组织形式兼容了班级授课、分组教学和个别教学的优点,但是管理起来比较麻烦。

练习 6.27 为弥补班级授课制不足,把大班上课、小组谈论、个人自学结合在一起的教学组织形式是( )。

A. 特朗普制　　　　B. 文纳特卡制　　　　C. 道尔顿制　　　　D. 贝尔-兰卡斯特

3. 现代教学组织形式的探索

(1)小队教学。小队教学又称协同教学,是第二次世界大战后美国部分中小学兴起的一种教学组织形式,由几个教师共同负责一个班或几个班的教学工作。一般由首席教师或高级教师担任大班讲课,然后分小组讨论,个别辅导由普通教师、实习教师担任。[①]小队教学有利于更合理使用教师力量,发挥教师专长,利于年轻教师的成长,在美国 20 世纪 60 年代的教育改革运动高潮时遍及全国。

(2)合作学习。20 世纪 70 年代初合作学习兴起于美国,并在 70 年代中期至 80 年代中期取得实质性进展的一种富有创意和实效的教学组织形式。它在改善课堂内的社会心理气氛,大面积提高学生的学业成绩,促进学生形成良好非认知品质等方面有显著实效。合作学习是一种结构化的、系统的学习策略,由 2—6 名能力各异的学生组成一个小组,以合作和互助的方式从事学习活动,共同完成小组学习目标,在促进每个人的学习水平的前提下,提高整体成绩,获取小组奖励。

(3)翻转课堂。"翻转课堂"也称"颠倒教室",是现代互联网背景下产生的一种新型的教学组织形式。基本做法如下:首先学生课前自学基于教学目标和教学内容制作的教学微视频,完成进阶作业;然后课堂上,师生共同解决疑难。翻转课堂是一种先学后教的模式。有利于培养学生的自主学习能力,但是对学生的要求比较高。

练习 6.28 学生在课前借助网络平台观看微视频进行自主学习,课堂上在教师指导下分组讨论,合作探究,这种新型教学组织行为称为( )。

A. 在线课堂　　　　B. 网络课堂　　　　C. 虚拟课堂　　　　D. 翻转课堂

(二)教学的基本组织形式

班级授课制又称课堂教学、班级教学,最早出现于 17 世纪初的乌克兰兄弟会学校。

---

① 王策三.教学论稿(第二版)[M].北京:人民教育出版社,2005:279.

1632年,捷克教育家夸美纽斯在《大教学论》一书中,首次对班级授课制进行了理论阐述。后经德国教育家赫尔巴特的发展,班级授课制基本定型。工业革命后,这种教学组织形式在欧美逐渐推广开来。1862年,京师同文馆成为我国首个采用班级授课制的学校,1903年癸卯学制将班级授课制以法令形式确定并在全国推广。目前班级授课制是我国小学普遍采用的基本教学形式。

1. 班级授课制的基本特征

（1）以"班"为单位。班级人数和成员固定,一般由年龄和文化程度相同的学生组成,由教师进行统一教学。

（2）以"课时"为教学时间单位,课时也称作学时,一个课时即一堂课的时间,当前我国小学一般35—40分钟一个课时。课与课之间有一定的休息时间。

（3）以"课"为教学活动的基本单位。教师在一堂课所规定的时间内,运用各种教学方法和手段,组织学生学习一定分量的知识内容。

（4）以"课程表"为教学活动的基本周期。课程表具体规定了一周内每天上课的科目及次序,每节课的起止时间和休息时间等。

2. 班级授课制的优点与缺点

（1）班级授课制的优点

① 有利于大面积、高效率地培养人才。在班级授课中,一个教师可以同时根据统一的教材对全班同学进行教学。

② 有利于发挥教师的主导作用。在班级授课中,教师有目的、有计划、有组织地对全班同学进行教学。保证了在整个教学过程中,教师对学生直接的、多方面的影响。

③ 有利于发挥学生集体的作用。在班级授课中,学生之间会相互影响,教师在教学过程中加以引导,可以促使学生互相帮助,互相促进,取长补短,共同提高。

（2）班级授课制的缺点

① 教学面向全体学生,难以照顾学生的个别差异。

② 教学活动多由教师做主,学生的主体性或独立性受到一定的限制。

③ 教学依据规定的课程标准,教学内容和教学方法的灵活性有限。

④ 学生主要学习接受现成的知识成果,不利于培养学生的探索精神、提高学生的创造能力和实践能力。

练习6.29 目前我国小学普遍采用的教学组织形式是(　　)。

A. 班级教学　　　　B. 分组教学　　　　C. 复式教学　　　　D. 个别教学

练习6.30

班级授课制是现代学校普遍采用的教学组织方式,但也存在一定的局限性,主要表现为不利于(　　)。

A. 系统的知识传授　　　　　　　　B. 因材施教

C. 发挥教师主导作用　　　　　　　D. 教学管理

(三) 教学组织的辅助形式

1. 现场教学

现场教学是在实际场景中进行教学的组织形式。根据现场教学的目的和任务,可以将现场教学分为两大类：一类是根据学习某学科知识的需要，组织学生到有关现场进行教学；另一种是学生为从事某种实践活动，需要到现场学习有关的知识和技能。

2. 个别辅导

个别辅导是指教师在课堂教学的基础上针对不同学生的情况进行个别指导的教学组织形式。个别辅导主要通过个别答疑、对个别学生的课外作业和课外阅读进行个别指导。它既可以在课内实施，也可以在课外进行。

3. 复式教学

复式教学是把两个或两个以上年级的学生编在一个班里，由一位教师分别用不同程度的教材，在同一节课里对不同年级的学生，采取直接教学和自动作业交替的办法进行教学的组织形式。它可以节约师资力量、教室和教学设备等，充分利用教育资源。复式教学适用于教育条件和经济条件都比较落后的山区或边远地区，有利于教育的普及。

练习 6.31 在一些农村教学点，教师在一节课内分别对不同年级的学生进行教学。这种教学组织形式是（　　）。

A．复式教学　　　　B．道尔顿制　　　　C．分组教学　　　　D．个别教学

温馨提示

学习时首先要牢记每种教学组织形式的名称，然后知道各种形式的基本特点，要求能够根据题干判断属于哪一种教学组织形式。特别留意班级授课制的相关知识点。

二、教学工作的基本环节

教学工作由备课，上课，作业的布置、检查与批改，课外辅导，学业成绩的检查与评定五个基本环节构成，其中上课是教学工作的中心环节。

（一）备课

备课就是对上课进行的准备。教师根据课程标准的要求和该课程的特点，结合学生的具体情况，选择最适合的表达方式和顺序，以保证学生有效的学习。备课是上好课的前提，教师备好课可以加强教学的计划性和针对性，有利于教师主导性的发挥。

备课可以分为个人备课与集体备课两大类。一般要求做好"三备"，写好"三计划"。

1. 做好"三备"

（1）备教材。备教材是指钻研教材，包括钻研课程标准、教科书和阅读有关的参考资料以及了解最新成果等。

（2）备学生。备学生是指了解学生，教师应该了解学生的知识基础、能力基础、学习方法和学习习惯、兴趣、爱好、价值观等。

（3）备教法。备教法指教师要设计教法，包括如何组织教材，如何确定课的类型，同时也要考虑学生的学法等。

2. 写好"三计划"

（1）学期（或学年）教学进度计划。在学期（或学年）开始以前制订。一般由两部分组成：一是总的说明，包括教材、学生基本情况的分析，教学目的，教学总时数，预定复习、考试

和考查时间等;二是教学进度计划表。

(2)单元(或课题)计划。在一个单元(或课题)的教学开始前制订。包括单元(或课题)名称、教学目的、课时分配、课的类型、教学方法、教学手段和教具的利用等项目。

(3)课时计划(教案)。一般在上每节课前制订。一般包括班级、学科、课题、教学目的、上课时间、课的类型、教学方法、课的进程和时间分配等。有的还列有教具、板书设计和课后自我分析等项目。

练习 6.32 通常所说的备课中的"备",除了钻研教材、设计教法之外,还包括( )。

A. 研究学生   B. 设计作业   C. 设计评价   D. 指导学法

(二)上课

教学是实现教育目的的基本途径,而上课又是教学工作的基本环节,是教师教和学生学最直接的体现。所以要提高教学质量,就必须要上好课。

1. 课的类型

根据教学任务进行划分,可以分为传授新知识的课(新授课)、巩固新知识的课(巩固课)、培养技能技巧的课(技能课)、检查知识的课(检查课)。根据教学中所采用的主要方法进行分类,可以分为讲授课、演示课、练习课、实验课、复习课。

2. 课的结构

课的结构是指课的基本组成部分及按组成部分进行的顺序、时限和相互关系。新授课的基本组成部分为组织教学、检查复习、讲授新教材、巩固新教材、布置课外作业。

3. 一堂好课的标准

(1)目标明确。教学目标的制定应符合课程标准,适合学生的需求,上课各个环节围绕教学目标展开。

(2)重点突出。把主要精力和时间放在知识体系中重要内容的教学上。

(3)内容正确。教学内容必须具有严密的科学性和高度的思想性。

(4)方法得当。根据教学任务、内容和学生特点选择合适的教学方法,力求取得最好的效果。

(5)表达清晰。上课用普通话,声音响亮,速度适宜,语言流畅、生动、明白易懂,板书(或课件字幕)规范、准确、清楚。

(6)组织严密。教学有严密的计划性和组织性。教学环节环环相扣,教学实践分配科学,机智地处理"偶发事件"等。

(7)教态自如。教态端庄、从容、充满自信,并注意自己的肢体语言。

(8)气氛热烈。这是上好课的最根本的要求。创设民主合作、轻松愉快的课堂气氛。

(三)作业的布置、检查与批改

课外作业是课内作业的继续,是教学工作的有机组成部分。其作用在于加深和加强学生对教材的理解和巩固,进一步掌握相关的技能、技巧。通过作业的检查批改,教师可以及时发现学生知识或技能缺陷,并加以纠正。此外,课外作业对于培养学生独立思考和自觉完成作业的习惯都有重要的意义。

作业的形式大致可以分为四类:(1)阅读作业,如复习、预习教科书,阅读人文社科读物和科学读物等;(2)口头作业,如口头回答、朗读、复述、背诵等;(3)书面作业,如演算习题、作文、绘图等;(4)实践作业,如观察、实验、测量、社会调查等。

布置作业时要注意下列几点:

(1) 作业内容要符合教学大纲和教科书的要求。所布置的作业要有启发性、典型性。

(2) 作业分量要适当,难易要适度,作业时间要控制。

(3) 作业目的要明确,要求应具体。

(4) 作业指导要讲究方法和策略。

(5) 及时检查和批改作业,作为改进教学的依据。

练习 6.33 一(2)班的林老师上完《要下雨了》一课之后,设计了两项作业:

(1) 请你回家后把小白兔碰到的有趣的故事讲给你最喜欢的人听;

(2) 你还想知道下雨前其他动物的表现吗? 可以跟家里人交流一下。

第二天,林老师刚走进教室,学生就纷纷围住他,迫不及待地汇报作业的完成情况,还抢着说:"我好喜欢这个作业哦!"

问题:

谈谈教师布置作业的基本要求。

(四) 课外辅导

课外辅导是在课堂教学规定的时间之外,教师对学生的辅导。课外辅导一般有个别辅导、小组辅导和集体辅导三种。课外辅导的主要内容包括给学生答疑解惑、给基础差或者缺课的学生补课、为优秀学生和有专长的学生做进一步指导。

(五) 学业成绩的检查与评定

学业成绩的检查与评定是教学工作的一个重要环节,对教学工作的顺利进行和教学质量的提高具有重要的意义。学业成绩的检查方式有两种:平时考查和考试。平时考查一般有课堂表现记录、批改作业和小测验等。考试主要有笔试、口试和实践性考试三种形式。

评定学生成绩有计分和写评语两种方法。常见的计分方法有百分制和等级制。通常在对学生学习情况的小结和总结,实践性的考试、检查学生书面作业和课堂提问的时候采用写评语的方法。

❖ 温馨提示

教学工作包括备课,上课,作业的布置、检查与批改,课外辅导,学业成绩的检查与评定五个环节,上课是整个教学工作的中心环节,牢记一堂好课的标准。学习时要重点注意备课、作业布置的要求等。

三、教学方法

教学方法是指教师和学生为了完成一定的教学任务而在教学过程中采用的方式和手段的总称。教学方法包括教师教和学生学的方法。一般来说,恰当的教学方法主要依据教学目的和任务的要求、课程标准和教材特点、学生的身心特点、教学的时限和条件、教师自身的经验和个性特点等进行选择和运用。按教学方法的外部形态及学生认识活动的特点，可以把教学方法分为五类，即"以语言传递为主的教学方法""以直观感知为主的教学方法""以实际训练为主的方法""以欣赏活动为主的方法""以引导探究为主的方法"[①]。

（一）以语言传递为主的教学方法

这类教学方法运用极为广泛，主要包括讲授法、谈话法和读书指导法三种。

1. 讲授法

讲授法是指教师运用口头语言，系统连贯地向学生讲授课程内容的方法，具体有讲述、讲解、讲读、讲演四种方式。运用讲授法的基本要求如下。

（1）讲授内容要有科学性、系统性、思想性。首先，教师讲授的内容要准确、全面、有逻辑性，体现教学的科学性；其次要突出重点、难点，使讲授富有针对性；最后，要结合所讲的内容，使学生在思想上有所提高，体现教学的教育性。

（2）启发学习主动性。首先在讲授中要善于提问并引导学生分析和思考问题，使他们积极开展认识活动，自觉地领悟知识；其次，讲授要针对学生的认识水平，在"最近发展区"内设疑，启发学生独立思考。

（3）讲究语言艺术。力求语言清晰、准确、简练、形象、条理清楚、通俗易懂，讲授的音量、速度要适度，注意音调的抑扬顿挫，辅以适当的手势说话，提高语言感染力。

（4）恰当自如地运用板书和教具。当教师在讲授中需要特别提示，或者用语言难以清晰、准确、形象地描述时，可以借助板书和教具，通过文字、图表或教具的演示，给学生以更加清晰、准确和鲜明的印象。

练习 6.34 课堂教学中，课桌椅摆放方式会影响教学方法的运用效果。一般来说，"秧田型"最适合的教学方法是（　　）。

A. 实验法　　　　B. 讲授法　　　　C. 探究法　　　　D. 讨论法。

2. 谈话法

谈话法也叫问答法，是教师按一定的教学要求向学生提出问题，要求学生回答，引导学生获取或巩固知识的办法。谈话法具体可分为启发性谈话（一般用于导课部分）、问答式谈话（一般用于课中教学）和总结性谈话（一般用于结课部分）三种。运用谈话法的基本要求如下。

（1）要准备好问题和谈话计划。教师要对谈话的中心和提问的内容做好充足的准备，在上课之前教师要根据教学内容和学生已有的经验、知识，准备好谈话的问题、顺序，以及如何从一个问题引出和过渡到另一个问题。

（2）提出的问题要明确、具体。问题要能引起思维兴奋，富有挑战性和启发性问题的难易要因人而异，符合学生的已有认知程度和经验。

（3）创造良好的谈话氛围。谈话的过程中要因势利导，让学生乐于说、有话说，同时有控制谈话的中心主题，让学生感觉到平等和宽松。

（4）要掌握提问的技巧。教师的提问应面向全体，应给学生留有足够的思考时间；学生回答问题时，教师要认真倾听，学生回答问题后，教师要及时评价。

---

① 李秉德. 教学论[M]. 北京：人民教育出版社，1991：201—217.

（5）谈话结束时要善于总结。通过教师的归纳、小结，可以使学生的知识系统化、科学化，并注意纠正一些不正确的认识，帮助他们准确地掌握知识。

3. 读书指导法

读书指导法是教师指导学生通过阅读教科书和课外读物获取知识、发展智力的方法。运用读书指导法的基本要求如下。

（1）提出明确的目的、要求和思考题。让学生带着任务、问题读书。

（2）教会学生读书的方法。指导学生掌握朗读、默读、背诵的方法以及浏览、通读与精读的技巧，指导学生学会使用目录、序言、注释、图标和工具书的技巧等。

（3）加强评价和辅导。教师要及时指点、解决学生阅读过程中遇到的问题，及时检查学生的阅读心得与作业。

（4）适当组织学生交流读书心得。

（二）以直观感知为主的教学方法

这类教学方法具有形象性、具体性、直接性和真实性的特点，主要有演示法和参观法两种。

1. 演示法

演示法是教师通过展示实物、教具，演示实验或采用现代化教学手段，使学生获得知识或巩固知识的方法。运用演示法的基本要求如下。

（1）明确演示目的，充分做好演示前的准备。

（2）演示时要讲究方法，与讲解相结合。

（3）演示后引导学生综合分析。

（4）注重持续性和引导性。

练习6.35 教师运用实物与教具进行示范实验，指导学生获取知识的教学方法是（　　）。

A．练习法　　　　B．演示法　　　　C．实验法　　　　D．发现法

2. 参观法

参观法是教师根据教学目标和要求，组织学生到校外一定的场所，通过接触实际事物获得知识、巩固知识或验证知识，以提高思想认识的一种方法。运用参观法的基本要求如下。

（1）做好参观的准备。参观前教师要根据教学目的和要求，确定参观的目的、时间、对象、地点以及参观的重点内容。

（2）做好参观的指导。参观时，教师要引导学生收集资料，做好必要记录，也可以请有关人员进行讲解或指导。

（3）总结参观的收获。参观后，教师要根据教学要求和参观计划，指导学生谈谈收获，整理材料，找出问题，写出参观心得或报告，及时总结。

（三）以实际训练为主的教学方法

以实际训练为主的教学方法是指以形成技能、技巧，培养行为习惯和发展学生能力为主的教学方法。主要包括练习法、实验法和实习作业法三种。

1. 练习法

练习法是教师根据教学的要求，给学生布置一定的作业，学生在教师的指导下运用所学知识反复完成一定的操作，以巩固知识、形成技能与技巧的方法。练习法分为模仿性练习、

独立性练习、创造性练习三种。运用练习法的基本要求如下。

（1）教师要使学生明确练习的目的和要求，掌握练习的原理和方法。

（2）练习的题目要能够促进学生基础知识的积累、巩固以及基本技能的提高。

（3）在练习过程中要注意培养学生自我检查的能力和习惯，并对学生的练习进行及时的检查和反馈。

（4）练习方式要多样化，循序渐进，逐步提高。

练习 6.36 教学目标与任务是选择教学方法的重要依据。有利于实现技能、技巧教学目标的教学方法是（　　）。

A．陶冶法　　　　B．讨论法　　　　C．练习法　　　　D．讲授法

2. 实验法

实验法是指教师引导学生使用一定的仪器和设备，进行独立操作，引起某些事物和现象产生变化，从而使学生获得直接经验，培养学生技能和技巧的教学方法。实验法常用于物理、化学、生物等自然学科的教学。运用实验法的基本要求如下：（1）做好实验准备；（2）加强实验指导；（3）做好实验总结。

练习 6.37 小学科学课上，教师指导学生通过显微镜观察植物的内部结构，获得有关植物的知识。这种教学方法属于（　　）。

A．参观法　　　　B．实验法　　　　C．演示法　　　　D．实习法

3. 实习作业法

实习作业法是指教师指导学生根据教学要求，组织学生在校外一定场所从事一定的实习、实践工作。实习作业法的基本要求如下。

（1）在教师的指导下有目的、有计划、有组织地进行。

（2）教师要加强指导。教师要与实际工作者密切配合，保证学生的实习计划得以落实。

（3）教师要指导学生写出实习报告或体会，并进行评阅和评定。

练习 6.38 根据教学任务的要求，在校内或校外组织学生进行实际操作，将理论知识运用于实践，以解决实际问题的教学方法是（　　）。

A．实验法　　　　B．演示法　　　　C．读书指导法　　　　D．实习作业法

（四）以引导探究为主的方法

以引导探究为主的教学方法是指教师组织和引导学生通过独立探究和研究活动而获得知识的方法，主要有讨论法和发现法两种。

1. 讨论法

讨论法是学生在教师指导下为解决某个问题进行探讨辩论，从而获取知识的一种方法。运用讨论法的基本要求如下：（1）讨论前做好充分准备；（2）讨论中要对学生进行启发诱导；（3）讨论结束时要做好小结。

2. 发现法

发现法又称探索法、研究法，是指学生根据教师提供的材料，展开独立探索，自行发现和探讨出结论的方法。运用发现法的基本要求如下：（1）依据教材特点和学生实际，确定研究课题和过程；（2）严密组织教学，积极引导学生的发现活动；（3）努力创设一个有利于学生进

行探索发现的良好情境。

> **温馨提示**
>
> 这部分内容的学习,要注意:(1)牢记 10 种教学方法的名称,记忆口诀如下:首先讲(讲授法)谈(谈话法)读书方法(读书指导法),然后参(参观法)加实验(实验法)实习(实习作业法)演(演示法)练(练习法),最后讨论(讨论法)发现(发现法)读书很快乐;(2)理解每种方法的核心,以应对选择题;(3)熟记讲授法、谈话法的运用要求;(4)区分实验法与演示法关键在于学生是否亲自动手,如动手则为实验法,不动手则为演示法。

第四节 ◈ 教学设计与评价

教学设计,是教师为了达到预期的教学目标,对整个教学活动涉及的因素和流程进行安排的过程。教学设计一般要遵循系统性原则、方向性原则、程序性原则、可行性原则和反馈性原则。

一、教学各要素设计

教学活动的开展涉及教学目标、教学过程和教学评价几个基本要素。下面依次介绍各个要素的设计。

(一)教学目标设计

教学目标是指教学活动实施的方向和预期达成的结果,是一切教学活动的出发点和最终归宿,是整个教学设计最重要的组成部分。

1. 教学目标的构成

布鲁姆的教学目标分类学将教学目标分为认知目标、情感目标和动作技能目标三大领域。我国的基础教育课程改革确立了三维目标,即知识与技能,过程与方法,情感、态度和价值观。

(1)知识与技能

知识,是人们对客观事物认识和经验的总和,包括学科知识、意会知识和信息知识。知识水平一般分三个层次:了解(再认或回忆、识别、举例、描述对象的特征等)、理解(把握知识的内在逻辑,对知识作出解释、扩展,提供证据,作出判断等)、应用(使用抽象的概念、原则,总结、建立新的合理联系)。

技能,是由知识经验经过实践和训练转化而成,包括基本技能、智力技能、动作技能和自我认知技能。技能水平一般分三个层次:模仿(对提供的对象进行模拟、修改等)、独立操作(独立完成操作,进行调整与改进,尝试与已有技能建立联系)、迁移(同一技能在不同的情景下使用)。

(2)过程与方法

过程与方法是指学生在教师的指导下,获取知识和技能的程序及具体做法。过程与方法分三个层次:经历(经历知识形成的过程,独立或合作参与活动,获得初步体验,建立感性认识)、体验(经历知识形成的过程,并能对知识作一定的解释和应用的过程)、探索(经历应用所获得的知识,探究发现问题、分析和解决问题的过程)。

(3) 情感、态度和价值观

情感是人对外界刺激肯定或否定的内心体验和心理反应,表现出来的喜怒哀乐就是态度,价值观是对人和事物积极作用的评价与取舍的观念。情感、态度和价值观是在知识与技能的学习过程中获得的一种体验,大约可分为三个层次:感受(经历学习活动后的建立的感性认识)、认同(经历学习活动后表达感受、态度及价值判断等)、内化(确立相对稳定的态度,表现出持续的行为)。

练习 6.39 张老师对《匆匆》一课进行教学设计时,将"体会时间的宝贵"作为教学的目标之一。这目标属于( )。

A. 知识性目标　　　B. 过程型目标　　　C. 技能型目标　　　D. 情感性目标

练习 6.40 在教学《长方形和正方形周长》时,张老师将"能够正确计算长方形和正方形的周长"拟定为教学目标之一。该目标属于( )。

A. 知识性目标　　　B. 过程性目标　　　C. 技能性目标　　　D. 情感性目标

练习 6.41 学习了"坐井观天"一课,学生学会写"信、拾、蛙、舞"等生字,理解并熟记"无边无际""坐井观天"等词。按照三维目标的要求,这主要达成的教学目标是( )。

A. 知识与技能　　　　　　　　　B. 过程与方法

C. 认知与实践　　　　　　　　　D. 情感态度与价值观

2. 教学目标的表述

一个完整的教学目标应该具备四要素,即行为主体、行为动词、行为条件和表现程度。

(1) 行为主体

教学目标的对象可以是全班学生,也可以是部分学生。但必须明确的是教学目标表述的是学生的行为而不是教师的行为。错误的表述如"使学生……""让学生……""培养学生……"等。正确的表述应该是:"能认出……""能解释……""能写出……"等,要清楚地表明达成目标行为的主体是学生。

(2) 行为动词

教学目标应该采用可观察、可操作、可检测的行为动词来描述。行为动词就应该避免运用一些笼统、模糊的术语,如"提高""培养""掌握"等缺乏质和量的具体规定。下面是一些可供选择的行为动词。

● **知识与技能**

知识:说出、背诵、选出、列举、熟记、读准、复述、会写、识别、学会等;解释、说明、比较、分类、归纳、使用、区分、判断、收集、整理等;评价、运用、懂得、证明、解决、撰写、应用、辩护等。

技能:讲述、表达、阅读、复述、写出、倾听、观察、诵读、推想、想象、扩写、改写、收集等;完成、表现、解决、参与等。

● **过程与方法**

经历、感受、参加、参与、寻找、交流、合作、分享、访问、体验、接触、组织等。

● **情感态度与价值观**

遵守、认可、喜欢、体会、敢于、欣赏、品味、关心、克服、支持、养成、树立、领悟、坚持、具有、热爱、追求、确立、建立等。

（3）行为条件

行为条件指学生表现目标行为的条件或情境因素，它包括环境因素、设备因素、信息因素、时间因素、人的因素等。例如"在课堂讨论中……""通过社会实践……""在5分钟内，能……""在某某统计表中，能……"。

（4）行为程度

行为程度指学生学习行为结果应该达到的最低标准，使教学目标可测。例如"学会……三种解题方法""记住……主要部件名字""能用符号语言表示三角形"等。

练习6.42 请认真阅读下列材料，并按要求作答。

草

白居易

离离原上草，一岁一枯荣。

野火烧不尽，春风吹又生。

问题：

如指导小学二年级学生学习该材料，试拟定教学目标。

温馨提示

教学目标的撰写是教师资格考试的必考题。答题时务请注意下面几点：（1）必须包括课程目标的三大领域，即知识与技能，过程与方法，情感、态度与价值观。应对策略：直接将上述文字写在答题纸上！（2）教学目标一般要写出3—5点，连续编号。（3）主语必须是学生，谓语（动词）必须可测量。应对策略：写完后加上主语验证，如果主语是学生那就可以了。动词尽量选择上文中列出的词汇。（4）答题格式，请参考练习6.42参考答案。

（二）教学"三点"的设计

教学的"三点"是指教学重点、教学难点和教学关键点，这三点是教师进行教学时必须面对的工作，也是保证教学高效率的前提，是提高课程教学质量的保证。

1. 教学重点的确定

教学重点，是指教学中的重点内容，是课堂教学中需要解决的主要矛盾，是教学的重心所在。教学重点是针对教材中的学科知识系统、文化教育功能和学生的学习需要而言的。因此，它包含重点知识和具有深刻教育性的学科内容。

重点的确定可以从知识重点、育人重点和问题重点三个角度进行。

（1）知识重点。一般是指那些与前面知识联系紧密，对后续学习具有重要影响的知识、技能，即重点是指在学科知识体系中具有重要地位和作用的学科知识、技能。

（2）育人重点。一般是指那些对学生有深远教育意义和功能的内容，主要是指对学生终身受益的学科思想、精神和方法。

（3）问题重点。一般是指学生学习遇到困难并通常需要及时得到帮助的疑难问题。

2. 教学难点的确定

教学难点，是指那些太抽象、离学生生活实际太远、过程太复杂、学生难于理解和掌握的知识、技能与方法。

难点与重点的区别在于：重点更多的是相对学科而言的，具有稳定性和长期性。不管学生掌握与否，它仍然是重点。难点是相对学生而言的，具有相对性和暂时性。对某些学生是难点，但对另一部分学生而言可能就不是难点；一旦这个难点为学生所理解与掌握，难点自然消失。所以，难点的确定主要根据学生的实际情况而定。

一般而言，难点的确定可以运用学情分析法，即判断所学的知识：（1）是否远离学生的生活实际？如果学生缺乏相应的感性知识，那一般是难点；（2）是否较为抽象？如果太抽象导致学生难于理解，那可以确定为难点；（3）是否学生遗忘所致？如果是由于学生对与新学知识有关联的旧知识掌握不牢，或因大多数学生对与之联系的旧知识遗忘了，那么这个新知识也可以确定为难点。

3. 教学关键点的确定

教学关键点，俗称"课眼"，是指教学内容的关键之处和教学的重心所在。在教材中往往有一些内容对掌握某一部分知识或解决某一类问题起着决定性的作用，这些内容就是教学关键点。"课眼"具有牵一发而动全身的功效，是教学活动的生长点，也是教学活动的切入点。

"课眼"的确定有两种路径：（1）以"文眼"为"课眼"。如《叶公好龙》一课，"好"是这篇课文的"文眼"，是该文的关键，理解了"好"这个"纲"自然就纲举目张了。所以，教学设计可以用"好"作为"课眼"，逐步展示叶公面似"好"龙（钩以写龙，凿以写龙，屋室雕文以写龙），而实则"怕"龙（弃而还走，失其魂魄，五色无主）。（2）以"聚焦点"为"课眼"。如《月光曲》，表面上看是源于贝多芬散步时听到兄妹的对话，但本质上是贝多芬被穷兄妹热爱音乐所感动，贝多芬的一连串行为都聚焦在"感动"上。所以，"感动"就可以作为"课眼"，用"感动"将全文串起来：贝多芬受到什么感动而走进茅屋？弹了一曲后受到什么感动使他再弹一曲？受到什么感动即兴创作了《月光曲》？

练习 6.43

给予是快乐的

圣诞节快到了，哥哥送给保罗一辆新车作为圣诞礼物。圣诞节的前一天，保罗从办公室里出来的时候，看见一个男孩在他闪亮的新车旁走来走去，有时候伸手轻轻地摸一下，满脸羡慕的神情。

保罗饶有兴趣地看着这个男孩，从衣着来看，他的家庭显然不宽裕。看见保罗在望着自己，男孩问道："先生，这是你的车吗？"

"是啊。"保罗点点头说，"这是我哥哥给我的圣诞礼物。"

男孩睁大了眼睛："你是说，这车是你哥哥送给你的，你不用花一分钱？"保罗点点头。男孩惊叹地说："哇！我希望……"

保罗以为男孩希望也有一个这样的哥哥。男孩却说："我希望自己也能当这样的哥哥。"

保罗吃惊地看着这个男孩，不由自主地问了一句："你愿意坐我的车兜一圈吗？"

"当然，我非常愿意。"

车开了一段路，男孩转过身来，眼睛里闪着亮光，说道："先生，你能把车开到我家门口吗？"

保罗微微一笑，他理解男孩的想法：坐一辆又大又漂亮的车子回家，在小朋友的面前是很神气的事。但是,保罗又错了。

"麻烦你把车停在台阶那里,等我一下,好吗?"

男孩跳下车,三步两步跑上台阶进了屋。不一会儿他出来了,背着一个小孩,显然是他的弟弟,看上去腿有残疾。他把弟弟放在最下面的台阶上,两个人紧靠着坐下。他指着保罗的车,说:"看见了吗? 很漂亮,对不对? 这是他哥哥送给他的圣诞礼物! 将来,我也要送你一辆这样的新车。到那时候,你就可以坐在车里,亲眼看看我跟你讲的那些好看的圣诞礼物了。"

保罗的眼睛湿润了。他下了车,把小弟弟抱进了车里。那个男孩眼睛里闪着喜悦的光芒,也坐了进去。他们三个人一起过了一个难忘的夜晚。

这个夜晚,保罗从内心里感受到"给予是令人快乐的"。

问题:

如指导中年段学生学习本文,试拟定重点和难点。

(三) 教学过程设计

教学过程有导入新课、讲授新课、巩固练习、归纳小结、作业安排这五个基本环节。教学过程设计,就是对整个课堂教学实施作出的安排,主要涉及导入设计、教学情境设计、课堂提问设计、结课设计、板书设计等。

1. 导入设计

导入是教师在一项新的教学内容或活动开始前,引导学生做好心理准备和认知准备,并让学生明确学习目标、学习内容以及学习方式的教学行为方式。导入的方法多种多样,具体要根据教学内容、教学要求、设备条件、教师本人的教学习惯等因素选择合适的导入方式。下面列举一些常见的导入方式。

(1) 直接导入法。又称开门见山法。这种方法直截了当,直入主题,把教学内容及所要达到的目标直接告诉学生。这类导入一般借用课题、人物、事件、名词、成语等为导入语,然后直接概述新课的主要内容及教学程序。

(2) 直观导入法。指教师在讲授新课之前,给学生呈现实物、样品、模型、演示教具等,通过直观的手段,引起学生兴趣,培养学生的观察力,引发学生的思考。在小学低年级,学生的思维仍主要以直观形象为主,教师讲解比较抽象的内容时,借助直观形象的材料有助于学生由具体形象思维向抽象思维过渡。

(3) 设疑导入法。指通过提出问题或者设置悬念,调动学生的思维,激发学生求知欲。设疑具有强烈的诱惑力,能激起学生探索问题的愿望,进而为接下来的学习奠定良好的心理基础。

(4) 故事导入法。指教师通过一些与本节课教学内容相关的课外故事,引导学生进行认知迁移,从故事创设的情景迁移到本课学习内容的情境中。

(5) 温故导入法。即新旧知识联系导入,古人常说"温故而知新"。在讲授新课的时候,教师让学生回顾上节课所学内容,调动学生的先备经验,以旧引新。

(6) 活动导入法。上课前通过一系列的趣味活动,比如小游戏、组织讨论、猜谜语、欣赏音乐等,调动学生的各类感官,让学生参与进来。游戏是儿童的天堂,尤其对低年段的学生,更有利于学生保持注意力。

(7) 演示导入法。是指教师通过实物、模型、图表、幻灯、投影、电视等教具的演示,引导学生观察,提出新问题,从解决问题入手,自然地过渡到新课的学习的技法。

（8）审题导入法。是指新课开始时,教师先板书课题或标题,然后从探讨题意入手,引导学生分析课题,来导入新课。

（9）典故导入法。通过生动有趣的寓言、故事或典故、传说等,激发学生兴趣,启迪学生思维,创造一种情境。

导入设计的基本要求如下:

（1）针对性。设计导入时,要充分考虑教学内容的特征与教学目标的要求。

（2）趣味性。要求语言风趣,热情开朗,方式新颖,引证生动。

（3）启发性。能够集中学生的注意力,激发学生思维和学习的主动性。

（4）迁移性。能够从将导入中的情境与新学的内容相比较,并将它迁移到新知识的学习中去。

（5）艺术性。导入要有新意,引人入胜,让学生倾心向往,产生探究欲和认识的兴趣。

（6）简洁性。导入的内容要短小精悍,一般控制在 3 分左右。

练习 6.44 张老师开始上《爱因斯坦与小女孩》时说:"同学们,你们知道吗? 爱因斯坦不仅是一位世界著名的大科学家,而且还会拉小提琴,今天我们就来学习这一课。"这属于（　　）。

A. 直接导入　　　　B. 经验导入　　　　C. 故事导入　　　　D. 直观导入

练习 6.45 林老师教《借生日》时,先板书"生日",让学生说说自己生日是哪一天,又是怎样过生日的,接着又板书"借",并提出问题:"每个人都有自己的生日,为什么要借生日?""生日能借吗?"这种导入方法是（　　）。

A. 故事导入　　　　B. 情境导入　　　　C. 悬念导入　　　　C. 直接导入

练习 6.46 杨老师在教"分数的基本性质"时,设计了这样的教学导入:

同学们,在学习新内容之前,我先给大家讲个故事。猴山上的小猴子最喜欢吃猴王做的饼。有一天,猴王做了三块大小一样的饼分给小猴子们吃。它先把第一块饼平均切成四块,分给甲猴一块。乙猴见到说:"太少了,我要两块。"猴王就把第二块饼平均切成八块,分给乙猴两块。丙猴更贪吃,它抢着说:"我要三块,我要三块。"于是猴王又把第三块饼平均切成十二块,分给了丙猴三块。老师想问问同学们,是不是最贪吃的丙猴分得最多呢? 猴王为什么要这么切呢? 学习了"分数的基本性质"你就清楚了。

问题:

（1）评价杨老师所设计的教学导入环节。

（2）小学课堂教学环节中常用的导入方式有哪些?

练习 6.47 导入环节设计（题目内容请扫下面二维码）。

练习 6.47

温馨提示

上文的例题,给出了导入设计的三种常见的考题:选择题、材料题和教学设计题。选择题的应对只要牢记导入法的名称和基本内涵就能应付自如。材料题一般情况下是就某一种设计进行评价,答题时可以根据"导入设计的基本要求"作答,但要注意结合材料进行评价。如果能在肯定优点的情况下提出一些改进的建议,那就更好。设计题的应对相对困难一些,具体操作时注意下列几点:(1)尽可能选择有"话"说的导入方法,如故事法、游戏法、演示法等;(2)尽可能使用一些教具,如图片、视频等;(3)尽可能有师生互动,不要教师一言堂;(4)不要试图规定学生的反应,只能描述学生的行为而且要放在括号中说明;(5)注意格式,练习6.47是一个可供参考的样例。

2. 课堂提问设计

"学起于思,思源于疑",疑问是思维的火花,思维应从问题开始。课堂提问是触发学生思维的引信,激发学生觉悟的契机,也是检测教学效果的手段。课堂提问设计的巧妙与否体现着教学艺术水平的高低,制约着教学进程能否推进,决定着教学效果的好坏。

(1)课堂提问的类型

根据对问题回答的要求不同,可把问题分为以下四类:

① 判别类问题:对事物加以判定。代表性词语是"是不是""对不对"等。

② 描述类问题:对客观事物加以陈述和说明。代表性词语是"是什么""怎样"等。

③ 探索类问题:对事物的原因、规律、内在联系加以阐释。代表性词语是"你从中能发现什么"等。

④ 发散类问题:从多角度、多方面、多领域去认识客观事物。代表性词语是"除此之外,还有哪些方法""你是怎样理解的"等。

根据布鲁姆教育目标分类学,可以把提问分为以下六类:

① 识记性提问:包括判断提问和回忆提问,考查识记能力。

② 理解性提问:用来检查学生对已学的知识及技能的理解和掌握情况的提问方式,理解性提问是较高级的提问。

③ 运用性提问:教师建立一个简单的问题情境,让学生运用新旧知识来解决新的问题,以达到透彻理解、灵活运用的目的。

④ 分析性提问:要求学生通过要素分析、关系分析和原理分析,对问题的原因和结果进行解释和阐述。

⑤ 综合性提问:要求学生发现知识之间的内在联系,并在此基础上,使学生把教材内容的概念、规则等重新组合的提问方式。

⑥ 评价性提问:要求学生运用准则和标准,对观念、作品、方法、资料等做出价值判断,或者进行比较和选择的提问方式。

(2)课堂提问的设计原则

① 计划性。一堂课要问几个问题、切入角度、顺序安排等都要精心构思。

② 启发性。提问要引发学生思考,减少或避免走过场的应答式提问,如"对不对""好不好"这种应答式的提问,思维含量少,价值不大。

③ 顺序性。先问什么,后问什么,教师要精心筹划。提问要由表及里,由浅入深,步步深入。问题设计的思路明晰,对学生思维起着潜在的导向作用。

④ 难易适度。提问要根据学生的实际水平,不可过浅,以免走过场;又不可过难,以防学生茫然失措,产生畏难情绪。

⑤ 多表扬少批评。课堂提问经常会出现学生回答不完全、不全面,甚至可能回答不正确的情况,教师要用微笑、用亲切的语言去消除学生的紧张情绪,要给学生更多的鼓励。

(3) 课堂提问设计的技术

① 寻找设问点

课堂提问的设计,首先要明确在哪儿设问。一般而言,可以考虑从下列几个方面去寻找。

● 导入新课题时。在新课教学时,为了快速集中小学生的注意力,可以设计课堂提问。如《要下雨了》一课,可以设问:"夏天的时候,下雷阵雨之前,天气会怎样? 我们会有什么感觉?"这样小学生们自然地进入回忆与思考中,集中到上课的内容中来。

● 新旧知识衔接点。从旧知到新知的迁移,不仅使知识学习变得容易,而且使知识形成一个系统。因此,新旧知识间可以设计课堂提问。如在讲授"比的基本性质"时,可以设问:"一"可以看成什么? 如果将"一"看成比,那么,比是否具有分数、除法的性质呢? 这样就将"分数、除法的性质"这些旧知与"比的性质"这个新知衔接起来,使学习变得更容易。

● 重点、难点、关键点。在这三点上设问有利于实现教学目标。

● 矛盾冲突点。在教学内容与小学生已有知识和经验间产生矛盾的地方设问,可以激发小学生的探究欲。如《惊弓之鸟》一课,可以设问:"为什么更赢只拉弓就可以射下大雁?"

● 归纳整理时。教学的目的是给学生一种获取知识的思路,因而学会一类知识后应教会学生自己归纳和整理,使知识系统化,形成解决同类问题的能力。如"行程问题"是小学数学的一个重点和难点,在教完"同时""相对""相遇"几个问题后,就需要让学生明白三者的数量关系。此时可以设问:"同时、相对、相遇三类问题有什么联系和区别?"

② 问题的表达

找到了提问的要点,接下来就是将问题准确地表达出来。在编写提问语句时要注意以下几个方面。

● 突出重点。课堂提问的设计要直奔主题,切中要点。具体为:抓住教学重点,不在枝节问题上浪费时间;抓住难点设计,帮助学生突破难点;针对学生认识模糊、错误较多的问题设计。

● 层次分明。课堂提问的设计要按教学内容的逻辑顺序层层递进,使学生的认知不断深入。如《月光曲》中盲姑娘的一段话可以提出这样一组提问:(a)盲姑娘刚才说的话是"随便说说"的吗? (b)如果出自内心,不是随便说说的,那么为什么要说自己是随便说说的呢? (c)从中可以看出盲姑娘是怎样一个人? (d)听了盲姑娘的话,贝多芬怎样想?

● 横向展开。如果是几个情境相似的问题,可以利用前一组思维模式去思考相类似的问题,从而实现迁移的目的。如《找骆驼》可以设计几个横向问题:(a)老人怎么知道骆驼有点跛? (b)老人怎么知道骆驼左边驮蜜,右边驮米? (c)老人怎么知道骆驼缺一个牙齿?

● 铺垫诱导。针对一些难度较大的问题而设计一些铺垫性的问题。如《我的伯父鲁迅先生》中"四周黑洞洞的,还不容易碰壁吗"这句话理解起来比较困难,可以设计下列问题:(a) 鲁迅生活在什么时代? (b)当时的社会是怎样的状况? (c)鲁迅是怎样的人物? (d)这种人在旧社会的处境怎样?

●　措辞简洁。课堂提问中的语言要准确、明白、简洁。

练习 6.48　课堂提问设计(题目内容请扫下面二维码)。

练习 6.48

温馨提示

课堂提问设计答题时要注意下列几点:首先,明确要问什么问题。操作时,可以根据教学目标,教学重点、难点与关键点,课文中心思想,核心语句的理解等几个方面去设计;其次,一定要紧扣选择好的问题进行设计,一组课堂提问只能解决一个问题;最后,就数量而言,一般一组提问由三四个层层递进的提问组成。

3. 板书的设计

板书是教师在教学过程中,运用文字、符号图表向学生传播信息的教学行为方式。板书设计是教师应该具备的基本教学技能,对提高教学效率具有重大意义。心理学研究表明:人类主要是通过视、听等五种感官来接受信息,而这五种感官感知信息的比例不同:视觉占 83%,听觉占 11%,嗅觉占 3.5%,触觉占 1.5%,味觉占 1%。视听两项合计则可以达到 94%。而从记忆的效率来看,单靠听觉获得的知识,三小时后能记住 60%,三天后则只能记住 15%;单靠视觉获得的知识,三小时后能记住 70%,三天后则只能记住 40%;如果视觉和听觉并用,所获得的知识三小时后能记住 90%,三天后则可以记住 75%。可见,板书在课堂教学中作用巨大。

(1)常用的板书类型

板书的类型种类繁多,下面择要介绍小学课堂教学中常用的板书类型。

① 词语式。词语式板书是在对教学内容进行深入研究的基础上,从中找出一些关键性的词语或总结出一些能准确反映教学内容的词语,并按一定顺序加以呈现的一种板书形式。词语式板书或有助于引起学生的注意,或有助于引导学生理清思路,或对课文起"画龙点睛"的作用。如《观潮》一课的板书如图 6.1 所示。

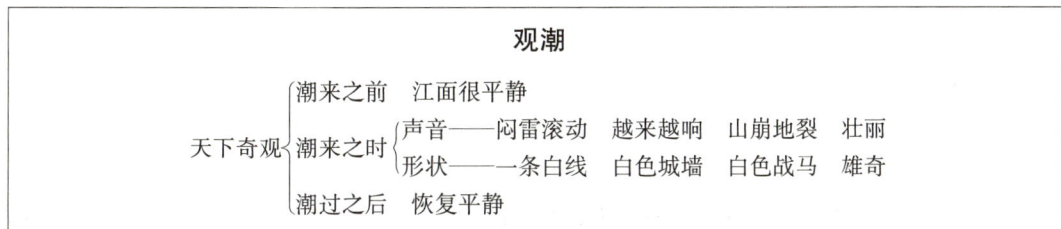

观潮						
天下奇观	潮来之前	江面很平静				
	潮来之时	声音——闷雷滚动	越来越响	山崩地裂	壮丽	
		形状——一条白线	白色城墙	白色战马	雄奇	
	潮过之后	恢复平静				

图 6.1　词语式板书

② 图示式。图示式板书是用图画、线条、箭头符号等展示教学内容的板书形式,有时可配以必要的文字说明。这种板书图文并茂、生动形象。如《司马光》一课的板书如图6.2所示。

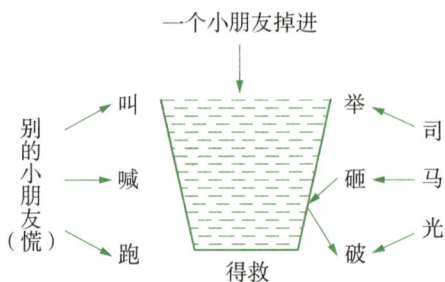

图 6.2　图示式板书

③ 列表式。列表式板书就是将教学内容以表格的形式展示出来。这种类型的板书对比性强,条理清楚。如表6.1"圆的周长与面积"的列表式板书。

表 6.1　圆的周长与面积

内容	类型	
	圆的周长	圆的面积
意义	圆的长度	圆的大小
公式	$C = 2\pi r$	$S = \pi r^2$
单位	长度单位	面积单位

④ 线条网络式。根据知识点间的各种关系,用线条将教学内容中的知识点串联成"网"的一种板书形式称线条网络式板书。如图6.3《田忌赛马》的板书。

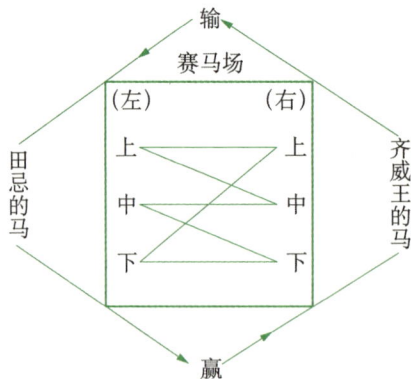

图 6.3　线条网络式板书

⑤ 阶梯式。阶梯式板书是指教师根据教学内容层层递进、逐步发展的特点而设计的,状如阶梯拾级而上的板书。如图6.4《林海》的板书。

图中内容：

人
亲切舒服
林场

物
亲切舒服
木材

景
亲切舒服
岭林花

万古长青　　　　　　　　兴国安邦

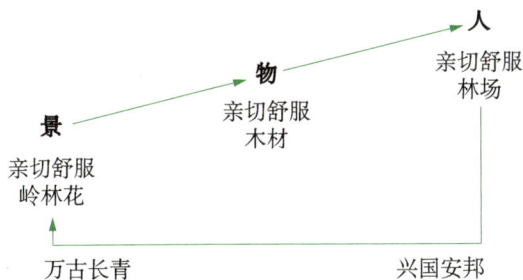

图 6.4　阶梯式板书

⑥ 回环式。回环式板书是从一个起点出发,经过一系列环节,最后又回到起点而组成的一个闭合回路。回环式板书往往由几个字和几条线构成,既简练又美观。如图 6.5《农夫和蛇》。

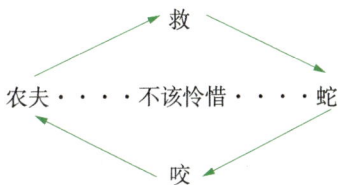

救

农夫 ···· 不该怜惜 ···· 蛇

咬

图 6.5　回环式板书

⑦ 问题启发式。问题启发式板书是将教学内容设计成具有启发性的问题呈现于学生面前的板书形式。如图 6.6《群英会蒋干中计》。

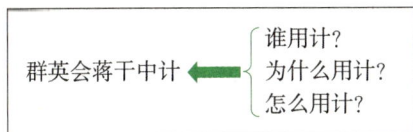

群英会蒋干中计 ◄── 谁用计?
为什么用计?
怎么用计?

图 6.6　问题启发式板书

⑧ 线索梳理式。这种板书通过将教学内容的主要发展线索提取出来,使之成为教学的主要思路。如图 6.7《草船借箭》。

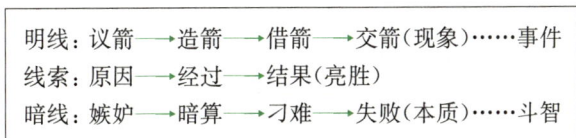

明线:议箭 → 造箭 → 借箭 → 交箭(现象) ······ 事件
线索:原因 → 经过 → 结果(亮胜)
暗线:嫉妒 → 暗算 → 刁难 → 失败(本质) ······ 斗智

图 6.7　线索梳理式板书

(2)板书设计的要求

① 内容简练。要求教师要用简练的文字、图标或者符号来反映教材中的主要内容,且一定要突出重难点。

② 条理分明。要求教师板书的脉络清晰,构成完整有序的知识体系。

③ 布局合理。要求教师的板书结构合理,对称得体。注意字的大小要合理;主、副板书的安排要合适;注意对称与平衡。

④ 直观形象。要求教师的板书能让学生看得清楚。

温馨提示

板书设计一定要注意根据材料提供的内容和小学生的年龄特征选择合适的板书类型。一般而言,低年级的可以考虑选择关键、重点、难点词语为内容的板书,中年级可以使用既有内容又有内涵的板书,而到了高年级,可以多用突出教学内容的思路,即有一定概括性、抽象性水平的板书。具体设计时尽可能地图文并茂,至少要有一定的线条和箭头。

练习 6.49 材料:《中彩那天》(内容见练习 6.48)

问题:

为本课设计一则板书并简要说明理由。

(四) 练习题设计

教学的效果如何,可以通过课堂提问、练习、测试等手段进行评价,其中运用练习题来巩固和评价所学知识与技能的掌握情况是最为频繁使用的方法,所以本节重点介绍练习题的设计。

1. 填空题的设计

(1) 填空题的类型

填空题又叫填充题,源于古代的"贴经"。其题文实际上是一个不完整的陈述句,在句中或句尾留有一处或多处空白,由做题者根据题意,并联系空白前后的文字,从逻辑、语法衔接和科学性上考虑好填写的内容,填入适当的文字或数字,使之变成一个完整的句子。

根据呈现方式分类,填空题有三种类型:文中填空式、表(图)中填空式、选择填空式。大致有三种形式。

① 直接填写题。要求对一些直接知识性问题作出明了的回答。主要用于检查一些基本知识的掌握情况。如:"牙"共( )笔,第四笔是( );0.2小时 =( )分钟;5公顷3平方米 =( )公顷;等等。

② 分析填写题。通过对题目所述的现象、事实、过程等进行分析、综合、推理,做出简要正确的解释或判断。主要用于考查学生综合运用概念、规律进行分析、综合、判断的能力。如"飞流直下三千尺,疑是银河落九天"运用的修辞手法是( )。

③ 计算填写题。根据相应的规律,通过数字或文字的简而少的计算得出结论的填空题。这种题常用于考查学生易出现错误的知识难点,纠正不良的思维习惯等方面。如:排队放学时,小红的前面有 5 个人,后面有 8 个人,这一队共有( )人。

(2) 填空题的设计原则

① 填空题的"空格"部分需要填写的应是有考查意义的关键性内容或字眼;

② 试题叙述应该简洁、清楚,填上正确答案后句意完整,避免使用教材中的原话;

③ 填空题中每个小题的空格个数应该统一,每道题一般不超过 2 个填空;

④ 空格不宜太零散,以免由于句子或段落结构上的支离破碎而引起歧义,使人难于作答;

⑤ 答案应尽量明确、简练、唯一且无争议;

⑥ 填空题的空格部分统一用下划线或( )表示,长度一致,能满足答题需要;

⑦ 填空题的空格所在位置应尽量置于句子或题目段落的后半部分,尽量避免在句首出现;

⑧ 除非是考核对工程单位的换算,若考查计算能力并要求填写数字,则应该在空格后标明答案的单位;

⑨ 填空题以空格为基本计分单元,一般要求每个空格赋分相同;

⑩ 如果正确答案内容与其叙述顺序无关,应该在参考答案后注明。

2. 选择题的设计

选择题的实质是问答题和填空题的变形,编题者预先拟好了若干个备选答案,让被测者从中选出正确答案。

(1) 选择题的类型

① 单项选择题。每题后给出的四至五个备选答案中,只有一个是正确或最适合的,将这个答案选出来。

② 多项选择题。被选项给出的备选答案中,有两个或两个以上是正确的,将所有正确答案选出来,多选、错选、漏选都不给分。如:下列作家中,属于唐宋八大家的是( )。

A. 韩愈　　　　B. 柳永　　　　C. 苏轼　　　　D. 苏洵　　　　E. 欧阳修

③ 组合选择题。这是几个问题共用一组备选答案的选择题。问题与答案的数目不一定相等,每项答案所选用的次数也不固定,但每个问题只选一个最佳答案。

(2) 题干的设计要求

① 题干围绕一个主题展开,不要同时讲述几个意思,以免产生歧义;

② 题干要尽量创设新的情境,叙述文字要避免重复书本上的现成实例或措辞;

③ 题干应简明扼要,只包含阐明问题所需要的条件;

④ 题干一般是一个不完全的陈述句,与正确选项构成一个完整的句子,也可以是一个疑问句或一段话;

⑤ 题干中不要出现空格、括号等其他填空形式(语言测试除外);

⑥ 尽可能避免使用否定式的题干,除非为了特定的目的必须以否定式的形式设计试题,如果出现否定词,要在否定词的下面加上着重号;

⑦ 题干与备选项之间在逻辑关系或词语使用上应避免有所暗示或包含。

(3) 备选项的设计要求

① 备选项的长度、结构、语言表达要尽量一致;

② 备选项要求同质、互不相关,有较大的似真性;

③ 涉及数字的备选项,统一按照上升或下降的顺序排列;

④ 如果一些词语在所有的备选项中都有,最好将这些共同词语移到题干中去,如果含有共同词语的备选项是专有名词,或者将共同词语移至题干后会引起考生理解上的困难,此时的备选项中的共同词语必须保留;

⑤ 干扰项要有似真性,应与正确选项在逻辑上和语法上跟题干一致,不应拼凑明显不合理的选项;

⑥ 如果题干含否定式,必须避免出现否定式的备选项;

⑦ 备选项原则上不要使用"以上都不对、以上都对、从未、绝无、可能、唯一、只有"等含有绝对肯定、绝对否定或模棱两可的词汇；

⑧ 避免备选项之间出现逻辑上的包含关系，确保干扰项在它的范围内不包含答案。如正确答案为"x＞5"，则干扰项"x＞10"也可能符合答案要求，存在逻辑上相互包含的问题。

3. 问答题的设计

（1）问答题的类型

问答题包括简述题、比较题、辨析题和论述题四类。

① 简述题。要求考生对提出的问题用简短的语言进行回答，一般考察一些基本概念或基本事实。如：请写出中国历史上有气节的人物（至少2个）。

② 比较题。通过类比或对比，归纳出两个或两个以上概念、现象、规律或过程等的异同点及其本质特征的问答题。如：比较鲁智深与武松的性格特点。

③ 辨析题。要求考生对试题所提供的观点和材料进行科学的辨别和分析。小学试题中很少用。

④ 论述题。论述题有多种类型：从论述的方向，可以分为立论、驳论和兼论三种；从论述所用的原理多少，可以分为单原理和多原理论述题；从论述题题干中指定的原理和问题明确程度，又可分为四种：明确指定某一原理去分析某一问题、明确指定某一原理去分析某一范围的问题、用某一范围的原理去分析某一确定的问题、用某一范围的原理去分析某一范围的问题；从考查的侧重点不同，可分为理论联系实际论述题和一般理解论述题。如：课文中说："一个简单的道理，却能给人意味深长的启示。"这个道理给你什么启示？请结合生活实际说说自己的理解。

（2）问答题的设计原则

① 简述题、比较题、辨析题的设计

● 一般用直接疑问句或陈述句提出问题，叙述简练，题意明确；

● 考查重要概念的理解和掌握，而不是琐碎知识的简单复述；

● 不要按照教材原文抄写试题，避免使学生产生死记硬背、猜题押题的学习倾向；

● 参考答案要简明扼要，逻辑清楚，表述正确；

● 评分标准应该按要点给出分数，最小的评分点是1分。

② 论述题的设计

● 试题的表述要明确、完整，既要让学生明白试题的发问指向，又要留有让学生发挥的余地；

● 试题的考核内容应该有所限定，防止题意过于宽泛或过于笼统，使学生感到无从着手或无法准确作答；

● 参考答案注重考查学生的思维过程和对问题的整体理解，需要考生全面理解课程考核内容，综合应用所学知识解答问题，而不是对教材或参考材料内容的简单再现；

● 参考答案应避免对答案要点的简单罗列，要求论述充分；

● 评分标准要求在对考核内容完整论述的基础上，一般按要点给出分数，最小的评分点是1分。

4. 材料题的设计

材料题，有时称案例题，是一种主观性试题。以一段或几段材料为内容，要求学生依据要求回答问题。材料题能有效地考查学生的阅读能力、分析能力、综合运用能力以及知识迁移能力等。材料题的设计要求如下。

（1）所选材料应确实会在实际生活中发生，不能照抄教材中的原文或案例；

（2）题目难度应以教材中对该类问题的讲解水平为限，要求学生利用所学知识，通过充分的论据和合理的论证，能够推出适当的结论；

（3）若题目分值过大，则应将该题划分为若干小题；

（4）参考答案的制定原则是：观点明确，言之有理，论述充分，逻辑清楚；

（5）评分标准的制定原则是：从零计起，按点给分，分数累加，鼓励创新，不超满分，不对错误回答进行倒扣分；

（6）一般情况下，案例分析题每题为 10—15 分。

练习 6.50 练习题设计（题目内容请扫下面二维码）。

练习 6.50

❖ 温馨提示

练习题设计是一项富有创造性的工作。学习时要牢记：（1）根据教学目标（教学目标是必考题）确定要设计的知识点，并明确设计目的和意图；（2）根据考查目的选择相应的题型；（3）设计的题型要符合各种题型设计的要求；（4）如果要求设计几道练习题，那么最好就选用几种题型，而且量要尽可能多一点，即工作量要饱满。

二、教案设计

备课过程中完成的课时计划即教案，是教师进行教学活动的依据，它关系到一节课的具体安排和教学质量。

（一）教案的构成内容

一份完整的教案包括如下几部分内容：

1. 教学课题（本课时的课题名称）。

2. 教学目标（涉及三维目标的教学任务）。

3. 课时分配（需要几个课时，如果超过一课时，需要说明本节是第几课）。

4. 授课类型（比如新授课、复习课等）。

5. 学情分析（学生的基本情况分析，如人数、年龄、发展水平等）。

6. 教学重点（本节课的授课重点）。

7. 教学难点（本节课比较难掌握的知识点或者可能产生障碍的能力培养点）。

8. 教学方法（使用什么教学方法，注重体现新课程理念的教学方法）。

9. 教具准备（教学过程中运用的教学辅助设备）。

10. 教学过程（具体的教学步骤、进程与内容安排）。

11. 板书设计(上课时准备写在黑板上的内容及其布局)。

12. 作业布置(如何布置书面或口头作业)。

13. 课后反思(包括课堂情况、教学得失、需要改进的地方等)。

(二) 教案设计

1. 教案的类型

教案从形式上可分为三大类：记叙式教案、表格式教案和卡片式教案。

(1) 记叙式教案。记叙式教案是指用文字形式将教学方案表达出来的教案,是教学实践中最基本、最常用的。记叙式教案根据内容的详略,分为讲稿式的详案、纲要式的简案。

记叙式教案的模板如图 6.8 所示。

```
【课题】
【教学对象】
【使用教材】
【教学目标】
【教学重点】
【教学难点】
【教学方法】
【课时】
【教具准备】
【教学过程】
【板书设计】
【课后反思】
```

图 6.8　记叙式教案模板

(2) 表格式教案。表格式教案是以表格的形式呈现备课内容的教案,表格式教案有言简意赅、重点突出、方便好用的特点。表格式教案的范例如表 6.2 所示。

表 6.2　表格式教案

课题:	
教学目标:	
教学重点:	教学难点:
课型:	
教学方法:	
课时安排:	教具准备:
教学过程与内容 (导入、练习作业设计、板书设计、补充资料等)	备注: (用时、教法、教具及师生活动等)
教学后记:	

（3）卡片式教案。卡片式教案是指将教案的纲要、要点、难点和易忘记的要素等内容，用卡片的形式呈现出来的教案，比较适合具有一定教学经验的教师使用，没有固定的格式，按教师个人的需要书写。

2. 教案的设计

一份优秀的教案，需要做到环节完整，教学目标和教学重难点具体明确，教学过程详略得当，书写工整。另外还需要注意以下几点：

（1）对课程标准和教材内容有整体的把握，编写要以课程标准、教材、教学对象的具体情况为依据。

（2）编写时明确教学目标和重点难点，把教学设计的重点放在教学过程与教学方法上。明确教学的流程顺序，以及每个环节所要安排的教学活动等。

（3）处理好教法与学法的关系，将教书与育人紧密结合。设计时要考虑如何发挥学生自主性，以及考虑如何有计划地在教学过程中渗透思想教育。

（4）认真对待教学反思或教学后记的作用，这对教师专业成长有重要作用。

练习 6.51 请认真阅读下列材料，并按要求作答。

1. 认识圆

你能想办法在纸上画一个圆吗？

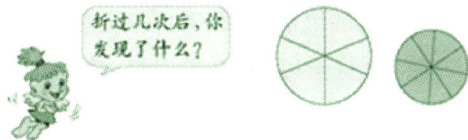

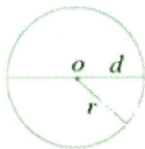

问题：

依据拟定的教学目标，设计教学过程。

练习 6.52 请认真阅读下列材料，并按要求作答。

草

白居易

离离原上草，一岁一枯荣。

野火烧不尽，春风吹又生。

问题：设计针对生字"枯"的写字指导过程。

◆ **温馨提示**

教案编写是每个教师的必备技能，教案编写没有固定的模板，但有基本的编写要素。设计一个完整的教案一定要把所有的要素都写出来。如果是设计教学过程，务必根据教学过程的要素写完整。学习时，可以考虑：(1)找几个优秀的教案，研究其基本的教学过程，建议记叙文、散文、寓言、古诗、说明文各找一个；(2)关于字词教学、朗读教学、作文教学的优秀案例各找一个，仔细分析其教学过程的设计。

三、教学评价

教学评价是指以教学目标为依据，通过一定的标准和手段，对教学活动及其结果给予价值上的判断，即对教学活动及其结果进行测量、分析和评定的过程。

（一）教学评价的基本内容

教学评价主要包括对学生学习结果的评价和对教师教学工作的评价，也可以划分为学生学业评价、课堂教学评价和教师评价。

1. 学生学业评价

学生学业评价是指以国家的教育教学目标为依据，对学生的知识和能力水平进行价值判断的过程。学生学业评价包括学生认知学习的评价、技能学习的评价和情感学习的评价。

2. 课堂教学评价

课堂教学评价是以一定的教学目的为依据，按照一定的价值标准，对课堂的各个要素及其变化发展进行价值判断的过程。课堂教学评价包括对教学目标、教学内容、教学方法、教学过程的组织和师生关系、教学效果等方面的评价。

3. 教师评价

教师评价即根据学校的教育目标和教师的工作任务，运用恰当的评价理论和方法手段对教师个体的工作进行价值判断，进而促进教师的发展。教师评价的主要方法有领导评价、学生评价、同行评价、自我评价、学生成绩分析等。

（二）教学评价的功能

1. 诊断功能

教师通过教学评价可以了解自己的教学目标是否合理，教学方法、教学手段的运用是否得当；也可以了解学生在知识、技能和能力等方面已经达到的水平和存在的问题，从而改进教学。

2. 激励功能

教学评价对教师和学生都具有监督和强化的作用。通过评价反馈出的教学效果和学生成绩,对教师和学生都有促进作用。

3. 调控功能

对教师而言,教学评价对教师的教学方向、教学目标以及教学方法的选择等都有调控作用。对学生而言,教学评价同样会左右学生的学习方向。

4. 检验功能

在教学活动中,检验教师的教学水平和教学效果如何,学生是否掌握了必备的基础知识和基本技能等。对于学生学习结果的评价,既可以作为证明学生知识掌握程度、能力发展水平的依据,也可以作为教育行政部门评价教师教学工作质量的重要依据。

5. 发展功能

学生的发展是一个过程,促进学生的发展同样是一个过程,发展性评价的核心是关注学生的发展,促进学生的发展。而要实现这种发展性评价的功能,主要就是突出评价的过程性,即通过对学生发展过程的关注和引导,在一定目标的指引下,通过评价不断地改进教学,不断促进学生的发展。

练习 6.53 "多一把衡量的尺子,就会多一批好学生",这强调了教学评价应注重发挥( )。

A. 导向功能　　　　B. 发展功能　　　　C. 反馈功能　　　　D. 管理功能

练习 6.54 课堂教学评价(题目内容请扫下面的二维码)。

习题 6.54

(三) 教学评价的类型

1. 诊断性评价、形成性评价和总结性评价

根据功能,教学评价可以分为诊断性评价、形成性评价和总结性评价。

(1) 诊断性评价。诊断性评价是指在学期开始或一个单元教学开始时,为了解学生的学习准备状况及影响学习的因素而进行的评价。如入学时的摸底考试。

练习 6.55 新学期第一堂体育课,张老师对学生进行体能测试,以作为分组教学的依据。这种教学评价属于( )。

A. 过程性评价　　　　　　　　B. 总结性评价
C. 诊断性评价　　　　　　　　D. 个体内差异评价

(2) 形成性评价。形成性评价是指在教学过程中为改进和完善教学活动而进行的对学生学习过程及结果的评价。它包括在一节课或一个阶段的教学中对学生的口头提问和书面测验。

练习 6.56 在课堂教学中,教师就新内容编制了一些练习题让学生做,以判断学生的掌握程度。他所运用的评价是(　　)。

A．形成性评价　　　　B．总结性评价　　　　C．配置性评价　　　　D．甄别性评价

（3）总结性评价。总结性评价也称终结性评价,是在一个大的学习阶段、一个学期或一门课程结束时对学生学习结果的评价。总结性评价注重考查学生掌握某门学科的整体程度,概括水平较高,测验内容范围较广,常在学期中或学期末进行。

2. 相对性评价、绝对性评价和个体内差异评价

根据评价采用的标准,教学评价可以分为相对性评价、绝对性评价和个体内差异评价。

（1）相对性评价。相对性评价又称为常模参照评价,指评价时以学生所在团体的平均成绩为参照标准(常模),根据其在团体中的位置(或名次)来报告评价结果。它主要依照学生个人的学习成绩在该班学生成绩序列或常模中所处的位置来评价和决定其成绩的优劣,而不考虑是否达到教学目标的要求。

（2）绝对性评价。绝对性评价又称目标参照评价,是运用目标参照性测验对学生的学习成绩进行的评价。它主要依据教学目标和教材编制试题来测量学生的学习成绩,判断学生是否达到了教学目标的要求,而不以评定学生之间的差异为目的。

测验试题通常有四个指标,分别是信度、效度、难度和区分度。信度是指测验结果的一致性、稳定性及可靠性,主要看几次测试的结果是否一致,信度高的则测试结果更可靠;效度即有效性,它是指测量工具或手段能够准确测出所需测量的事物的程度,测量结果与要考查的内容越吻合,则效度越高,反之则效度越低;难度指试题的难易程度,即某个试题的通过率(答对或通过试题的人数的比例);区分度是指测验对被试实际水平的区分程度和鉴别能力,即测试题目对学生心理特征的区分能力,区分度高的试题能将不同水平的考生区分开来,水平高的考生得高分,水平低的考生得低分。

练习 6.57 张老师用一套试卷对程度相当的两个平行班进行测试,学生的成绩基本一致。这说明这张试卷具有较好的(　　)。

A．信度　　　　B．效度　　　　C．难度　　　　D．区分度

（3）个体内差异评价。个体内差异评价是一种对被评价者的过去和现在进行比较,或将评价对象的不同方面进行比较的评价。

练习 6.58 以评价对象自身的状况作为参照标准,对其在不同时期的进步程度进行评定。这种评价属于(　　)。

A．绝对评价　　　　　　　　　　B．相对评价

C．总结性评价　　　　　　　　　D．个体内差异评价

练习 6.59 虽然小明的期末测验成绩不高,但与期中相比有所提高,老师仍颁给他"学习进步奖"。这种评价属于(　　)。

A．相对性评价　　　　　　　　　B．绝对性评价

C．个体内差异评价　　　　　　　D．终结性评价

练习 6.60 小明数学考试经常得不到高分,但数学老师从小明较好的计算能力、图形感知能力、逻辑推理能力等方面分析,认为小明具有较强的数学学习潜力。这种评价属于(　　)。

A．相对性评价　　　　　　　　　B．绝对性评价

C．诊断性评价　　　　　　　　　D．个体内差异评价

3. 内部评价和外部评价

按照评价主体，可以分为内部评价和外部评价。

（1）内部评价。内部评价也就是自我评价。

（2）外部评价。外部评价是别人对自己的评价。

4. 其他评价方式

（1）测验评价。测验评价是指用练习或口头问题检测学生学习情况的评价。如在课堂中进行的一些小测验等。

（2）量表评价。量表评价就是根据设计的等级评价量表对被评价者进行评价的方法。

（3）实作评价。实作评价是指在学生学习的情景里，通过对学生完成实际作业的观察，依靠教师的专业判断，对学生学业成绩进行整体判断的教学评价方式。

（4）档案袋评价。档案袋评价，又称文件夹评价、学生成长记录袋评价，是指教师依据教学计划，请学生持续一段时间主动收集、组织与反思学习成果的档案，以评定其努力、进步、成长的一种评价方法。

练习 6.61 教师通过听写英语单词，了解学生的掌握情况。这种评价方式属于（　　　）。

A．测验评价　　　　B．量表评价　　　　C．实作评价　　　　D．档案袋评价

温馨提示

教学评价部分基本上是记忆和理解的内容。学习时重点牢记教学评价的基本类型，并能进行判断。另外，教学评价的功能要结合实际进行理解。

本章小结

教学是学校工作的中心环节，也是教师的主要工作，会教、教好是对一个教师的基本的要求。因此，对教学的本质、教学过程特点的理解就成为开展教学活动的逻辑起点。好的教学林林总总，但有一个共同的特点：在充分了解和研究学生的基础上，遵循教学规律，依据教学原则，采用适合的方法，并能在课堂中运用肯定性的评价。技术上的传授总是简单，而心灵的坚守才最为重要，只要心中有诗和远方，相信一定能设计出一份独一无二的教案，并能在课堂中焕发出生命的活力！

第6章练习参考答案

✦ 知识结构

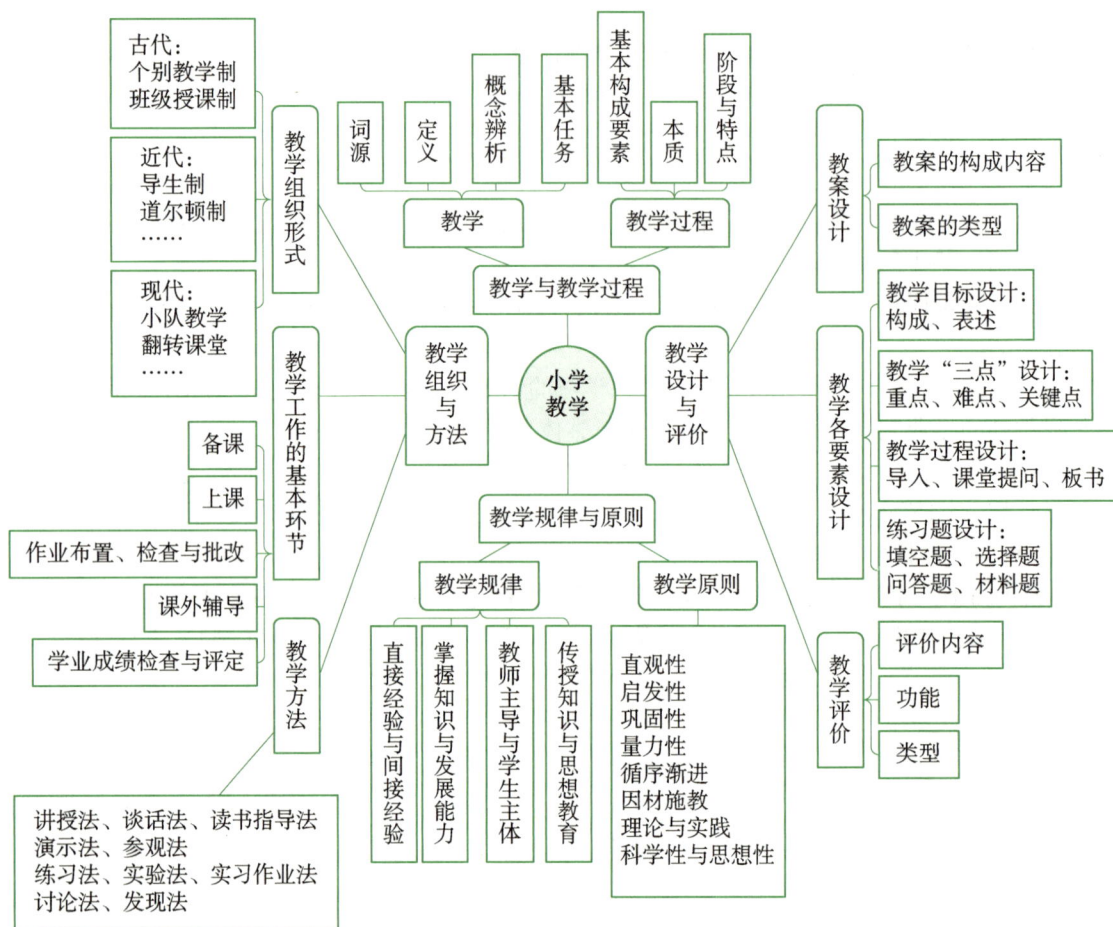

古代：
个别教学制
班级授课制

近代：
导生制
道尔顿制
……

现代：
小队教学
翻转课堂
……

教学组织形式

教学工作的基本环节

备课

上课

作业布置、检查与批改

课外辅导

学业成绩检查与评定

教学方法

讲授法、谈话法、读书指导法
演示法、参观法
练习法、实验法、实习作业法
讨论法、发现法

教学组织与方法

小学教学

教学与教学过程

词源

定义

概念辨析

基本任务

教学

基本构成要素

本质

阶段与特点

教学过程

教学规律与原则

教学规律

直接经验与间接经验

掌握知识与发展能力

教师主导与学生主体

传授知识与思想教育

教学原则

直观性
启发性
巩固性
量力性
循序渐进
因材施教
理论与实践
科学性与思想性

教学设计与评价

教案设计

教案的构成内容

教案的类型

教学各要素设计

教学目标设计：
构成、表述

教学"三点"设计：
重点、难点、关键点

教学过程设计：
导入、课堂提问、板书

练习题设计：
填空题、选择题
问答题、材料题

教学评价

评价内容

功能

类型

小学教师与小学生

- 了解教师职业的起源、性质,理解教师职业的劳动特点;
- 熟记小学教师的专业标准、小学教师专业发展的内容与途径;
- 了解小学教师的职业道德规范,知道小学教师的权利和义务;
- 理解小学生的本质属性,知道小学生的权利保护;
- 理解师生关系的概念和类型,并能在教育实践中运用;
- 理解学生观,并能结合实践加以运用。

引子

读 懂 学 生

"以学生为本",是耳熟能详的教育名言。而教师要让学生真正"站立"在课堂中央,读懂学生是根本前提。读懂学生的天然禀性,"不要以为自己教了,学生就会学"。学生坐在教室里,就一定在学吗? 许多时候,教师只是在激情地教,但学生并没有真正学进去。教师首先要明白学生想学什么、能够学什么,目标太难或太简单,过程太死板或太无趣,都无法调动学生的情感与思维,就不可能有真正的学。因此,教师的作用是创设学习情境,让学生能够有目标、有兴趣、有动力地学习。关注学生的学习动机,提升学生的自我效能感,创设多种活动培养学生的能力,是衡量课堂教学是否有效的基本原则。读懂学生的已有经验,"不要以为学生学了,他就会懂"。学生在学习时,往往需要一个顺应、同化的过程。课堂上,教师要静下来思考:教学目标距离学生的现有水平有多远? 给时间让学生思考、分析了吗? 练习、消化了吗? 有些课堂,学生还没来得及学习、交流,教师就急切地给出结论或展示自己的"作品",这样的学习是肤浅的。"学习金字塔"告诉我们,"听讲"类的学习是低效的,而"小组讨论、实际演练、教授他人"才是有效的学习,后者正是因为延长了学习的过程,融入了学生的已有经验,才真正促进了学生的理解与消化。因此,教师在教学时要慢下来,不要急于将结论告诉学生,真正的获得是主动求知而非被动告知。教师的作用就是搭建学习的支架,让学生会学。[①]

---

① 刘勇.读懂学生,教师要有所作为[N].中国教师报,2019-03-06(004).

做一个好教师,是每个师范生的梦想。但是,怎样的教师才算好教师?怎样才能成为一名好教师?特级教师刘勇认为要成为一个好教师必须从"读懂学生"开始。这确实是至理名言,因为了解研究学生是上好一堂课的前提,更是成为一名好教师的基础。那么,教师这个职业是一个怎样的职业?作为教师应该具备哪些条件?有哪些基本权利与义务?如何对待小学生?怎样做才能成为一名受小学生欢迎的好教师?……下面我们一起探讨这些问题。

第一节 ◆ 小 学 教 师

教师(teacher),在英语辞典中它被定义为从事教学(teach)工作的人员。而教学(teach)一词源于德文,由古英语的"t'cæan"一词演变而来,其本意是"展示""表现""向人演示"(show,present to view)。"teach"一词现在的意思是"让某人学习或者获得某种知识与技能,教学或者培训"①。据此而论,教师就是让某人学习或获得某种知识的人,或者说是教学者、培训者。就一种职业而言,"教师职业是跟学校共始终的一种职业"②。

一、教师职业的历史、性质与特点

自从人类社会有了实际意义上的教育活动,也就有了从事这一活动的教师。但教师工作成为一种专门职业却经历了一个分化发展到专门化的历史过程。下面就对其历史发展作一个简要的描述。

(一) 教师职业的产生与发展

1. 教师职业的萌芽

在原始社会时期,出于生存与繁衍后代的需要,人类必须将生产经验与生活经验代代相传下去。但是,由于生产力发展水平极其低下,脑力劳动与体力劳动还没分工,原始部落中富有经验的年长者与其他能干的人,就自然地承担起教师的职责,他们有意识地、有步骤地把生产知识、制造使用劳动工具的方法与技能,以及生活经验、风俗习惯和行为准则等通过口耳相传的方法传授给部落成员。我国载籍记载:"(有巢氏)构木为巢,以避群害"③;"(燧人氏)钻燧取火,教民熟食"④;"(伏羲氏)作结绳而为网罟,以佃以渔"⑤;"神农因天之时,分地之利,制耒耜,教民农作"⑥,都反映了氏族公社的长者、能者以其劳动经验来教育群众,承担着一种教师的职责。诚如韩愈所解释的:"古之时,人之害多矣,有圣人者立,然后教之以相生之道,为之君,为之师。"⑦意思是说,古时的生存环境相对恶劣,能干的人挺身而出,教其他人如何战胜自然灾害,生存下去,这些人便成为众人的领袖,同时也成为众人的老师。母系社会中的年长妇女、父系社会中的父兄、部落中的能人就是在生产和生活中发挥教育

---

① *The Cassell Dictionary of Word History*,Cassell;Wellington House,1999.
② 许椿生.简谈历史上教师的作用与地位.载瞿葆奎.教育学文集·教师.北京:人民教育出版社,1991:3.
③《韩非子·五蠹篇》。
④《白虎通》卷一。
⑤《易经·系辞》。
⑥《白虎通》卷一。
⑦ 韩愈:《原道》。

作用的教师。简言之,当时是以长者为师、能者为师,还没有专门的教育机构与职业性的教师。

练习7.1 在我国古代,教育与生活、生产活动融为一体,担任教师职责的一般是( )。

  A. 长(能)者   B. 巫师   C. 妇女   D. 氏族首领

到了原始社会后期,由于生产力水平的提高,社会剩余产品有了增加,这就使一些人专门从事文化教育事业成为可能,这时开始出现脑力劳动与体力劳动的分离,学校开始萌芽。如古书中有记载"五帝名大学曰成均""有虞氏养国老上庠,养庶老于下庠"。"成均"是演奏礼乐的地方,同时也是教授礼乐的地方。"庠者,养也。"是仓库,同时也是养老的地方,兼有养育下一代的责任。因而可以认为这些从事非物质生产的人,如巫、史、卜、贞人、乐师等可能是我国最早脱离生产劳动的知识分子,或者说是最早的一批教师。

2. 独立职能教师的产生

到了奴隶社会,出现了专门的学校。《孟子》中记载"夏曰校,殷曰序,周曰庠,学则三代共之"。由于学校的出现,教师工作也开始向职业化过渡。在商代,甲骨文中就出现了"师"的字样,到了周代,有了专职官员称"师氏",并有大师与小师之分。到了奴隶制的鼎盛时期的西周,建立了官学体制,教育由官府控制,只有官府才具备从事教育活动的条件,教师全由政府官员来兼任。表现出"官守学业""官师合一"的特点,即所谓"居官之人,亦即教民之人也"。当时的教师基本上是官吏,哪怕是小到闾里之塾的教师,也是由官吏退休后担任,"亦必七十致仕之大夫"。

就教师的称呼而言,西周时其名称有"师""保""傅"三种,有文献为证:"召公为太保,周公为太傅,太公为太师。保,保其身体;傅,傅其德义;师,导之教训。"[1] 当然,掌管教育的大司乐、大司徒、大胥、州正、党正、族师等也在自己的行政职权内行使教育之职。这个时期虽然有了独立职能的教师,但教师工作还没有成为一种单独的社会职业。

3. 职业教师的出现

春秋战国时期是我国从奴隶社会向封建社会过渡的一个时期。当时,由于官学衰废,私学兴起,出现了百家争鸣的局面,其结果是形成了一个相对独立的"士"阶层。这些"士"凭借自己的知识技艺与才干活跃在学术界及各诸侯国。当时各国诸侯有养士的习惯,比较著名的有齐国的稷下学宫。各派的学者纷纷率徒聚于其间,讲学论辩,著书立说。各派学者在此公推最有声望的人为首席老师,称"祭酒"。除公室养士外,私门养士也很盛行,孔子是最具代表性的,他常常带领众多弟子在所服务的地方从事私人教育活动,而且他的弟子要么成为王侯之师,要么成为一般教师。在春秋战国时期,教师的称呼除师、保、傅之外,还有先生、夫子等,如"先生施教,弟子是则"[2],"夫子……得行道焉"[3],等等。

"士"进可以做官食禄,退可以为师办学,因此,"士"就成为一种专门的职业,而且是一种不依靠他人的职业,诚如《韩非子》所言:"主卖官爵,臣卖智力",而教师则"自恃无恃人"。[4]

---

① 《大戴礼记·保傅》。
② 《管子·弟子职》。
③ 《孟子》。
④ 《韩非子·外储说右下》。

这说明彼时的教师已经可以凭自己的知识技能生存，以教育为谋生之道。这些出卖脑力的"士"是我国第一代职业教师，其中尤以孔子为最，他被称为中国教师的祖师爷。在西方，一般认为"智者派"是欧洲历史上最早出现的教师。

练习7.2 在我国教育发展史上，专门以教育为谋生之道的第一代职业教师是（　　）。

A. 长（能）者　　　　B. 士　　　　　C. 智者　　　　D. 孔子

4. 教师职业的发展

秦代实行法治，设"三老"以负教化之责，但没有注意到设置官学。[①] 汉武帝接受董仲舒和公孙弘的建议，于公元前124年设立太学。太学中的教师称为博士，博士中的首领被称为仆射，东汉时改名为祭酒。地方官学中的教师也有规定，郡国学校中设经师一人，乡里学校设"孝经"师一人。一般而言，汉代的教师要求专长一门经学。到了唐代，官学已经非常完备，在中央政府设置了专门的教育管理机构——国子寺，其领导人称祭酒。教师成为一个不可或缺的社会职业。学校教师的名称有博士、助教、直讲，等等。宋代曾有三次兴学以发展学校教育事业，整顿教师队伍。当时的太学一般设置直讲若干名，也可聘用民间有名的私学大师，如胡瑗就曾到太学任教。书院是宋代一种特殊的教育制度，其教师称为"山长""洞主"，另有副山长、副讲学等协助教学工作。元代各级政府设立学校聘任教师："凡师儒之命于朝廷者，曰教授，路、府、上中州置之。命于礼部及行省及宣慰司者，曰学正、山长、著录、教谕，路、州、县及书院置之。"[②] 明代"大建学校，府设教授，州设学正，县设教谕，各一。俱设训导，府四，州三，县二"。还规定"师生月食廪米，人六斗，有司给以鱼肉，学官月俸有差"[③]。官学中的教师享有政府津贴。清代沿袭明制，设祭酒、司业、博士、助教、学正、学录、典薄等官学。

除官学的教师之外，还有私学教师，一般又有经学大师与蒙学教师之分。经师一般在精舍、书院讲学著述，更多的私学教师是蒙师，即为儿童的"句读之师"。蒙师又称塾师，多为私自招收弟子，或被一些大家族所聘请。

5. 职业教师的培训

进入近代后，不仅有专门的职业教师，而且出现了专门的教师培训机构。由于资本主义大工业的发展，需要大批的有文化技术的劳动者，于是师范教育最初在欧洲出现。1681年，法国的拉萨尔（Lasalle, 1651-1719）在兰斯（Rheims）创办了教师训练机构。1695年，德国法兰克（A. H. Francke, 1663-1727）于哈雷（Halle）开办教员养成所。[④] 这种教师培养方式很快为西方其他国家效仿。

我国大约在19世纪末出现了专门的教师培养机构，如1897年（清光绪二十三年）实业家盛宣怀在上海南洋公学中设立"师范院"，1902年京师大学堂内开办"师范馆"，同年实业家和教育家张謇自筹资金在江苏南通创办"民立通州师范学校"。这些师范学校的建立在教师职业发展史上揭开了新的一页。

---

① 毛礼锐等编. 中国古代教育史. 北京：人民教育出版社，1979：164.

② 《明史·选举志一》，转引自陈永明. 现代教师论. 上海：上海教育出版社，1999：4.

③ 朱熹：《大学章句序》。

④ 蔡克勇. 高等教育学引论. 北京：首都师范大学出版社，1996：175—176.

练习 7.3　我国最早的专门的教师培训机构是（　　）。

A．上海南洋公学　　　B．京师大学堂　　　C．通州师范学校　　　D．福建船政学堂

（二）教师职业的性质与特点

"教师"一词，既指一种社会角色，又指这一角色的承担者。广义的教师泛指传授知识、经验的人，狭义的教师指受过专门教育和训练的人，并在教育机构（学校）中担任教育、教学工作的人。正因为教师的特殊性，教师职业具有其独特的性质。

1. 教师职业性质

1993 年 10 月 31 日，第八届全国人民代表大会常务委员会第四次会议通过了《中华人民共和国教师法》，第一次从法律上确认了教师的社会地位和专业性，并对"教师"这一概念进行了全面、科学的界定："教师是履行教育教学职责的专业人员，承担教书育人，培养社会主义事业建设者和接班人，提高民族素质的使命。教师应当忠诚于人民的教育事业。"

（1）教师职业是一种专门职业，教师是专业人员。20 世纪 60 年代，教师职业才被视为专业。1966 年，国家劳工组织和联合国教科文组织在《关于教师地位的建议》中提出："教师工作应被视为一种专门职业，它要求从业者具备经过严格训练和持续不断的研究才能获得并维持的专业知识与专门技能的公共业务；它要求对所辖学生的教育与福利拥有个人的及共同的责任感。"1994 年实施的《中华人民共和国教师法》第一次从法律角度确认了教师的专业地位。

（2）教师是教育者，教师职业是促进个体社会化的职业。教师是履行教育教学职责的专业人员，承担教书育人，培养社会主义事业建设者和接班人，提高民族素质的使命。有目的地培养人才是教育区别于其他社会领域的根本特征。教师是教学活动的主体，在教学活动中发挥着主导作用。

习近平总书记对"好老师"的定义充分说明了这一点。2014 年 9 月，习近平总书记视察北京师范大学，发表了"四有"好老师的重要讲话，专门强调今天的学生就是未来实现中华民族伟大复兴中国梦的主力军，广大教师就是打造这支中华民族"梦之队"的筑梦人。习近平总书记强调努力培养新时代"四有"好老师：打造一支有理想信念、有道德情操、有扎实学识、有仁爱之心的"四有"好老师队伍，是学校办学的重要任务。[1]2016 年 9 月 9 日，习近平总书记在北京八一学校考察，提出广大教师要做学生锤炼品格的引路人，做学生学习知识的引路人，做学生创新思维的引路人，做学生奉献祖国的引路人。[2]

练习 7.4　习近平总书记在 2016 年教师节讲话指出教师要做学生发展的引路人，其内容是（　　）。

① 做学生锤炼品格的引路人　② 做学生学习知识的引路人　③ 做学生提升能力的引路人　④ 做学生创新思维的引路人　⑤ 做学生奉献祖国的引路人

A．①②③④　　　　B．①②③⑤　　　　C．①②④⑤　　　　D．①③④⑤

---

[1] 习近平. 做党和人民满意的好老师——同北京师范大学师生代表座谈时的讲话（2014 年 9 月 9 日）[J]. 中国高等教育，2014(18)：4—7.

[2] 新华社. 习近平总书记在北京市八一学校考察时的讲话引起热烈反响[EB/OL]. (2016 - 09 - 10)[2019 - 05 - 28] http://news.cctv.com/2016/09/10/ARTIxPWP9c4e2GIIvj1JHOFq160910.shtml

2. 教师职业的特点

教师的职业劳动是一种特殊的精神生产活动。教师职业劳动的特点是由教师职业劳动的目的、职业劳动的对象和职业劳动的手段决定的。

（1）复杂性

教师劳动的复杂性主要表现在：劳动任务的复杂性；劳动对象的复杂性；教育过程的复杂性；教育影响因素的复杂性；劳动手段的复杂性。

（2）创造性

创造性主要表现在：①教师要从教育目的和学生的实际出发，精心设计学生的未来；②教学方法的不断更新；③教师要因材施教；④教师要具有教育机智，教育机智是教师在教育教学过程中，能根据学生新的特别是意外的情况，迅速而正确地做出判断，随机应变采取及时、恰当而有效的教育措施来解决教育问题的能力。

（3）长期性

长期性指人才培养周期性长，教育的影响力具有迟效性；教师的劳动成果是人才，而人才培养的周期比较长，即十年树木，百年树人；学生知识的积累、智力的发展、能力的形成、道德品质的培养都是日积月累的结果，是一个长期的、延续的过程；教师对学生施加的影响，往往需要长时间才能看到结果，得到验证。

练习7.5 法国文学家加缪获得诺贝尔文学奖后，第一时间给他的小学老师写了一封信表示感谢。这反映了教师劳动具有（　　）。

A. 复杂性　　　　　B. 延续性　　　　　C. 创造性　　　　　D. 示范性

练习7.6 优秀运动员的成功，往往要追溯到启蒙教练的培养。这说明教师劳动具有（　　）。

A. 创造性　　　　　B. 长期性　　　　　C. 示范性　　　　　D. 复杂性

（4）示范性

示范性指教师的言行举止都会成为学生学习的对象，劳动的示范性决定了教师必须言传身教，以身作则，为人师表。教师要把凝聚在教学内容中的智慧、情感乃至世界观内化为自身的智慧、情感、世界观，并通过自身的知识、才能，运用自身的德性、情感、意志、世界观等感染学生。德国教育家第斯多惠指出："教师本人是学校里最重要的师表，是最直观的、最有教益的模范，是学生最活生生的榜样。"[1]

（5）个体性和集体性

教师职业劳动是一种群体和个体相结合的劳动。教师的劳动方式是个体的，但劳动结果却是集体的，学生的身心发展是学校、教师、家庭、社会共同影响的结果。

（6）艺术性

教师职业劳动不仅具有科学性，而且具有艺术性。教育不仅是一门科学，而且是一门艺术。教师的劳动是塑造学生心灵的实践活动，它要求具有现场表演的技巧。

---

① 第斯多惠. 教育文选（中文版）[M]. 莫斯科出版社，1956：203.

◆ 温馨提示

　　学习时首先必须牢记几个与"最早"有关的知识点。如我国最早的职业教师是"士",孔子是代表,西方最早的是"智者",最早的教师培训机构是南洋公学的师范苑等。然后重点注意教师职业是一种专门职业,教师是专业人员。最后,对教师职业的劳动特点要有一个充分的理解,并能用于实际问题的解释。

二、教师职业的道德规范

　　2018 年 9 月 10 日,全国教育大会在北京召开。中共中央总书记、国家主席、中央军委主席习近平出席会议并发表重要讲话。其中强调九个坚持:坚持党对教育事业的全面领导,坚持把立德树人作为根本任务,坚持优先发展教育事业,坚持社会主义办学方向,坚持扎根中国大地办教育,坚持以人民为中心发展教育,坚持深化教育改革创新,坚持把服务中华民族伟大复兴作为教育的重要使命,坚持把教师队伍建设作为基础工作。其中把"立德树人"作为教育的根本任务。那么,教师如何做到"立德树人"? 这就需要明确教师职业道德规范。

　　教师职业道德规范是对教师行为上、思想上的规定与要求。小学教师职业道德规范在 2008 年中华人民共和国教育部颁布的《中小学教师职业道德规范》中有明确规定。

(一)教师职业道德规范的内容

1. 爱国守法

　　热爱祖国,热爱人民,拥护中国共产党领导,拥护社会主义。全面贯彻国家教育方针,自觉遵守教育法律法规,依法履行教师职责权利。不得有违背党和国家方针政策的言行。这是师德的基本要求。

2. 爱岗敬业

　　忠诚于人民教育事业,志存高远,勤恳敬业,甘为人梯,乐于奉献。对工作高度负责,认真备课上课,认真批改作业,认真辅导学生。不得敷衍塞责。这是师德的本质要求。

3. 关爱学生

　　关心爱护全体学生,尊重学生人格,平等公正对待学生。对学生严慈相济,做学生良师益友。保护学生安全,关心学生健康,维护学生权益。不讽刺、挖苦、歧视学生,不体罚或变相体罚学生。这是师德的灵魂。

　　练习7.7　李老师在一个学期里对父亲是副乡长的小壮同学家访了 8 次,却从未对需要帮助的留守儿童小龙同学家访过。李老师的做法(　　)。
　　A. 符合主动联系家长的要求　　　　B. 有违平等待生的要求
　　C. 符合因材施教的教育要求　　　　D. 有违严慈相济的要求

4. 教书育人

　　遵循教育规律,实施素质教育;循循善诱,诲人不倦,因材施教;培养学生良好品行,激发学生创新精神,促进学生全面发展;不以分数作为评价学生的唯一标准。这是教师的天职。

5. 为人师表

　　坚守高尚情操,知荣明耻,严于律己,以身作则;衣着得体,语言规范,举止文明;关心集体,团结协作,尊重同事,尊重家长;作风正派,廉洁奉公;自觉抵制有偿家教,不利用职务之便谋取私利;这是师德的内在要求。

练习7.8 马老师在逛商场时偶遇班上一位学生和家长,便一同挑选衣服。付款时,这位家长坚持把马老师的500元钱一起付了。对此马老师的正确做法是( )。

A. 数额不大,不必在意,但下不为例
B. 表示谢意并坚持把钱还给家长
C. 勉强接受并回送价值相当的礼物
D. 表示感谢,并注意格外关照她的孩子

练习7.9 唐老师准备参加全市小学教师基本技能大赛,因缺乏参赛经验,就去请教担任各类大赛的评委谢老师,但被谢老师拒绝。谢老师的做法( )。

A. 不利于同事间团结协作
B. 促进唐老师自我发展
C. 不注重同事的探索创新
D. 维护比赛公正公平

6. 终身学习

崇尚科学精神,树立终身学习理念,拓宽知识视野,更新知识结构。潜心钻研业务,勇于探索创新,不断提高专业素养和教育教学水平。这是教师发展的动力。

练习7.10 每年王老师都给自己制定读书计划,并严格执行。这体现了王老师注重( )。

A. 团结协作
B. 教学创新
C. 终身学习
D. 循循善诱

(二) 教师职业道德规范的要求

1. 爱岗敬业,依法执教

热爱教育事业,热爱学校,尽职尽责,注重培养良好的思想道德品德。认真备课,不传播伤害身心健康的思想,自觉遵守《教育法》等国家相关法律。

练习7.11 面对捣乱的学生,个别同事采取体罚的办法。叶老师没有这样做,而是耐心地与学生交流,帮助他们改正缺点,这说明叶老师能够做到( )。

A. 依法执教
B. 团结协作
C. 尊重同事
D. 终身学习

2. 热爱学生,循循善诱

关心爱护全体学生,熟悉每位学生的发展状况,尊重学生,平等、公正地对待每位学生,促进学生全面健康的发展。教育教学活动中对困难儿童、问题儿童、特殊儿童采取针对性的教育,使每位学生都能取得一定的发展。

3. 为人师表,堪为人师

遵守社会公德,作风正派,严于律己,以身作则,举止端庄,说话有礼,行动文明,学会微笑,以礼待人,尊重家长,团结同事,廉洁从教。

练习7.12 有位学生将几片纸屑随意扔在走廊上,王老师路过时顺手捡起并丢进垃圾桶,该学生满脸羞愧。王老师的行为体现的职业道德是( )。

A. 廉洁奉公
B. 为人师表
C. 爱岗敬业
D. 热爱学生

4. 严谨治学,勇于探索

树立正确的学生观、教育观和教师观,根据小学生的身心发展规律开展教育活动。刻苦钻研业务,努力精通专业,不断学习新知识。积极从事教育科学研究,努力探索教育规律。

不断研究教学艺术,反思教育实践,积极投身教育教学改革,开展创造性的教学活动。

练习 7.13 宋老师发现很多学生的生活习惯不好,就创编了一些关于培养习惯的儿歌,这些儿歌很受小学生欢迎,对他们的习惯养成产生了积极作用。宋老师的做法体现的师德规范是( )。

A．廉洁从教 　　　B．公正待生 　　　C．举止文明 　　　D．探索创新

5. 终身学习,求真求美

学习先进教育理论,了解国内外教育改革与发展的经验与做法,优化知识结构,提高文化素养,具有终身学习与持续发展的意识和能力,做终身学习的典范。

> ◆ **温馨提示**
>
> 教师职业道德的学习要牢记24字规范,记忆口诀如下:三爱(爱国守法、爱岗敬业、关爱学生)两人(教书育人、为人师表)一终身(终身学习)。另外,还必须对每条规范充分理解,学习时可以结合实例进行,要求达到能够用职业道德规范解释教育现象的水平。

三、小学教师的角色、权利与义务

在教育教学工作中,教师扮演什么样的角色? 拥有哪些权利? 又必须承担哪些义务?

(一) 小学教师的角色

角色是指个体在特定的社会关系中的身份以及由此而规定的行为规范和行为模式的总和。作为教师,其在学校教育活动中所处的地位与身份,称为教师角色,具有社会角色的特征。在教育情境中,教师负有多种职责和功能,要求扮演多种角色,一般可划分为期望角色、领悟角色和实践角色三个不同层次。不同的历史时期、不同的国家对教师角色有不同的理解。传统上,教师一般扮演蜡烛、园丁、工程师、警察等角色。国外有些学者从人文主义和实用主义的角度对教师的角色作了限定,认为小学教师具有多种角色,如教学专家、激发者、演员、管理者、领导者、咨询者、环境工程师等。[①]

从我国的现实情况出发,现代教师至少要扮演如下一些角色。

1. 授业传道者

教师的基本职责是教书育人,因而"授业传道"必然是教师的基本角色。这里的"授业"指的是把人类经过长期的实践所获得的知识经验、技能技巧传递给下一代,并给学生提供一种获取新知识、新经验,形成新理念的基础能力。"传道"是指传给学生"做人之道""为业之道""治学之道",形成合乎社会的人生观、道德观,等等。简言之,就是教人做人。"授业"与"传道"是两个不可分割的部分,"授业"是基础、是手段,而"传道"是目的。

2. 研究者

为了有效地进行"授业传道",教师必须对学生、教育内容、教育方法、教育资源、教育环境以及教师本体进行研究,以便能根据学生及教育现实进行针对性的教学,以最小的投入获

---

① Bolin, Frances S. and Falk, Judith McConnell. *Teacher Renewal*:*Professional Issues*,*Personal Issues*. New York and London:Teachers College Press, 1987:203-216.

得最大的收益。

3. 管理者

有效的"授业传道"至少有两个前提：一是教师参与研究，这是内在的前提；二是纪律约束，这是外在的保证。所以，教师不仅要成为研究者，还要成为管理者。学校是一个接受社会的委托对下一代进行教育的专门场所，它是一个独立的存在，有着它自身的规范，这些规范的落实需要教师来完成。

4. 意义建构者

学生的学习过程是获取知识、丰富经验的过程，但知识的获得、经验的丰富不是简单地通过教师的传授而获得，而是学生在一定的情境（社会文化背景）下，借助他人的帮助，利用必要的学习资源，通过意义建构而得到的。因此，教师要激发学生的学习兴趣，创设学习情境，帮助学生建构当前所学知识的意义。

5. 引导者和设计者

教师更多的是"引导"而不是"教导"，就是说教师要注重学生的存在，重视他们的需要、他们的情感、他们的现有的认知水平，并给学生创造一种民主、和谐、宽松的对话氛围，亦即教师应成为"导师"。在"导师"的理念下，教师负"导"之责。强调双边的参与，强调教师与学生之间坦诚的碰撞、交流和沟通。

6. 课程的开发者

课程开发者包含两层意思：一是对原有的教材根据小学生的实际情况进行内容上的调整与补充；二是根据小学发展的需求和社会发展的需要，开发新的适合本校学生使用的校本课程，组成新的学校课程体系。

7. 心理医生

现在的学生往往具有焦虑、恐惧、强迫症、缺乏自信等心理障碍。这一切当然可以依赖心理医生来解决，但就现实情况来看，主要的还是由教学实践一线的教师来处理。所以，教师还需要扮演心理医生的角色。

以上仅列举了一些教师的主要角色，事实上，教师要承担的角色还有很多，诸如社会活动家、调解员、青年工作者、法官、律师，等等。

（二）小学教师的权利

教师权利是指教师在教育教学活动中享有的由教育法律法规赋予的权利。《中华人民共和国宪法》《中华人民共和国义务教育法》《中华人民共和国教师法》等法律文件中都有相关教师权利的规定。我国教师依法享有下列各种权利。

1. 教育教学权

教师有权依据国家规定的教育教学要求"进行教育教学活动，开展教育教学改革和实验"。教书育人是教师的职业特点和根本职责，只要教师没有违反国法、校规，任何人都无权随意剥夺教师从事教育教学工作的权利。这是教师履行教育教学职责所必须具备的最基本的权利。

练习 7.14 根据《中华人民共和国教师法》的规定，教师最基本的权利是（　　）。

A. 管理学生的权利　　　　　　　　B. 教育教学的权利

C. 学术自由权　　　　　　　　　　D. 民主管理权

2. 科学研究权

教师在完成规定的教育教学任务的前提下,有权"从事科学研究、学术交流、参加专业的学术团体,在学术交流中充分发表意见",这是教师作为专业技术人员所享有的基本权利之一。

3. 指导、评价学生权

教师有权"指导学生的学习和发展,评定学生的品行和学业成绩"。这是教师享有的在教育教学过程中居于主导地位的基本权利。这项权利充分肯定了教师在教育教学过程中的主导地位,使教师能在课程计划和课程标准的指导下自主组织教学内容和选择恰当的教育教学方法,更好地完成教育教学任务。

4. 报酬待遇权

教师有权"按时、足额获取工资报酬,享受国家规定的福利待遇,以及寒暑假的带薪休假",这是宪法规定公民享有劳动权、获取劳动报酬权和休息权在教师权利上的具体体现。

5. 参与管理权

教师有权"对学校教育教学、管理工作和教育行政部门的工作提出意见和建议,通过教职工代表大会或者其他形式,参与学校的民主管理"。这项权利使教师参与学校管理,成为学校的主人,成为管理学校的主体。

练习 7.15 李老师就校务公开问题向学校提建议,李老师的做法是(　　)。

A.行使教师权利　　B.履行教师义务　　C.影响学校的秩序　　D.给学校出难题

6. 进修培训权

教师有权"参加进修或者其他方式的培训"。这是教师不断更新知识,提高自己的品德修养和业务素质,保证教学质量的需要,也是保障教师参加进修的权利,提高教师队伍整体素质的必要措施。

练习 7.16 学校派张老师参加省里的骨干教师培训,但扣其绩效工资 500 元。这种做法(　　)。

A.侵犯了教师进修培训权　　　　B.加强经费管理

C.体现了按劳取酬　　　　　　　D.节约了办学成本

(三)小学教师的义务

教师义务是指教师依照教育法律法规的规定,从事教育教学活动必须履行的责任。《教师法》规定教师应履行下列各项义务。

1. 遵纪守法

《教师法》要求教师"遵守宪法、法律和职业道德,为人师表"。教师不仅是遵守宪法和法律的表率,还应该遵守职业道德,为人师表。

2. 教育教学

《教师法》要求教师"贯彻国家的教育方针,遵守规章制度,执行学校的教学计划,履行教师聘约,完成教育教学工作任务"。教育教学工作是教师的本职工作。

练习 7.17 根据《中华人民共和国教师法》的相关规定,教师有下列哪种情形,可以由所在学校予以行政处分或解聘(　　)。

A.故意不完成教学任务造成损失的　　B.课余时间无偿为学生补课的

C．教学过程中延长授课时间的　　　　D．学生管理中严厉对待学生的

3. 教书育人

《教师法》要求教师"对学生进行宪法所确定的基本原则的教育,爱国主义、民族团结的教育,法制教育,以及思想品德、文化、科学技术的教育,组织、带领学生开展有益的社会活动"。这是对教师从事教育教学工作内容方面的全面规范。

4. 尊重学生人格

《教师法》要求教师"关心、爱护全体学生,尊重学生人格,促进学生在品德、体力、体质等方面全面发展"。人格尊严是公民的一项基本权益。

5. 保护学生合法权益

《教师法》要求教师"应制止有害学生的行为或者其他侵犯学生合法权益的行为,批评和抵制有害于学生健康成长的现象"。保护学生合法权益和身心健康成长,是全社会的共同责任,作为教师自然更负有保护学生合法权益和身心健康成长的义务。

6. 提高业务水平

《教师法》要求教师"不断提高思想政治觉悟和教育教学业务水平"。教师承担着教书育人、培养社会主义事业建设者和接班人、提高民族素质的使命。这就要求教师不断学习,加强自身修养,提高自身的教育教学业务水平,以适应不断发展的教育教学工作的需要。

练习 7.18　根据我国《教师法》的规定,下列哪项不是教师应当履行的义务(　　　)。

A．关心集体,爱护公物

B．遵守宪法、法律和职业道德,为人师表

C．贯彻国家的教育方针,遵守规章制度,执行学校的教学计划,履行教师聘约,完成教育教学工作任务

D．对学生进行宪法所确定的基本原则的教育,爱国主义、民族团结的教育,法制教育以及思想品德,文化,科学技术教育,组织、带领学生开展有益的社会活动

❖ 温馨提示

　　教师的权利与义务都是需要重点记忆和理解的内容。教师的权利可以按"教学-科研-指导-福利-管理-培训"这条主线记忆,教师的义务可以根据教师职业道德的相关内容进行理解和记忆。这部分内容多以选择题形式出现,偶尔会有简答题。

四、小学教师的专业发展

　　1966 年,联合国教科文组织与国际劳工组织在《关于教师地位的建议》中指出:应当把教师职业作为专门职业来看待。这是首次将教师职业定位为"专门职业"。因此,作为教师必须重视专业发展。教师专业发展是指教师不断接受新知识,增长专业能力,从而使其专业结构不断更新、演进和丰富的过程。从专业结构看,小学教师专业发展有理念、知识、能力、态度和动机等不同侧面;从专业结构发展水平看,小学教师专业发展可有不同等级、不同阶段。教师专业发展具有三个非常明显的特征:(1)教师专业发展是一个有意识的过程。真

正的专业发展是一个为目的和规划目标的清晰愿景所指引的审慎的过程,是为了带来积极变化和进步的下意识的设计努力。[①](2)教师专业发展是一个持续的过程。教师专业发展是一个融入工作的持续终身的过程。(3)教师专业发展是一个系统的过程。教师专业发展是一个明确而又系统的过程,既要考虑个体发展,又要顾及组织发展。

(一) 教师专业发展的内容

教师专业发展,是指教师在整个专业生涯中,依托专业组织、专门的培训制度和管理制度,通过持续的专业教育,习得教育教学专业技能,形成专业理想、专业道德和专业能力,从而实现专业自主的过程。[②]因此,教师专业发展的内容包括专业理想、专业知识、专业能力、专业情操、专业人格、专业自我和专业精神几个方面。

1. 专业理想

专业理想是教师对成为一名成熟的教育教学专业工作者的向往与追求。教师专业理想是教师个体发展的精神内涵,它为教师提供了奋斗的目标,也是推动教师专业发展的巨大动力。《小学教师专业标准(试行)》在专业理念与师德维度上规定了四个内容:职业理解与认识、对小学生的态度与行为、教育教学的态度与行为、个人修养与行为。

2. 专业知识

专业知识是教师职业区别于其他职业的理论体系与经验系统,是教师从事专业工作必须具备的基本知识。它包括本体性知识、条件性知识、实践性知识和一般文化知识。本体性知识,即特定学科及相关知识,是教学活动的基础;条件性知识,即认识教育对象、开展教育活动和研究所需的教育科学知识和技能;实践性知识,即课堂情境知识,体现教师个人的教学技巧、教育智慧和教学风格。《小学教师专业标准(试行)》具体规定了小学教师应该拥有的专业知识的四个维度:小学生发展知识、学科知识、教育教学知识和通识性知识。

练习 7.19　简要回答《小学教师专业标准(试行)》中"专业知识"维度包括哪些领域。

3. 专业能力

专业能力即教师的教育教学能力,是教师在教育教学活动中所形成的顺利完成某项任务的能力和本领。教师的专业能力是教师综合素质最突出的外在表现,也是评价教师专业性的核心因素。《小学教师专业标准(试行)》具体规定了四种能力:教育教学设计能力、组织与实施能力、激励与评价能力和沟通与合作能力。

练习 7.20　作为青年教师,除了自我学习以外,还应该通过集体备课,与同事相互交流讨论,分享教学经验,提高教学水平。这突出体现的教师专业能力是(　　)。

A. 沟通与合作能力　　　　　　　B. 激励与评价能力

C. 教育教学设计能力　　　　　　D. 组织与实践能力

4. 专业情操

专业情操是教师对教育教学工作带有理智性的价值评价的情感体验,它是构成教育价值观的基础,是构成优秀教师个性的重要因素。教师的专业情操包括理智的情操和道德的情操。理智的情操,即由于对教育功能和作用的深刻认识而产生的教育情感、光荣感与自豪

① Thomas R. Guskey. 教师专业发展评价[M]. 方乐、张英等译. 北京:中国轻工业出版社,2005:13.
② 全国十二所重点师范大学. 教育学基础[M]. 北京:教育科学出版社,2002:125.

感;道德的情操,即由于对教师职业道德规范的认同而产生的责任感和义务感。

练习7.21 "捧着一颗心来,不带半根草去。"陶行知这句话强调的是教师应具有( )。

A.深厚的教育理论知识 　　　　B.高尚的教师职业道德
C.广博的文化科学知识 　　　　D.较强的教育教学能力

5. 专业人格

专业人格是教师在专业工作的过程中所应具备的道德品质方面的修养和人格特征。它包括诚实正直、善良宽容、公正严格、积极乐观、对人热情、豁达开朗、坚忍不拔、广泛的兴趣等。教师要做到"学高为师,身正为范",才能赢得学生的信任和尊重,使学生心悦诚服,在潜移默化中影响学生的成长。

6. 专业精神

教师的专业精神是指教师在专业职业生涯中所表现出来的顽强毅力、克服困难的信心、决心以及耐心,是教师战胜困难的内在动力。它是构成优秀教师或成熟教师个性的重要因素。

练习7.22 材料:在一次教研活动中,一位小学老师感慨地说:"如今的孩子,虽然年龄小,可脑子里稀奇古怪的想法却不少。他们经常在课上或课下问我一些问题,令我时常怀疑自己是否适合当小学老师。比如,我在讲有关太阳和月亮的知识时,有的孩子就问:'老师,太阳为什么白天出来?月亮为什么晚上出来?'对这样的问题,我还能勉强回答,但是有些问题真的让我难以回答。比如,有的孩子会冷不丁地问:'老师,古代女子都是裹脚的,花木兰替父从军,晚上不洗脚吗?女人什么时候开始裹脚的呢?'我当时就懵了,不知如何回答。有的学生会兴奋地问我:'老师您想穿越到哪儿呢?'我更茫然了……"

问题:

(1)试分析这位老师困惑的原因。

(2)如果你面临这样的情况,你将如何对待?

(二)教师专业发展的过程

教师职业作为一种专业,其专业发展是一个多阶段的连续过程。自20世纪60年代起,国内外学者对此做了大量研究,从不同的研究角度对教师专业发展做了描述和分析,由此产生了多种教师发展阶段论,下面侧重介绍其中两种。

1. 伯林纳的五阶段论

根据美国学者伯林纳的观点,教师的专业发展大致可以分为新手、高级新手、胜任、熟练和专家五个阶段。

(1)新手阶段

实习教师和刚从学校毕业的新教师属于这个阶段。他们所学的知识与教育实践之间有些脱节,对教育工作的看法比较理想化,处理问题时依赖固定的原则和规范,缺乏灵活性。因此,新手们将面临诸多的挑战和现实的冲击。

(2)高级新手阶段

经过一两年的紧张忙乱,新手们已经基本克服了原先的焦虑和无助,逐渐"入门",并能够较为熟练地应对教育工作中遇到的问题与困难。在这个阶段,教师们能够把过去所学的理论知识与现实中遇到的实际问题联系起来,使现在的教学超越过去的教学。他们能够有意识地分析自己的得失,在成功或失败中获取经验。但他们还不能很好地区分教学情境中的重要信息和无关信息,不能有效地处理课堂中的突发情况,不知该如何树立自己的威信。

（3）胜任阶段

大约经过三至四年,教师逐渐能够胜任各类教育教学工作。他们的工作重点从应对挫折慢慢转移到教育教学上,而且能够根据学生的需要和心理发展水平来设计、安排和呈现教学内容,并能够掌握教学技巧,应对学生的各种反应,开始形成自己的教学风格。他们的教学行为有明确的目的性,能够区分出教学情境中的重要信息,有效地完成教育教学任务。同时,他们对自己的行为结果表现出更强的责任心,对于成功和失败有着强烈的情绪情感反应。但胜任阶段教师的教学行为还未能达到流畅和灵活的程度。

（4）熟练阶段

大约进入第五年,有一定数量的教师便进入了这个阶段。这时候,他们具备了较强的直觉判断能力。通过在长期的教育实践中积累的经验,他们能够对教育教学情境做出准确的判断和有效的处理。同时,在熟练阶段的教师对教育工作有了进一步探究的兴趣,能够对自己的教育行为进行反思,并尝试一些新的教学内容和教学手段。他们会主动把握各种机会,积极与同事、同行进行交流,从而不断充实、提升自己,努力成为专家型教师。

（5）专家阶段

成为专家型教师,需要时间和经验的不断积累。进入专家阶段,教师拥有娴熟的教学技能、显著的教学效果,能凭借扎实的理论功底和丰富的实践经验来解决问题并做到轻车熟路。他们对教育情境的观察和判断多是直觉性的,对问题的解决能够做到快速、流畅和灵活,属于完全自动化的水平。同时,他们见多识广,能够较好地鼓励、指导别人,并不断地进行批判反思和探索创新,从而实现自我超越。

2. 富勒和布朗的三阶段论

美国学者富勒和布朗根据教师在不同时期的关注对象的不同,将教师的成长分为三个阶段:关注生存、关注情境和关注学生。

（1）关注生存阶段

一般而言,刚走上教师岗位的新教师处于关注生存阶段。新教师们首先要适应自己从学生到教师的转变,因而他们最关注下列问题:"学生喜欢我吗?""同事们如何看我?""领导是否觉得我干得不错?""我这样教对不对"……因为新教师要在新环境中生存下来,因而可能会花大量的时间处理各种人际关系,如与学生的关系、与同事的关系、与领导的关系、与家长的关系等。课堂,是新教师生存的基础,因而新教师们会注重如何站稳讲台,使自己成为一个良好的课堂管理者。

练习 7.23 李老师为了赢得学生的喜爱,把大量时间花在如何与学生搞好关系上。从教师专业成长的角度来看,李老师的做法表明他着重关注的是（　　　）。

　　A. 教学情境　　　　B. 职业生存　　　　C. 学生发展　　　　D. 教学设计

（2）关注情境阶段

当教师能够站稳讲台,处理课堂管理的各种问题时,教师就进入了关注情境阶段。在这个阶段,教师会更多地考虑如何提高学生学习成绩、如何备好一节课、如何讲好一节课的内容、如何使课堂教学效率提高、如何使学生获得更好的成绩等问题。就是说,这个阶段的教师关注的是与教学情境有关的问题。

（3）关注学生阶段

在此阶段,教师们开始关注学生的个别差异,认识到不同发展水平的学生有不同的特点与需要,某些教学材料和方式不一定适合所有学生,应因材施教。教师能否自觉地考虑学生的差异而设计教育教学方案是衡量一个教师是否成长成熟的重要标志之一。

（三）教师专业发展的途径

教师专业发展是一个持续的过程,不同的发展阶段、不同的学校和不同的个体选择的路径与方法各不相同。尽管教师专业发展的途径众多,但下面几类是常见而具有操作性的。

1. 培养与培训

（1）职前培养

国务院在《关于深化教育改革全面推进素质教育的决定》中提到,要"调整师范学校的层次和布局,鼓励综合性高等学校和非师范类高等学校参与培养、培训中小学教师的工作,探索在有条件的综合性高等学校中试办师范学院"。这一规定确立了我国教师教育体系的开放体系。许多中专学校升格为大专,大专升格为本科,招收的学生从初中为起点向高中转移,硕士生、博士生的招收规模也正迅速扩大。[①]

通过3—5年高等师范院校的专门训练,小学教育专业的学生能树立正确的教育观、儿童观和教师观,了解和认识教师行为规范,学习从事小学教育工作所必需的理论和知识,初步掌握教育教学技能,为将来担任小学教师做好准备。

（2）在职进修

小学教师在职进修的方式主要有学历和非学历两类。在职学历教育是指通过函授、自考、成人教育或远程教育等形式获得本科或研究生学历。在职非学历教育的形式较为丰富,包括专题培训班、助教进修班、研究生课程班等。

小学教师的在职进修对于其自身专业发展意义重大,教师个体形成自我发展意识的同时,还需要小学、教育行政部门和社会机构共同创造条件,为教师提供合适、有效的方式进行继续教育,促进小学教师队伍整体师资水平的提高。

2. 观摩与评估

观摩优秀教师的教育教学活动,是培养新教师、促进教师专业发展的重要途径之一。通过观摩现场教学、教学记录或观看教学录像,观课教师可以了解优秀的教学设计和教材研究案例,学习有效的课堂教学手段和课堂管理办法,熟悉教学记录的格式和记述的方法,收集可供自己参考的实践实例,并进行整理和尝试,从而促进自身教学水平的提高。教师也可在准备观摩课程的过程中,对自己的整个教学过程进行精雕细琢,反复推敲,以获得最佳的教学效果,这不仅有利于提升自己的教育教学能力,逐步提高反思意识,还有利于自身经验的提升。观摩结束后,听课教师和授课教师就具体问题进行深入分析和讨论,对整体观摩课进行评估,从而有效地促进教学经验、教学技巧的交流与学习。

3. 合作互助

教师寻求同事间的合作与互动,从他人那里获取有价值的信息来提升自己的专业内涵,

---

① 卢新予.学前教育学[M].郑州:郑州大学出版社,2012:93.

这是新时期教师专业发展的重要理念和途径。[①] 小学教师可采用对话的形式,进行信息交换、经验分享、深度会谈和专题研讨,集思广益,不断提高对问题的认识。也可以采用协作的形式,大家共同承担责任,完成任务,发挥每个教师的兴趣爱好和个性特长,彼此在互补、互动、合作中成长。教学经验丰富、成绩突出的优秀教师要在合作互助中发挥积极作用,帮助和指导新任教师,使其尽快适应角色和环境的要求,防止和克服教师各自为战和孤立无助的现象,从而促进教师队伍的整体发展。[②]

练习 7.24 某小学经常组织老师们相互观摩教学活动,针对活动过程展开研讨,提出完善活动的建议。这种做法体现的教师专业发展途径是( )。

A. 进修培训   B. 同伴互助   C. 师徒结对   D. 自我研修

4. 反思和研究

教育反思是小学教师在完成日常教育教学任务之后,对教学工作各环节和实践过程中获得的认识和经验进行回顾、分析和总结,积极应对与解决教育实践中的问题,提出自己的解决设想,并通过教学实践加以检验、调整。通过不断的学习、实践、反思,提高自身专业素质,从而促进教育质量的提升和幼儿的全面发展。小学教师可以通过撰写反思日记帮助自己进行教育实践反思。反思日记的内容可以是自己的受教育经历、对教育现象的所见所闻、对教育问题的所思所想,也可以是自己在教育教学过程中遇到的实际问题、解决方案及实施效果等。

练习 7.25 某小学要求教师重视教学科研,卢老师抱怨道:"搞研究有什么用?"卢老师的说法( )。

A. 不正确。教师须服从学校一切安排   B. 不正确。研究有利于教师专业发展

C. 正确。小学教师搞研究没用   D. 正确。研究对应试帮助不大

5. 自我促进

小学教师应根据实际情况制定自我专业发展的目标和规划,为自己的专业发展设计蓝图,为引导、监督和反思自身专业发展提供参考框架。同时,应具备明确的专业自我意识,包括对自己过去的专业发展过程的意识,对现在专业发展状态和水平的意识,对未来规划的意识,也包括在专业理念、专业知识、专业能力等方面的意识。还应树立终身学习观念,努力提高自学能力,学会学习,保持开放的心态,积极、主动地追求专业发展,不断更新自己的教育信念和专业知识与技能,促进自我发展。

(四)《小学教师专业标准(试行)》解读

为了促进小学教师专业发展,建设高素质小学教师队伍,根据《中华人民共和国教师法》和《中华人民共和国义务教育法》,制定了《小学教师专业标准(试行)》。

《小学教师专业标准(试行)》的基本理念有四:师德为先,学生为本,能力为重,终身学习。

1. 师德为先

热爱小学教育事业,具有职业理想,践行社会主义核心价值体系,履行教师职业道德规范,依法执教。关爱小学生,尊重小学生人格,富有爱心、责任心、耐心和细心;为人师表,教

---

① 连榕. 教师专业发展[M]. 北京:高等教育出版社,2007:59.

② 傅建明. 学前教育学[M]. 北京:中央广播电视大学出版社,2007:231—232.

书育人,自律遵守,做小学生健康成长的指导者和引路人。

"师德为先"突出强调了师德的重要性。教师工作面对的是人而不是物。教师不仅是用自己所掌握的专业知识和所具有的专业能力从事小学教育工作,更是用自身的职业道德修养立教。因此,小学教师应增强立德树人的责任感和使命感,坚持社会主义核心价值观。小学教师教育对象的特殊性决定了他们需要成人的精心呵护,因此,小学教师要言传身教,以身作则,重视榜样的作用。

2. 学生为本

尊重小学生权益,以小学生为主体,充分调动和发挥小学生的主动性;遵循小学生身心发展特点和教育教学规律,提供合适的教育,促进小学生生动活泼学习、健康快乐成长。

以"学生为本"是"以人为本"的理念在学校教育中的具体体现,也是教育的价值追求所在。这一理念强调了学生的主体地位,要求教师尊重学生,关爱学生,充分发挥学生主观能动性,启发其独立思考和动手能力,促进每个学生生动、活泼,主动发展。

3. 能力为重

把学科知识、教育理论与教育实践相结合,突出教书育人实践能力;研究小学生,遵循小学生成长规律,提升教育教学专业化水平;坚持实践、反思、再实践、再反思,不断提高专业能力。

能力为重这一理念本质上是强调小学教师把学科知识、教育理论与教育实践相结合,不断研究,改善教育教学工作,不断提升专业能力。小学教师必须具备较强的专业能力,才能提供更具有发展适宜性的教育策略,灵活运用有效的教育方法。

4. 终身学习

学习先进小学教育理论,了解国内外小学教育改革与发展的经验和做法;优化知识结构,提高文化素养;具有终身学习与持续发展的意识和能力,做终身学习的典范。

终身学习这一理念要求教师要主动适应经济社会和教育发展的要求,在形成全民学习、构建学习型社会过程中,起到领头羊作用。终身学习也是教师专业发展的不竭动力,主要体现在教师主动发展的意识和不断反思及制定发展规划的能力上。小学教师既是小学教育工作者,又是与小学生共同成长的学习者。

✿ 温馨提示

教师专业发展部分内容的学习可以遵循下列思路进行:内容-过程-途径-标准。牢记教师专业发展的六大内容,记忆密码如下:理(专业理想)知(专业知识)能力(专业能力),情(专业情操)人(专业人格)精神(专业精神)。注意专业发展阶段的两种理论,特别是富勒的关注理论(生存-情境-学生)。了解《小学教师专业标准(试行)》的四大理念及具体条文,建议下载该文件仔细研究。该部分内容几乎涉及所有的题型,程度上以记忆和理解为主。

练习 7.26 简述《小学教师专业标准(试行)》所提供的基本理念。

练习 7.27 简述《小学教师专业标准(试行)》中"学生为本"的理念。

练习 7.28 《小学教师专业标准(试行)》中提到了"终身学习"的基本概念,你如何理解?

第二节 ◆ 小　学　生

　　学生是教育的对象,是受教育者,这似乎已经成为中国教育界对"学生"公认的定义。《辞海》将学生定义为学校肄业或在其他教育研究机构学习的人。《教育大辞典》则将学生界定为:(1)在各级各类学校或其他教育机构中学习的人;(2)泛指一切受教育的人。[①] 我们认为,对学生的认识和界定是探讨学生本质特征的逻辑起点,而传统教育理论对学生概念的界定在外延和内涵上都存在一定的缺陷:首先从外延上看,如果将在学校或其他教育机构接受教育的人都看作学生并成为我们研究对象的话,这会给理论的构建以及问题探究的深度都带来极大的不便,因为不同年龄阶段和社会经历的人在本质上会有很大的差异性,所以,作为"教育原理"理论体系中的"学生"应该是一个特定的群体——在中小学接受基础教育的青少年;其次从内涵上看,这种界定没有揭示出学生的本质,就像把工人界定为在企业或工厂里从事生产的人,把农民界定为在农村里从事劳动的人,并没有揭示出工人、农民的本质一样。[②] 基于上述的认识,本节中探讨的"学生"是指在小学接受基础教育的少年儿童。

一、学生的本质属性

　　学生的本质属性,亦即学生观,是对学生基本的看法和态度,它支配着教育行为,决定着教育者的工作态度和工作方式。传统上,把学生视为被动的客体,是存储知识的容器;而现代学生观则认为学生是积极的主体,是学习的主人,是发展的、独特的、具有独立意义的人。"一切为了每一位学生的发展"是我国基础教育课程改革的核心理念。

(一) 学生是处于发展中的人

　　学生是具有发展潜力的人,具有不断向上发展的内驱力。所以,学校教育要树立发展的学生观,以发展的眼光对待学生,强调积极、正向的生命意涵,促进学生健康、持续和富有个性的发展。学生的发展有三大特征:一是学生发展是多方面尽可能充分的发展;二是学生的发展是富有个性的发展;三是学生的发展是持续的、终身的发展。

(二) 学生既是受教育的对象,又是学习的主体

　　学生是受教育的对象,这是由学校的使命和在教育过程中教师与学生的关系决定的。学校教育是有计划、有目的、有组织的培养人的社会活动,由教育者按照一定的教育目的、具体的教育对象和特定的教育场景来选择教育内容,组织教材和教学活动,并采取一定的教育方法来对学生施加影响。与环境对个体自发的、零碎的、偶然的影响相比,学校教育对学生的成长起着主导作用。但学生在教育过程中并不是对教师的完全盲从,而是具有在教育活动中的主观能动性和自我教育的可能性,所以学生又是学习的主体。

(三) 学生是独特的生命个体

　　任何一个学生都是一个独立的存在,是一个具有个性的生命体。学生们渴望自由平等;渴望幸福快乐,学习是学生的主要任务,但学习不应成为强制的手段,学生从学习中应该体

---

① 顾明远主编.教育大词典(1).上海:上海教育出版社,1992:238.
② 明庆华、程斯辉.关于学生观的新视野.教育理论与实践[J].2001(2):22—27.

会到生命的美与力量,产生一种实现自我、超越生命的至乐感觉,而不是深深的压抑和痛苦。学生不是"完美的天使",他们是"调皮的精灵",在他们身上有我们可以认识和控制的必然性,但他们的生命中也蕴涵了太多的偶然性,所以,有时我们会觉得离他们很近,有时又会觉得离他们很远;有时他们是这样的可爱,而有时又是那样的惹人生气,这就是学生的人生魅力。作为教育者,对这样的一群"精灵",我们不必美化他们,同时又不必回避他们生命中的种种矛盾,而是要接受这种矛盾,宽容豁达,善待他们。

(四) 学生是一个完整的人

学生是一个完整的人,学生不是单纯的抽象的学习者,而是有着丰富个性的完整的人。在教育活动中作为完整的人而存在的学生,不仅具备全部的智慧和人格力量,而且体验着全部的教育生活。要把学生作为完整的人来对待,就必须反对那种割裂人的完整性的做法,还学生完整的生活世界,丰富学生的精神生活,给予学生全面发展个性力量的时间与空间。

(五) 学生是具有社会意义的人

人的本质属性是社会性,学生也是具有社会意义的人。学生作为生命的存在和发展离不开一定的社会系统,学生是社会系统不可分割的一分子。学生的成长过程是一个社会化的过程。学生个体通过与社会的交互,逐渐成熟,不断适应,最终成长为社会的成员,并在个体社会化的过程中,掌握了立足于社会的知识、能力和社会经验,并能在人生过程中,不断地作用于社会,促进和推动社会的进步和发展。学生不仅属于学校,更属于社会。

练习 7.29 简述我国基础教育课程改革所倡导的学生观。

练习 7.30 材料:为了让班会开得更成功,我选了一篇课文改写了剧本。第二天,把我的计划和大家说了说,全班同学都很高兴,这时我听到了一段小声议论:"老师怎么选这篇课文,又长又不好演。""你管呢,让你演什么你就演什么呗。""我可不想演。"听到这儿,我的心一沉,原来是小雯。下课后,我把她叫到办公室请她谈自己对演课本剧的想法。她说:"老师,我觉得您选的课文不好,而且您每次都是写好了剧本让我们演,您应该让我们自己来试一试。"她的话让我突然意识到他们并不希望老师什么都"包办代替",他们长大了。于是,我把导演的任务交给了小雯同学,她高兴地接受了任务,开始和同学商量改写剧本,找我做参谋,帮我做道具。课本剧表演得非常成功,我和孩子们一同品尝到了成功的喜悦。

问题:

作为班主任,应树立怎样的学生观?

❖ 温馨提示

学生本质(学生观)是学习的重中之重,学习时要牢记学生的五个本质属性。学生观部分的内容大多出现在材料题中,因此要十分重视。学习时注意结合相应的案例进行分析、理解和运用。

二、学生的权利和义务

学生作为独立的社会个体,具有基本人权,学生的特殊身份决定了其享受特殊保护。

1989 年 11 月 20 日,联合国大会通过了《儿童权利公约》,标志着保护儿童权利已成为国际行为,体现了儿童权利保护的核心精神。其基本原则是:儿童利益最佳原则、尊重儿童尊严原则、尊重儿童观点与意见原则、无歧视原则。根据《儿童权利公约》《义务教育法》《未成年人保护法》等法律法规,我国小学生拥有下列基本权利。

(一) 学生的权利

1. 生存权

儿童自出生之日起,即获得了作为自然人的生命权。儿童的生命和生存的权利,受到国家法律的保护,任何人都不得非法剥夺儿童的生命,不得侵犯儿童生存的权利;同时必须为保护儿童的生命、保障儿童的生存和发展提供最大的条件。

2. 健康权

《儿童权利公约》第 24 条第 1 款规定:"缔约国确认儿童有权享有可达到的最高标准的健康,并享有医疗和康复设施,缔约国应努力确保没有任何儿童被剥夺获得这种保健服务的权利。"《未成年人保护法》第 27 条规定:"任何人不得在中小学、幼儿园、托儿所的教室、寝室、活动室和其他未成年人集中活动的室内吸烟。"第 34 条规定:"卫生部门应当对儿童实行预防接种证制度,积极防治儿童常见病、多发病,加强对传染病防治工作的监督管理和对托儿所、幼儿园卫生保健的业务指导。"我国《食品卫生法》和其他卫生保健法律、法规,也都对儿童的健康权的保护做了规定。

3. 受教育权和享用教学设施权

《教育法》第 42 条规定学生有权"参加教育教学计划安排的各种活动,使用教育教学设施、设备、图书资料"。《中华人民共和国义务教育法》第 4 条规定:"凡具有中华人民共和国国籍的适龄儿童、少年,不分性别、民族、种族、家庭财产状况、宗教信仰等,依法享有平等接受义务教育的权利,并履行接受义务教育的义务。"《未成年人保护法》第 14 条规定:"学校应当尊重未成年学生的受教育权,不得随意开除未成年学生。"第 16 条第 2 款规定:"任何组织和个人不得扰乱教学秩序,不得侵占、破坏学校的场地、房屋和设备。"《儿童权利公约》第 28 条指出:"缔约国确认儿童有受教育的权利。"

练习 7.31 小学教师王某劝退了两个成绩比较落后的学生。教师王某的做法( )。

A. 合法,教师有管理学生的权力 B. 不合法,侵犯了学生的荣誉权

C. 合法,教师有劝退学生的权力 D. 不合法,侵犯了学生的受教育权

4. 姓名权、肖像权、国籍权

儿童和其他公民一样享有姓名权。姓名权是公民特定化的标志,是人格权的一种。《民法通则》第 99 条规定:"公民享有姓名权,有权决定、使用和依照规定改变自己的姓——禁止他人干涉、盗用、假冒。"肖像权是指公民对自己的照片、画像、雕像、录像、全息摄像及其他有载体的视感影像依法享有的不受非法侵犯的权利。《民法通则》第 100 条规定:"公民享有肖像权,未经本人同意,不得以营利为目的使用公民的肖像。"国籍权是指个人作为特定国家成员的资格的权利。《儿童权利公约》第 7 条第 1 款对儿童的姓名权、国籍权作了规定:"儿童出生后立即登记,并有自出生起获得姓名的权利,有获得国籍的权利。"第 2 款规定,缔约国应履行义务,"尤应注意不如此儿童即无国籍之情形"。第 8 条规定:"缔约国承担尊重儿童维护其身份,包括法律所承认的国籍、姓名及家庭关系而不受非法干扰的权利。"

5. 名誉权、荣誉权和智力成果权

儿童依法享有名誉权。我国《未成年人保护法》第 4 条规定："尊重未成年人的人格尊严。"第 15 条规定："学校、幼儿园的教职员应当尊重未成年人的人格尊严，不得对未成年学生和儿童实施体罚、变相体罚或者其他侮辱人格尊严的行为。"荣誉权指公民依法享有的保持自己所得的嘉奖、光荣称号等荣誉，并不受非法剥夺的权利。智力成果权亦即知识产权，指公民或法人对自己创造的智力活动成果依法享有的人身权利和财产权利，是诸如著作权、专利权、商标权、发现权、发明权和其他成果权的总称。儿童尽管是未成年人，但也依法享有智力成果权。《未成年人保护法》第 36 条规定："国家依法保护未成年人的智力成果和荣誉权不受侵犯。"

6. 隐私权

隐私权是指个人私生活的保密权。《未成年人保护法》第 30 条规定："任何组织和个人不得披露未成年人的个人隐私。"未成年人的隐私权就是未成年人所享有的不公开其生活秘密的权利。凡个人不愿告诉别人或不愿公开的生活秘密，都属于个人隐私，如日记、信件、生理方面的疾病，以及曾经受过的污辱、经历过的痛苦、生活习惯、生活方式、消遣方面的爱好等。

练习 7.32 为加强班级管理，班主任王老师经常查阅学生日记。这种行为侵犯了学生的（　　）。

　　A. 隐私权　　　　　B. 名誉权　　　　　C. 财产权　　　　　D. 受教育权

练习 7.33 某校在期末考试后，将学生的考试成绩排名张榜公布。该校做法（　　）。

　　A. 体现了学校的管理权　　　　　B. 体现了学校的教育权
　　C. 体现了学生的受教育权　　　　　D. 侵犯了学生的隐私权

7. 司法保护权

《儿童权利公约》第 37 条规定，缔约国应确保"任何儿童不受酷刑或其他形式的残忍、不人道或有辱人格的待遇或处罚"。"对儿童的逮捕、拘留或监禁应符合法律规定并仅应作为最后手段，期限应为最短的适当时间"。"所有被剥夺自由的儿童应受到人道待遇，其人格固有尊严应受尊重"。无论是民事诉讼、行政诉讼还是刑事诉讼，国家相关法律都规定了对未成年人合法权利的保护。尤其是刑事诉讼中，这种保护更为突出。

(二) 学生的义务

在享有法律规定的各项权利时，未成年学生也要履行法律规定的各项义务。《中华人民共和国教育法》中规定学生应履行下列义务。

1. 遵守法律、法规；
2. 遵守学生行为规范，尊敬师长，养成良好的思想品德和行为习惯；
3. 努力学习，完成规定的学习任务；
4. 遵守所在学校或者其他教育机构的管理制度。

◆ 温馨提示

建议下载《中华人民共和国教育法》《中华人民共和国教师法》《中华人民共和国未成年人保护法》及联合国《儿童权利公约》，详细了解有关法律法规，以便于正确理解学生权利保护相关内容以及学生应享有的权利和义务，从而更好地依法执教。

三、小学师生关系

师生关系是指教师和学生在教育教学过程中结成的相互关系,包括彼此所处的地位、作用和相互对待的态度等。它是一种特殊的社会关系和人际关系,是教师和学生为实现教育目标,以各自独特的身份和地位通过教与学的直接交流活动而形成的多性质、多层次的关系体系。良好的师生关系不仅是顺利完成教学任务的必要手段,而且是师生在教育教学活动中的价值、生命意义的具体体现。

(一) 良好师生关系的意义

良好的师生关系是做好教育工作的前提条件之一。良好的师生关系一旦形成,就会发挥十分显著和独特的作用。

1. 有助于提高教学效果

教育活动是最能体现人与人关系的社会活动。师生关系本身既是人与人的关系在教育领域中的体现,更是教师和学生作为人而存在和发展的独特方式,具有无可比拟的教育力量。良好的师生关系能够激励师生双方的活动积极性、主动性、创造性和活动热情,有利于形成生动活泼、轻松愉快的教学气氛,有利于提高教学信息传输的效率和速度,是有效地进行教学活动、完成教学任务的必要条件。在这种和谐的关系中,师生双方感情融洽,亲密合作,教师诲人不倦,千方百计把学生教好,学生亲师信道,学而不厌,愉快地接受教师的教育。

2. 有助于提高教师的威信

教师威信对学生成长有很大的作用,对教师的依赖与信任也是教育教学取得良好效果的重要前提。教师威信受很多因素影响,但都深深扎根于良好的师生关系之中。良好的师生关系有助于师生双方对教育目标、工作任务的认同,避免和消除人际冲突,有助于相互间的理解,减少磨擦,消除矛盾,达到和谐,形成集体归属感和荣誉感。

3. 有助于师生心理健康发展

良好的师生关系能使学校、班级产生温馨和谐的气氛,使师生的心情欢畅,心理相容,携手前进,使不良思想和行为得以抑制、淡化,既有利于学生的身心健康,又利于完善人格的形成。同时,老师由于得到学生的尊重支持,而感到欣慰,受到鼓舞,内心充满愉悦而不断产生向上的动力。

4. 有助于优化校园文化

师生关系是学校中最基本、最重要的人际关系,是一所学校的精神风貌、校风、教风、学风的整体反映和最直观体现。师生关系状况投射出学校价值取向、人际关系状况、管理水平等。师生关系作为校园文化的组成部分,对学校精神文化的建设、对学生在校的发展和今后的成长都起着重要的作用。

(二) 师生关系的特点与类型

1. 师生关系的特点

良好的师生关系是教育教学活动顺利进行的重要条件,是衡量教师和学生学校生活质量的重要指标,也是一种重要的课程资源和校园文化。建立良好的师生关系既是教育工作者的共同追求,又是教育规律的必然要求,理想的师生关系主要体现为下列基本特征。

(1) 尊师爱生,民主平等

尊师就是尊重教师,尊重教师的劳动和教师的人格与尊严,对教师要有礼貌,了解和认识教师工作的意义,主动支持和协助教师工作,虚心接受教师的指导;尊师是学生对教师正确的认知、情感和行为的综合体现,是人类的美德。得到学生的尊重是教师最大的满足。

爱生就是爱护学生,尊重学生,平等对待学生,这是教师热爱教育事业的重要体现,是教师基本的道德要求,是师德的灵魂,也是培养学生热爱他人、热爱集体的道德情感基础。

民主平等是指师生在教育过程中相互尊重人格和权利、相互开放、平等对话、相互理解、相互接纳等。民主平等不仅是现代社会民主化趋势的需要,而且是教学生活人文性的直接要求和现代人格的具体体现。它要求师生之间相互理解,相互尊重,学会合作和共同学习。

（2）相互启发,合作对话

在教学关系上,教师和学生不是上下级的尊卑关系,而是协同合作的授受关系。教师从不作为知识的占有者和给予者,而是通过合作与对话启迪学生的智慧。对话的本质并非将一种观点强加于另一种观点之上,而是改变双方的观点,达到一种新的视界。因此,真正的对话总是蕴含着一种伙伴关系或合作关系,它将学生从教师单独控制的思想牢笼中彻底解放出来。在自由的对话中,死寂沉闷的传统课堂为充满生命活力和魅力的课堂生活所取代。在对话中,言说者和倾听者的关系是相互转化的,也即学生不只是倾听者,教师也不只是言说者,二者都可以是倾听者与言说者,这样,师生就构成了真正的相互交流、相互理解的对话关系。这种师生关系彰显着一种真正的民主式对话教学,对话双方没有高低之分,只有双方的相互启发。

（3）相互促进,共同成长

教师不仅仅是讲授者,其本身也受到教益,学生在被教育的同时也反过来教育教师,他们在课堂生态系统中共同展现着自身的生命价值,在充分发掘自己的生命潜能中共同生长,共同进步。我国最早的教育专著《礼记·学记》就曾指出:"学然后知不足,教然后知困,知不足,然后能自反也;知困,然后能自强也;故曰:教学相长也。"在教学过程中,教与学两方面互相影响和促进,都得到提高。教师和学生都能够在双方共同构建的教学活动中不断进行吸纳、总结、反思,达成了彼此收益、互惠互利、互动双赢的教学关系。

2. 师生关系的类型

就目前的实际情况而论,我国小学的师生关系大致可以分为对立型、依赖型、放任型和民主型四大类,详见表7.1。

表7.1 师生关系的基本类型

类型	相互态度	感情关系	课堂合作状态	效果
对立型	教师简单、粗暴,学生畏服	学生情绪不愉快,师生关系疏远、紧张、对立	教师不允许学生有不同意见,往往以教师的主张、决定为准;学生主动性、积极性受到压抑,独立思维受阻	师生交往呈明显单向型,易发生冲突,教学效果极差
依赖型	教师以领导者自居,学生采取服从态度	师生之间感情平衡,无冲突	教师包揽一切活动,学生跟着教师设计的路子走,明显缺乏学习的主动性、创造性	有一定的教学效果,但学生独立思考、独立解决问题的能力差

（续表）

类型	相互态度	感情关系	课堂合作状态	效果
放任型	教师对学生没有严格要求，放松指导责任，学生对学习采取自由态度	师生之间缺乏感悟，课堂气氛淡漠	教师让学生自主学习，学生各行其是，教师能够解答学生的问题，但不能给予及时的正确指导，不认真检查学习结果	教学效果明显下降
民主型	对学生严格要求，热情、和蔼、公正，尊重学生，发扬教学民主；学生尊敬教师，接受指导，主动自觉进行学习	情绪热烈、和谐，课堂气氛活跃	师生之间呈现积极的双向交流，学生积极思考、提出问题、各抒己见，教师认真引导	教学效果良好

（三）良好师生关系的构建

师生关系总是建立在一定社会背景之中的，与师生双方密切相关，受多种因素制约。但就教育内部而言，教师在师生关系建立与发展中占有重要地位，起着主导作用。所以，良好师生关系的建立和发展，更主要地取决于教师的作用。这就要求教师做到以下几点。

1. 树立正确的学生观

学生观就是教师对学生的基本看法，它影响教师对学生的认识及其态度与行为，进而影响学生的发展。因此，教师必须转变传统的角色心理和行为定势，树立正确的学生观。传统的学生观将学生看作是被动的受体、教师塑造与控制的对象，学生在教育中处于边缘位置，对学生的教育是规范、预设的。现代学生观认为学生具有巨大的发展潜力；学生的不成熟性具有成长价值；学生具有主体性，特别是创造性；学生是责权主体，有正当的权利和利益；学生是一个整体的人，是知、情、意、行的统一体。正确的学生观来自于教师对学生的观察和了解，来自教师向学生的学习和对自我的反思。

2. 了解和研究学生

了解和研究是形成良好师生关系的基础。它包括了解学生个体的思想意识、道德品质、兴趣、需要、知识水平、学习态度和方法、个性特点、身体状况和班集体的特点及其形成原因。为了能有效地理解学生，教师就必须经常与学生进行心理换位思考，设身处地为学生着想，这样才能理解学生的想法，耐心听取学生的意见，满足学生的正当要求，使学生感到教师对他们的支持与认可，从而也使教师得到学生的拥护和爱戴。

3. 热爱尊重学生，公平对待学生

爱是教育的灵魂，是教育的原动力，是照亮学生心灵的点点灯光。满怀真爱的教师会让学生在灵魂深处生发出高度自觉的内驱力和自策力，从而赢得学生的心理认同和由衷钦佩。爱能在教师与学生之间建立起一种相互依存、相互协调的情感纽带，使学生的精神格外亢奋和充实，它使教学由单一的认知层面进入全面的心灵对话成为可能，因而爱在教学中具有极为重要的意义。热爱学生包括热爱所有学生，对学生充满爱心，经常走到学生之中，忌讳挖苦、讽刺学生，粗暴对待学生。尊重学生特别要尊重学生的人格，保护学生的自尊心，维护学生的合法权益，避免师生对立。教师处理问题必须公正无私，使学生心悦诚服。

4. 主动与学生沟通,善于与学生交往

师生关系一般要经历生疏、接触、亲近、依赖、协调、默契等几个阶段。师生初次接触难免有生疏感,学生难免有敬畏心理,教师应善于打破这种心理障碍,主动创造自然和谐的接触气氛;经过多次良好的接触,学生感到教师平易近人,从而产生愿意同教师亲近的感情;有了亲近感,在学习与生活中教师的诚挚关怀、耐心引导被学生理解,或在共同活动中激发起学生的浓厚兴趣,从而产生感情上的共鸣;师生之间有了感情上的共鸣,再坚持情感的交流,把学生引上学习与进步的成功之路,学生必然信赖教师,师生间心相通,情相近,学生的心窗向他们信赖的老师敞开着。这种师生关系是教育成功的结果,也是成功地进行教育的重要条件。教师加强同学生的交往,既要有教育教学活动中的正式交往,又要有在此之外的非正式交往,两者结合,互相补充,起到深化师生关系的作用。同时,教师也要注意和学生的心理交往,多和学生谈心、讨论问题,这样才能沟通思想,了解真实情况。总之,良好的师生关系是教师经常深入到学生中间,与学生交往不断深化而得来的。

5. 努力提高自我修养,健全人格

教师良好的文化科学素质是构建理想师生关系的重要因素。扎实而宽厚的基础知识和专业知识是教师进行教育教学的必要条件,也是赢得学生尊重、树立教师威信的重要前提。为此,教师必须加强学习和研究,使自己更加智慧,经常进行自我反思,正确评价自己,克服个人的偏见和定势,培养自己多方面的兴趣和积极向上的人生观,学会自我控制,培养耐心、豁达、宽容、理解等个性品质。

练习 7.34 在教育教学活动中,构建民主、和谐、融洽的师生关系的主导因素是( )。

A. 学生　　　　B. 家长　　　　C. 教师　　　　D. 校长

练习 7.35 教师建立良好师生关系的基本要求有哪些?

❋ 温馨提示

师生关系这部分内容的学习要注意师生关系的四种类型,要求能够根据材料内容判断属于哪一种类型。同时,要考虑综合运用,即结合材料说明如何建立良好的师生关系。

❋ 本章小结

教师和学生是构成教育活动的两个最基本的要素。关于教师职业的性质争论已久,目前大抵确认为是一种专门职业,但除了专门职业的特性之外,仍存在自身的特殊性。正是这种特殊性决定了教师职业的神圣与伟大。教师不仅需要遵守政治道德和伦理道德,还要遵守教师职业的道德。因此,教师职业道德规范包含一个极为宽泛的内容,教师的专业标准和专业成长都显示出相应的复杂性。作为未来的小学教师必须要全面了解自己的权利和义务,同时要明确并保护小学生的权利,处理好师生关系,能够在教育教学实践中逐步提升自己的教育思维以及分析问题和解决问题的能力。

第 7 章练习参考答案

知识结构

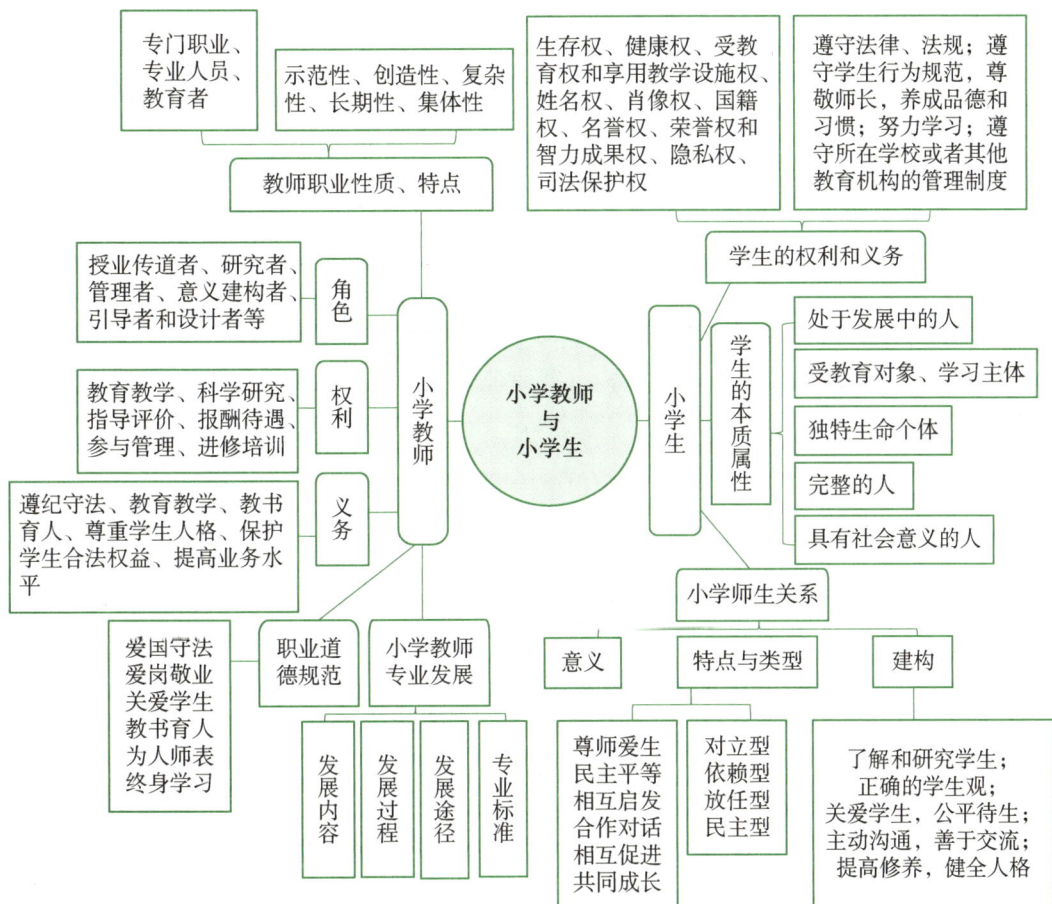

小学班主任与班级管理

学习目标

- 识记并理解班级与班集体的概念和特点,知道班集体建设的阶段与内容;
- 了解小学班主任的工作内容以及班主任的基本素养;
- 理解班级管理目标、模式、原则与方法,了解班级管理的资源,并能结合实际进行解释与运用;
- 熟记学生评语的写作要求,并能根据学生的个性撰写学生评语;
- 知道课堂管理的类型与影响因素,了解课堂气氛与课堂纪律的类型,熟练运用偶发事件的处理方法。

引子

黑点以外的空白

一次,有个女生泪流满面地告状说:"老师,丁丁把我的铅笔盒扔进垃圾桶了!"我正要询问此事,班里的其他同学义愤填膺,纷纷向我列举丁丁的种种不是。班里除了他自己,有43个孩子都认为丁丁很烦,很讨厌。大家都用期待的眼神望着我,想让我为他们出口气。而丁丁呢,在座位上不停地冲着孩子翻白眼,一副死猪不怕开水烫的架势。

我想如果我一件件查明此事,哪怕罪状确实,他也未必服气。于是,我就艺术性地模糊处理。我说:"看来大家都不喜欢丁丁是吧?"孩子们也不留情面地说:"对!"我说:"好,让我们先来做游戏。"我找了一张白纸贴在黑板上,又拿了一支水笔,对大家说:"这张白纸代表丁丁,刚才丁丁把这位同学的铅笔盒扔进垃圾桶,我们就画一个黑点代表他的一个缺点。你们再来说说看,丁丁还有哪些缺点?"在孩子们尽情数落完丁丁的缺点后,那张白纸上布上了许多小黑点。我请孩子们看看白纸有什么发现,并有意用眼角的余光观察丁丁,他还是无动于衷的样子。孩子们都说从纸上看出丁丁有很多缺点。

我停顿一下,提高了音量:"你们在看到这么多黑点的同时还发现了什么?"有一个孩子说:"我还看到了很多空白。"我马上大力肯定,接过话茬:"是啊!你们在发现丁丁缺点的同时,忽略了这张纸上更多的空白,这就是丁丁的优点啊!我们来找找丁丁的优点好吗?""他上次在校门口很有礼貌地向李老师问好呢!"这时我发现丁丁眼睛忽地一亮。"丁丁会主动倒垃圾。""丁丁上次借我笔。"……当孩子们找出了丁丁的很多优点后,我发现丁丁的脸蛋已经通红了。我知道称赞已经滑入他的心海了。经过这次以后,丁丁比以前进步了很多,他的朋友也逐渐地多起来了。

无疑地,丁丁同学原来一直是班上"捣蛋鬼",同学们都不喜欢他,甚至因为他的劣迹斑斑,同学们对他的评价也都戴上了有色眼镜,大家都不愿意与他相处。老师认识到这种情况光靠说教很难再有效果,便反其道行之,通过在白纸上画黑点代表缺点来反向说服学生一分为二地看待问题和评价他人,引导同学们回忆、发现、分享丁丁的优点。通过凸显丁丁的优点,改善孩子们对丁丁原来的敌意看法,慢慢地,丁丁开始有所转变,同学关系也变得和谐起来。[①]

像丁丁这样的小学生并不陌生!他们往往因为被批评多了而"破罐子破摔"。如何让丁丁们走向"正途",这是一个很现实的问题。上文中的王老师采用发现"黑点以外的空白"的方法,让同学们在熟知丁丁的"黑点"之外寻找丁丁的"空白",结果发现:哪怕是像丁丁这样"死猪不怕开水烫"的"捣蛋鬼"也有许多令人称道的优点,也有一颗向善的心!王老师通过凸显丁丁的优点,既改善了同学们对丁丁的敌意,也让丁丁进步起来,整个班级也变得和谐起来。这种效果的获得,首先归功于班主任王老师。正是王老师的睿智与沉着,善良与公正,才换掉了同学们看待丁丁的"有色眼镜",使班级气氛变得正向和谐。那么,作为一名合格的班主任应该具备哪些素质?又该如何管理班级?这一章试图对这些问题进行简要的回答。

第一节 ◆ 班集体与班主任

班主任是学校中全面负责一个班学生的思想、学习、健康和生活等工作的教师。建立一个良好的班集体是班主任的中心工作,因此,首先需要对班集体有一个准确的了解。

一、班集体

(一) 班集体的特点与功能

班集体是按照班级授课制的培养目标和教育规范组织起来的,由具有明确的奋斗目标、坚强的领导核心、良好纪律和舆论的班级学生所组成的活动共同体。班集体并非学生的简单集合,它不是自发形成的。

1. 班集体的特点
班集体是班级群体的高级形式,具有如下基本特点。

(1) 班集体的组织有一定的强制性,学生只能服从学校的安排,适应与班集体的隶属关系;

(2) 班级成员大致处于相仿的发展水平,班集体一般由同年龄的学生组成;

(3) 教师处于权威地位并有极大的影响力,因为社会赋予了教师管理班级和教育学生的权力;

(4) 班级是整个教育系统中的一环,受该系统各层次和各方面的影响。

---

① 案例选自金华市东苑小学二(1)班王俊芳老师的教学记录,略有删改。

2. 班集体的功能

（1）满足成员心理需要

学生需要与他人友好相处，亲密交往，从而获得肯定、尊重、归属于集体等情感满足，而班集体正是满足这些需要的重要场所。因此，班集体应尽可能开展各种有益身心的活动以满足成员的种种需要，逐渐增强成员的集体自豪感和个人自尊心。

（2）提供社会化机会

班集体犹如一个小型社会，学生在班集体中逐渐认识到待人接物应有的态度，懂得尊重别人才会受人尊重。班集体在促进学生社会化方面起着重要作用。因此，在恪守班级道德规范和行为准则的同时，班集体应鼓励成员在互相尊重的基础上有更多的交往。

（3）比较、调节功能

了解自己的能力和性格，了解自己的心理活动是否适当，是个体的一种自然倾向，小学生也不例外。班集体恰好能为其成员提供比较和调节的依据，使成员更好地认识自我，进而主动积极地进行自我调节。所以，班集体应物色和培养典型的榜样，供学生比较和仿效。[1]

（二）班集体的形成与发展

一个班的学生群体并不能称为真正的班集体，由班级成员组织起来的简单学生群体发展为班集体有一个提高的过程，集体是群体发展的高级阶段。[2] 良好的班集体形成，大致可分为以下几个阶段。

1. 组建阶段

这个阶段由于同学之间相互不熟悉，班级基本上是一个松散群体。班主任是班级的召集人和活动组织者，即在班主任的指导下开展各种活动，逐步形成一个稳定有序的班级组织，保证教育、教学各项工作的顺利进行。基本任务是使全班同学了解学校和班集体的基本规范与要求，建立班级管理体系，指导班干部开展各项工作，等等。

2. 形核阶段

形核阶段即形成核心阶段。此时，师生之间、同学之间已经有一定的了解和信任。这个阶段的主要任务是健全班委和队委建设，使两委成为班级的核心力量。班干部成为班主任的得力助手，成为班级中的核心人物，而班主任则从"直接领导者"逐渐过渡到"幕后指挥者"——为学生出谋划策，转由班干部开展班级工作和集体活动。老师的工作重点是注意班干部的培养与使用，让每一个同学都明白自己的权利、责任与义务。

3. 发展阶段

这个阶段的重点是形成良好的班级舆论和健全的规章制度。良好的班级舆论有巨大的力量，具有引导、制约、矫正的作用。而健全的制度是一种外在的约束力量，当制度内化为每个同学都能自觉遵守的内在习惯时，班级就有了一种非常强大的凝聚力。

4. 成熟阶段

这个阶段的主要标志是人际和谐，即师生关系融洽，同学关系和谐，大家为了一个共同的目标一起努力，能够自觉维护班集体荣誉。这时，班集体已经形成并日臻成熟，逐渐成为教育的主体，能根据学校和班主任的要求以及班级的情况，自觉向集体成员提出任务与要

---

① 李伯黍，燕国材.教育心理学[M].上海：华东师范大学出版社，1993：373—378.
② 王道俊、郭文安.教育学（第 6 版）[M].北京：人民教育出版社，2009：426.

求,自主开展集体活动。

练习 8.1 老师与学生、学生与学生之间有一定的了解和信任,班级的组织比较健全。此时,班集体发展处于( )。

A. 成熟阶段 　　　B. 组建阶段 　　　C. 核心形成阶段 　　　D. 自主活动阶段

练习 8.2 简述班集体的发展阶段。

(三)良好班集体的标志

班集体建设关系着整个班级成员的学习与成长,那么怎样的班集体才是优良的班集体呢? 一个成熟的、良好的班集体大致合乎下述标准。

1. 目标明确

共同而明确的奋斗目标是班集体发展的方向和动力,也是班集体形成的基础条件。当班级成员具有共同的目标定向时,群体成员在实现目标的活动过程中便会在认识和行动上保持一致。良好的班集体必须具有明确的奋斗目标以及由此而产生的共同行动。班级成员都具有对班级目标的认同感;对班级组织活动有参与要求;个体之间有公平感、公正感;同学之间能互相帮助,互相关心,互相督促。

2. 组织健全

班级组织包括班委会的队委、小组长和课代表等。优良的班集体必须有健全的组织机构,有威信较高的领导核心和一定数量的班级活动积极分子,而且他们之间表现出一种和谐关系。有一支团结有力的班干部队伍是组织实施班级活动的重要保证力量。

3. 制度完善

优良的班集体必须有完善的规章制度,如班规、岗位职责制度、学习管理制度等。严格而完善的规章制度,使班集体成员行为有序化和规范化,有助于形成良好的行为习惯。如果这些制度为全班同学所认可,并严格执行,那么班集体目标的实现就指日可待。

4. 舆论健康,班风良好

集体舆论是集体中形成的为大多数成员赞同的意见和思维取向。健康的舆论是影响学生发展的巨大精神力量,对学生有潜移默化的作用。通过感染与熏陶的方式,使学生明辨是非、美丑与善恶,对集体成员具有约束力。班风是班级中多数成员所表现出的共同思想和行为倾向,包含情绪状态、言行习惯、道德面貌等,它是经过一定时间的相互影响而逐渐形成的,是班集体形成的重要标志。

5. 关系和谐

师生关系融洽,同学之间能互相理解,互相体谅,互相帮助,形成良好的人际关系,最大限度地促进学生的个性发展。

练习 8.3 简述良好班集体的标准。

二、班主任

班级是学校教育工作的基层组织,学校的教育教学工作都是以"班"为单位进行的。班级的活动除了日常上课之外,还有许多课堂之外的活动,如兴趣小组活动、班队活动、课余生活等,这类工作都需要安排专人进行全面负责,这个人就是班主任。

（一）班主任的概念和角色定位

1. 班主任的概念

班主任是学校中全面负责一个班学生的思想、学习生活等工作的教师，是班级的组织者、领导者和教育者，是学校办学思想的贯彻者，是联系班级任课教师和学生团队组织的纽带，是沟通学校、家长和社会的桥梁。

练习 8.4 班级工作的组织者、领导者和教育者是（　　）。

A. 校长　　　　　　B. 教导主任　　　　　　C. 班主任　　　　　　D. 科任教师

2. 班主任的角色定位

在班级管理中，班主任扮演着多重角色，主要包括以下几方面内容。

（1）班主任是实施素质教育的骨干力量

素质教育的根本目标是促进学生的全面发展，在实施素质教育的过程中，班主任发挥着不可替代的作用。一方面，素质教育是一个系统工程，要求学校把德、智、体、美、劳几个方面有机统一到教育活动的各个环节之中，促进学生的全面发展。在这一点上，班主任的地位和作用是其他任课教师所不能比拟的。另一方面，班主任在日常工作中与学生的接触最为密切，从而更了解学生，可以更科学地指导学生的全面发展。

（2）班主任是学生全面发展的引导者

相对于其他科任教师来说，班主任在给予学生知识关怀的同时更要给予学生人文关怀，促进学生身心健康成长。班主任必须了解和熟悉每一位学生的优缺点，善于把握每一位学生的身心发展状况，及时发现、分析存在的问题，妥善处理学生在学习和生活中出现的问题。

（3）班主任是班级教育教学活动的组织协调者

班主任是学校教育工作的最基层组织者，也是班级的管理者和组织者，对班级负有全面责任。无论是学生的全面发展还是良好班集体的形成，都需要班主任做出极大的努力。同时，班级教育教学活动的展开、社会活动的组织，更是离不开班主任与各任课教师的协调，与学校、家庭和社会资源的有效整合等工作。

（二）小学班主任的基本职责与基本素养

班主任是一个班的灵魂，一个优秀的班主任往往能成就一个优秀的班级。那么，小学班主任承担哪些职责？又要具备怎样的素养？

1. 小学班主任的基本职责

根据教育部颁布的《中小学班主任工作规定》，小学班主任的职责与任务如下。

（1）全面了解班级内每一个学生，深入分析学生思想、心理、学习、生活状况。关心爱护全体学生，平等对待每一个学生，尊重学生人格。采取多种方式与学生沟通，有针对性地进行思想道德教育，促进学生德、智、体、美、劳全面发展。

（2）认真做好班级的日常管理工作，维护班级良好秩序，培养学生的规则意识、责任意识和集体荣誉感，营造民主和谐、团结互助、健康向上的集体氛围。指导班委会和团队工作。

（3）组织、指导、开展班会、团队会（日）、文体娱乐、社会实践、春（秋）游等形式多样的班级活动，注重调动学生的积极性和主动性，并做好安全防护工作。

（4）组织做好学生的综合素质评价工作，指导学生认真完成成长记录的记载工作，实事求是地评定学生操行，向学校提出奖惩建议。

（5）经常与任课教师和其他教职员工沟通，主动与学生家长、学生所在社区联系，努力形成教育合力。

2. 小学班主任的基本素养

作为新时期班主任的职业素养，一般包括思想道德素养、业务素养、心理素养、人际关系素养和形象素养五个方面。

（1）思想道德素养

班主任的思想道德素养主要包括：

● 坚定的理想和信念，正确的政治方向，较高的理论修养和高尚的道德品质。作为国家教育事业的工作者，班主任教师要具有科学正确的世界观、人生观和价值观，只有这样，学生才有可能获得正确的指导。

● 热爱教育事业，热爱学生。爱教育、爱学生应该作为班主任的天职。因为只有热爱学生的班主任，才能对他们抱有较高的期望，才能爱护和鼓励学生，使学生也能以一种积极的态度回报教师，从而获得教育中的成功。

● 以身作则，为人师表。班主任教师的表率作用对学生的成长有着特殊的影响。由于所面对的是处于成长过程中的学生，班主任教师往往被学生视为模仿的对象，因此，班主任必须处处以身作则，严于律己，发挥自己以身立教的示范作用。

（2）业务素养

班主任的业务素养主要指两方面，一是知识，二是能力。

● 知识素养。首先是指掌握系统、全面、扎实的专业知识；其次，应当广泛涉猎心理学、管理学、社会学、美学、创新学等相关学科知识，做到横看中外竖看古今，提倡能文能武，多才多艺，既能引吭高歌又能驰骋球场，既有审美的雅趣又有浪漫的情怀。

● 能力素养。班主任的能力具体指教育能力、研究能力和管理能力。所谓教育能力是指有效地传授知识的技能，发展学生智能的能力。研究能力是指班主任教师发现问题、分析问题和解决问题的能力。管理能力包括组织实施能力、计划和设计能力、常规管理能力、思想工作能力等。

（3）心理素养

现代教育对班主任的心理素质要求越来越高，班主任应该具有：

● 稳定的情绪。一般来说，具有乐观而稳定的情绪的人更善于避免各种消极因素的影响，善于摆脱情感的困境。而如果不善于控制自己的情绪，缺乏情绪反应能力，则难以成为一名优秀的班主任。

● 良好的性格。性格良好的教师，最大的特点在于自我控制力强，经过理智的抑制与过滤，使个人的行为、需求、情感获得既恰当又适度的表达，避免不加节制的冲动。

● 坚强的意志。坚强的意志就是在困难与挫折面前能自觉地调节、支配自己的行动以战胜困难的自制力。作为一名班主任需要有坚强的职业意志。

（4）人际关系素养

作为班主任要处理好师生关系、同事关系、与领导的关系、与家长的关系。

● 与学生的关系。师生关系是班主任工作的主要人际关系。一般来说，师生关系有以下几个类型：民主型、慈爱型、管理型、专制型、放任型。毋庸置疑，民主型的师生关系是最和谐、最能有效实现教育目标的关系。

● 与同事的关系。处理好教师之间的关系，不仅有助于合作学习，分享经验，同时也有助于加强教师的职业情感和专业意识。尤其是班主任,要使班级健康发展,处理和协调好与课任教师的关系相当重要。处理好与其他教师的关系,要遵循互尊、互补、互助、互动的原则。

● 与领导的关系。班主任与领导的关系,是干群关系,也是上下级关系,正确处理好这一关系,不仅有利于上下沟通、工作协调、提高教学质量,而且对班主任的自身发展也有很大的影响。班主任与领导的关系大致有以下几个类型:尊重型、协调型、服从型、参谋型、冲突型。尊重型领导关系是最有效和谐的领导关系,表现为尊重、信服、拥戴等特征。

● 与家长的关系。家长是学生的第一任老师,对于学生的品德和学习的进步具有很大的影响。因此,做好教育工作,班主任就必须取得家长的配合,形成教育合力,共同承担培养下一代的责任。与家长交往要遵守主动、尊重与及时的原则。

(5) 形象素养

班主任作为学校的公众人物,其外在形象素养是其内在良好修养的体现,对学生有着极大的示范性,将影响班主任威信的形成和巩固。因此,班主任要重视自己的外在风貌,以良好的形象展现给学生。

● 身体素养。良好的身体素质是班主任的必备素质。对班主任身体素养的要求有:一是体质健康,二是精力充沛,三是反应敏锐。

● 仪表素养。首先,要注意衣着打扮,既要大方得体,朴素端庄,又要避免呆板和死气沉沉;其次,要讲究个人卫生,不仅要整体整洁干净,还要在细节上下工夫,如不留指甲,保持牙齿洁白,无口臭,女教师不用过浓的香水,男教师不留长发和蓄胡子等;再次,要形成适合自己的装扮风格,服饰不仅要适合自己的体形、年龄,还要适合自己的性格,甚至要适合自己的教育对象;最后,要注意举止风度,做到庄重大方,谈吐文雅,富有表情,神态自然,待人亲切和蔼。

● 谈吐素养。语言是班主任用以教育学生不可缺少的工具,而如何使用这个工具,直接关系到教育的效果。文雅而富有情趣的谈吐,不仅能取得学生的信任与尊重,增强班主任的教育影响力,而且有利于净化学生的心灵。

● 教态素养。班主任的教态包括班主任在学生面前的体态、姿势、表情、手势等表现形式,班主任不仅要灵活运用口头语言,也要得当使用身体语言,不仅能增强语言的表达效果,还能真实地反映教师的气质和人格。

温馨提示

班主任的基本职责可以根据"了解学生—日常管理—开展活动—素质评价—沟通协调"这五个关键词去记忆。班主任素养可以参照教师素养的结构去记忆,包括思想道德素养、业务素养、心理素养、人际关系素养和形象素养五个方面。学习时要注意理清它们之间的逻辑关系。

(三) 班主任工作的内容与方法

小学班主任工作的内容非常多,主要有八个方面:了解和研究学生、组织和培养良好的班集体、建立学生档案、开展班会活动、协调各种教育影响、学生操行评定、写好工作计划与总结等,除此之外,班主任往往还要对不同的学生进行个别教育工作。

1. 了解和研究学生

了解和研究学生是班主任做好班级工作的前提和基础,它决定班主任工作的成效。因此,班主任的工作必然从了解和研究学生开始。

（1）了解和研究学生的内容

了解学生包括对学生个体的了解和对学生群体的了解两部分。

对学生个体了解的主要内容包括:思想品德发展状况、学习状况、身体状况、心理状况、家庭情况,以及学习和生活的社会环境。

对学生群体的了解包括:班集体的近期及远期的发展目标、班集体的思想状况、班集体的舆论以及兴趣爱好等。班主任应该关注学生中的正式群体和非正式群体。正式群体是指为了达到与组织任务,有明确关系的特定目标以及执行组织特定工作而产生的正式的组织结构。非正式群体是非正式规定的,是自然形成的一种无形组织。非正式群体活动是正式群体活动的一个有益而必要的补充,对每个学生的身心发展也有着很大的影响。对于非正式群体的管理要做到态度公正,管理及时,讲究方法。

（2）了解和研究学生的方法

了解学生方法主要有:①翻阅书面材料,如学生的相关档案、试卷、奖惩记录,等等;②观察,通过日常观察与课堂观察了解学生;③个别访谈,这是深入了解学生的基本做法;④调查,日常的闲聊、座谈,正式的书面问卷调查;⑤组织活动,在各种活动中了解学生;⑥书面沟通,如周记、家校联系本、微信等。

练习 8.5　班主任有效工作的前提是（　　　）。

A. 选好班级干部　　　　　　　　　B. 组建培育班集体

C. 了解研究学生　　　　　　　　　D. 做好思想品德教育

练习 8.6　小学班级管理中,既是做好班主任工作的基础条件,又是决定班主任工作成效的主要因素是（　　　）。

A. 班主任工作职责　　　　　　　　B. 班主任自身素质

C. 班级学生的质量　　　　　　　　D. 对班级学生的了解

练习 8.7　简述班主任了解研究学生的主要内容与方法。

2. 组织和培养班集体

组织和培养班集体是班主任工作的中心环节,具体内容包括:确立班集体的发展目标;选拔和培养班干部队伍;制定规章制度;培养正确的舆论和良好的班风;组织形式多样的教育活动等。

（1）确定班集体发展目标

详见下文"班级目标管理"部分。

（2）建立健全的组织机构

健全的组织机构是班主任开展工作的保障条件之一。因此,班主任要做好班干部的选拔与培养工作。具体的选拔方式有民主选举、学生组阁、竞争上岗和学生自荐四种。培养和使用时要注意:①明确责任,分工到人;②加强管理,量化考核;③放权放手,适度指导;④注意新生力量的培养。

（3）制定完善的规章制度

完善的规章制度是班主任开展工作的重要保障。一般包括下列内容:考勤制度、教室管理制度、卫生管理制度、课堂制度、学习制度、奖惩制度、班规等。具体制定方法有三种：一是教师制定，学生执行；二是学生参与教师决定；三是师生一起制定。

（4）培养正确舆论和良好班风

培养正确舆论和良好班风的具体措施包括：①发挥班主任的表率作用，正确的舆论环境首先来自班主任平时对学生的教育引导；②发挥身边榜样的作用，在班内选择良好的榜样；③充分发挥班级舆论阵地的宣传作用，利用黑板报、墙报、专栏、班级日志宣传正确的价值观；④发挥任课教师和家长的作用，通过各科教学和家庭教育渗透正确的思想观念是正确舆论形成的重要助力；⑤开展各种活动，如通过主题班会、争章活动（如学习章、纪律章、文明章、博学章等）等制造正向的舆论，营造良好的心理环境。

练习8.8 简述形成良好班风的基本措施。

练习8.9 小辉个子矮小，家境又不好，常常受到同学们歧视。对此，班主任王老师多次对同学们进行教育，但收效甚微。无奈之下，王老师只好另辟蹊径。

小辉生日的早晨，同学们走进教室，惊讶地发现小辉的课桌上有一个漂亮的盒子，上面写着"天使的礼物"。小辉小心翼翼地打开盒子，惊喜地看到一个生日蛋糕。在同学们"生日快乐"的歌声中，他愉快地和同学们一起分享蛋糕。同学们边吃蛋糕边猜测这位送礼物的"天使"是谁，望着孩子们那一双双充满期待的眼睛，王老师说道："天使代表着圣洁、善良，专门为人们传播真善美。她是不愿意披露自己姓名的，但她确实生活在我们中间，小辉是咱班第一个收到天使礼物的人。我相信天使不但会把爱带给小辉，也会带给别的同学，而我们每一个同学也可以成为别人的天使，用自己的爱心去关心需要温暖的人。"

从那以后，班里"天使的礼物"经常出现，同学间渐渐能够相互关心，平等相处了。

问题：

（1）请对王老师设计的这一活动进行评析。

（2）作为班主任，如何引导学生形成良好的班级氛围？

（5）组织多形式的活动

班集体的活动大致可以分为主题教育活动、文艺体育活动、社会公益活动等，班主任可以根据不同的教育内容与目的来组织合适的活动。组织班级活动时要注意：①要有明确的目标和要求；②精心设计活动的内容；③注意形式的适龄化。指导班级活动时应遵守下列原则：主体性原则、兴趣性原则、集体性原则、创造性原则。

3. 建立学生档案

建立学生档案一般分四个环节：收集—整理—鉴定—保管。

学生档案有两种：集体档案和个体档案。集体档案是指班主任将全班学生在各个时期各方面的表现记录下来，作为今后教育集体的依据或参照的档案。个体档案是指将学生德、智、体、美、劳诸方面的表现和发展收集起来，作为个体教育依据的档案。学生档案中最常见的是学生个体档案（即俗称的"个人档案"）。学生档案的内容最常见的形式有文字表述式和表格调查式两种。

4. 开展班会活动

班会活动主要包括班级例会和主题班会两大类。班级例会是班级定期举行的对学生进行常规教育的班会形式，班级例会有晨会、周会、民主生活会和班务会四种基本形式。班级例会主要是解决班级生活中出现的各种问题。主题班会是在班主任指导下,围绕一个主题对学生进行教育的班会活动形式。

主题班会需要考虑学生各方面需求状态,考虑教育目标,需要班主任倾注许多心力。一个好的主题班会要求做到:(1)精心设计主题,主题必须服从于教育方针和班级目标,有利于促进学生的全面发展,有利于班集体的健全和完善;(2)有针对性,能切实解决问题;(3)开拓创新,具有鲜明的时代性;(4)生动活泼,具有趣味性;(5)面向全体学生,充分调动和发挥每个学生的积极主动性。

练习 8.10　下面是某小学一个班的主题班会设计:

又到 3 月 5 日学雷锋的时间了,学校要求我们每个班为周围的社区做一件好事。可我认为学雷锋不能图表现,只用一天的行动来表示一下,而应该制度化,经常化,把爱心献给那些真正需要帮助的人。我决定先在班上召开一个"我们应该怎样学雷锋"的主题班会,形成我们全班共同的意见,找到一致的办法。主题班会设计如下:

第一步:全体同学收集雷锋的动人事迹。

第二步:请学生代表宣讲雷锋助人为乐的故事。

第三步:分小组讨论目前存在的学雷锋种种现象。

第四步:我们该怎么办?(各小组表达自己今后学雷锋的设想与办法)

第五步:全班讨论,形成学习雷锋的统一意见和行动方案。

问题:

运用班主任工作的理论与方法,对这一设计进行评价,并阐述组织好主题班会的要求。

5. 协调各种教育影响

班主任是学校、家庭和社会沟通的桥梁,负责协调配班级任课教师的关系和学校与家长之间的联系,同时还要协调学校与社会的关系。其中,特别要做好家校之间的沟通与合作。一般而言,班主任与家长的沟通方式主要有:家长会、家长委员会、家长沙龙、家访(要求有备而访,尽量不要以告状形式家访,尽可能就事论事)、家长园地、家长开放日、网站与电话、短信与微信、家校联系卡、面对面交流等。

练习 8.11　简述家校联系的基本方式。

6. 评定学生操行

评定学生操行是以教育目的为指导思想,以《学生守则》为基本依据,对学生一个学期内在学习、劳动、生活、品行等方面的表现进行的小结与评价。操行评定主要由班主任负责,在低年级时,一般由班主任来做;至高年级,可以先由学生小组进行评议,然后由班主任写出评语。操行评定及时给予学生信息反馈,相对客观准确,以正面鼓励为主,能够肯定学生的优点,并且帮助学生认识自己的不足,加以改正。

7. 工作计划与工作总结

班主任工作计划一般分为学期计划、月计划、周计划以及具体的活动计划等形式。学期计划内容相对比较完整,一般包括几个部分:(1)班级基本情况介绍,如对班级基本情况的分析和评估,对学生个体情况的介绍等;(2)班级工作内容,即介绍班级工作主要有哪些内容;(3)班级工作安排,即介绍班级工作如何实施,包括如何落实和何时落实。

班主任工作总结是对整个班主任工作过程、状况和效果做出全面的、恰如其分的评估。

班主任工作总结一般分为两类：全面总结和专题总结。班主任工作总结注重客观准确,需要班主任平时注意积累资料,并及时做好日常工作的分析总结。

8. 个别教育工作

在实际教育工作中,不同学生的发展状况各有区别,这就要求班主任老师要了解学生,有的放矢地进行教育。

（1）"先进生"的教育工作

先进生是指在一个班级中思想、学习、纪律、劳动、身体等方面发展状况处于相对前列的学生。从心理特点上看,这些学生一般自尊好强,充满自信,有强烈的荣誉感、较强的超群愿望和竞争意识。对先进生的教育应严格要求,防止自满,不断激励先进生进步,培养先进生的抗挫折能力,鼓励公平竞争,克服嫉妒心理,提倡互帮互助、共同进步。

（2）"中等生"的教育工作

中等生也称为"中间生",是指班级中各方面表现平平的学生。中等生大多信心不足,竞争欲望不强,成绩既上不去,也不至于落在最后。有的是因为能力一般而学习成绩居于中流,有的则是因为不努力而导致成绩一般,也有的是在学习很努力的情况下,成绩依旧上不去。中等生是一个有自身特点的群体,且是班级中人数占多数的群体。因此,对中等生的教育也应当受到重视。班主任要为中等生提供展示自己才能的机会,善于发现他们的强项和优点,增强其自信心,激发其上进心,使他们能在原有的基础上向前发展。

（3）"后进生"的教育工作

后进生应该被称为进步相对缓慢的学生,通常指那些学习积极性不高,学习成绩暂时落后、个别不太遵守纪律的学生。"后进"是一个相对的概念,后进可以在一定条件下发展为先进。后进生往往具有不适度的自尊心,既难以接受当众批评,也不愿接受对弱者的庇护,有时会为了突出自己而采用不适当的方式,比如恶作剧。他们大多学习动机不强,意志力薄弱,有的甚至是非观念模糊。因此,在教导后进生时须注意关心爱护他们,尊重学生人格,激发和培养学习动机,提供范例,增强是非观念,因材施教,挖掘和培养"闪光点"。

❖❖❖ **温馨提示**

在学习班主任的工作内容与方法这部分内容时,要注意结合班主任的工作职责去熟记班主任的工作内容。重点放在班主任的工作方法,特别是了解学生的方法、组织班会的方法和家校联系的方法。

练习 8.12 简述班主任工作的主要内容。

（四）学生评语的写作

班主任的工作内容之一是给学生写评语。评语是对学生一段时间或一个学期的各种表现的一种综合评判,目的是帮助学生保持优点,改正缺点,不断进步。具体写作时要注意下面的基本要求。

1. 学生评语写作的原则

（1）激励性原则

撰写评语时要善于发现学生的优点、闪光点、特长和潜能,并给予充分肯定和认可,让学生看到自己的点滴进步,从而增强自信心,不断进取,以取得更大的进步。

(2)尊重性原则

撰写评语要充分尊重学生的人格,达到师生间情感的融合,避免挫伤学生的自尊,充分调动起他们学习及从事各项活动的积极性。

(3)教育性原则

由于学生年龄较小,心理不成熟,可塑性较大,面对价值取向的多元化往往无所适从,为此,教师要抓住机会,不失时机地进行教育。这一原则在口头评语中尤其应坚持。

(4)期望性原则

期望性评价对学生好学上进、自强自信的心理品质的形成有着重要的作用,它使学生得到了理解和支持,感受到了尊重和信任,有利于树立起实现远大理想的信念。

(5)全面性原则

依据多元评价理论,对学生的评语必须是全面的、公正的,而不能是片面的、狭隘的。只有这样,才能使学生全面清楚地了解自己各方面的表现,感受到教师在各方面对自己的关怀,从而更好地发展自己。这一原则在对学生较长时期(如期末)的评价时必须坚持。

(6)个性原则

社会的进步和发展需要多规格的人才。培养多规格的人才,首先要注意发现培养学生的爱好和特长,加以正确指导,使人人具有自己的特点和个性,适应社会各方面的需要。为此,评语撰写就要对学生的特长和爱好给予充分肯定和支持,使学生得到生动、活泼、自由的发展。

2. 学生评语中的语言运用

给学生的评语用字遣词需浅显,须在学生认知能力范围之内,易于学生理解,最好能使用学生的话语,这样会使枯燥的评价带有活力,拉近与学生的距离。在遣词造句的时候,要维护学生的自尊与自信,避免训话的语气。诸如评价一位学生上课不专心,如果直接写"上课不专心听讲,成绩怎么可能理想"会极大地伤害学生,而如果换成较委婉的语气"当你将注视窗外的眼神转移到课堂上,老师相信你会取得更大的进步",效果会好很多。语言是态度的流露,当教师用心写评语时,学生就会感受到诚恳与关切。

不少班主任习惯用"好"字来评价学生,某某是一个好孩子,某某是一个好学生,那么他究竟好在什么地方呢? 可以是学习成绩好,可以是学习习惯好,可以是助人为乐、友爱同学,可以是孝敬父母、尊敬师长,可以是积极向上。所以一个"好"字并不能表达出全部的意思,即教师要慎用这个"好"字。一般来说,标准越固定,越为人接受,"好"所包含的信息就越多。例如评价学生"身体好",那基本上就是说这个学生身体健康,很少生病。其他情况,使用"勇敢""勤奋""自信""善良"等词所传达的意思更全面、更贴切。

3. 学生评语范例

(1)引导学生振作精神的评语

在昔日的时光中,你有成功,也有失败;有丰硕的果实,也有苦涩的泪水……但不管怎样,坚强的你总是昂首面对。你认真、刻苦、虚心、诚实,因此赢得了老师和同学们的一致好评。但有时,你还缺少些恒心,急于求成。"千里之行,始于足下",希望你能凭着自己的顽强意志,迈好人生的每一步,从不放弃,永不言败。

(2)鼓励学生不断努力的评语

胜利的果实,永远挂在树梢上,你可要努力往上跳,才能摘到啊! 不要等待明天向我们走来,让我们走向明天! 只有当我们将"等待"改为"开创"时,才能拥有一个真正属于自己的、美好的明天!

(3) 为学生解除心理压力的评语

你那原本美丽慧黠的双眸为什么被忧愁遮掩,开朗大方犹如银铃般的笑声什么时候销声匿迹了? 你是班级的"种子选手",为什么轻易地把它让给了别人? 记得你曾偷偷地塞给我一个纸条,说你愿意成为我的骄傲。可是现在怎么了? 能告诉我吗? 老师愿意成为你的知音,你的朋友,老师愿意为你保密。希望你会成为我永远的骄傲。

(4) 劝诫学生克服缺点、弱点的评语

看你作业认真,字写得漂亮,的确是一种享受,说明你有着认真的态度。老师一直认为上课偷偷讲话的同学一定不会是你,但为什么又偏偏是你? 如果你的课堂表现也能像你的字一样漂亮,那么老师和所有的同学一定会对你另眼相看,那时的你一定是很优秀的,我期待着你以后有更好的表现。

(5) 为学习上的"差生"鼓劲儿的评语

在老师的眼里,你是一个热情奔放、热爱集体的好学生,愿意主动与老师亲近、接触。但每当想起你及格线以下的学习成绩,我的心里总是酸酸的、涩涩的。在新的学期里,你愿意挥动勤奋的双桨,为老师掠去心头的这片阴影吗? "有志者,事竟成",老师相信你一定会成功!

(6) 引导学生注意把握学习方法的评语

你是一个友好和善、遵规守纪的学生。尊敬老师,同学关系融洽,热爱班集体。无论在教室,在寝室,你都不是一个捣蛋的学生。可奇怪的是我常常看到你忙乱,而作业完成得也不是很好。缺乏计划性,没有学习规律,任务落实不好,这是不是你成绩提高不大的原因? 如果是,赶快改正,相信你会有进步的!

> **温馨提示**
>
> 学生评语写作是班主任的常规工作之一。学习时不能仅记住一些基本要求,更重要的是能够根据这些要求撰写学生评语。学习时可以选择不同类型的学生进行实践演练,注意字数在 200 字左右,内容要涵盖德、智、体各方面,语言运用要得当,并且有一定的个性。

练习8.13 简述小学教师撰写操行评语的注意事项。

第二节 ◈ 班 级 管 理

班级组织是教育发展到一定阶段的产物。最早正式使用"班级"一词的是文艺复兴时期著名教育家埃拉斯莫斯。随后,夸美纽斯总结了前人和自己的实践经验,并在其代表作《大教学论》中对班级组织进行了论证,阐述了班级管理的优势,奠定了班级组织的理论基础。

一、班级与班级管理

(一) 班级及其特点

班级是学校为实现一定的教育目的,将年龄相同、文化程度大体相同的学生按一定的人数规模建立起来的教育组织。班级是学校教育结构系统中的最基本的群体单位,也是促进学生实现个体社会化的最基本的社会单位。班级具有下列特点。

1. 班级是学校最基本的组成单位

学校组织一般由校长室、教务处、总务处、德育室、科研处、年级组、班级等组成。班级是学校的基本教学单位,也是学校行政管理的最基层组织。班级把一些所学知识相同、年龄相同的学生放在一起集体学习,这不仅提高了学校教育资源的利用率,也有利于管理。

2. 班级的编排遵循一定的规律

第一,根据其年龄特征和知识水准所达到的阶段,将学生分级,即划分成年级,以便于集中授课,提高教学效果和效率。第二,对已划分成同一年级的学生,还要考虑到教学设施、教学方法、教学效果、课程设置、教师水平、学生特点及学生管理等诸多因素,所以又有必要将学生按一定的数量标准和构成标准再进行组合编班,从而划分出了班级这一学生集体。

3. 班级具有学习性

对于班级中的学生而言,首要的属性是"学习者",其基本任务是学习。学生学习是为将来进入社会生活做准备的"奠基性学习"。学生学习的内容既有社会为其安排好的显性课程,也有如班级组织中的各种规范、角色、人际关系等的隐性课程。

4. 班级具有不成熟性

班级区别于其他社会组织的一个重要之处在于:它是非成人组织。作为班级组织主体的学生正处于身心发展的过程之中,尽管这一发展的水平因学生的年龄而异,但就其整体相对于成人来说,学生是社会成员中的未成熟者。因此,班级不可能进行完全的自我管理,必须在一定程度上依靠成人的力量。

5. 班级具有教育性

班级的教育性不仅仅表现在对学生社会化方面,而且也表现在促进学生个性化方面。社会化不是以牺牲自我发展、自我表现为代价的。强调班级能够促进学习的个性化,就是要使人们充分认识到学校培养的不是社会机器,而应是全面发展的、具有个性的"充分、自由、和谐发展"的人,这是教育的根本目标。

6. 班级具有社会性

班级中的活动既反映着社会对受教育者的培养要求,又反映着社会环境的渗透和影响,只不过前者带有更多的自觉性,后者带有更多的自发性而已。在班级的活动中,学生要和教师、同学这些群体中的成员打交道,这都构成了学生们的社会关系。

(二) 班级管理及功能

班级管理是指班级教育管理者带领班级学生按照班级管理规律的要求,为了更好地实现教育教学目标和班级工作目标而进行的一系列的活动。班级管理不能狭义地理解为在班级活动中的管理,不能狭义地认为不是集体活动就不存在班级管理,而应该理解为以班级作为一种组织形式和载体对学生进行的全面的管理,不管学生是在班级活动或是在自发形成的小组活动中,都有班级管理。管理的主体是班主任、任课教师和全体学生。班级管理具有如下功能。

1. 社会化功能

人的社会化是指社会将一个"生物人"教化成为一个"社会人",使其取得社会成员资格的过程。教育的基本职能是实现人的社会化。班级管理的社会化功能主要表现为三个方面:(1)提高学生的"做事"能力,学生在班集体里通过学习和掌握系统的文化科学知识、技能,提高认识世界和改造世界的能力,亦即提高学生的"做事"能力;(2)让学生学习"做人"之道,学生通过班集体的共同活动及生活中所处的各种关系,学习和内化社会规范,积累社会生活经验,学习"做人"之道;(3)为学生做一个合格公民奠定基础,学生通过班集体中规范化的组织机构,扮演各种社会角色,培养公民品质,为做一个合格公民奠定基础。

2. 选择功能

青少年学生在进入社会之前,在班级教育过程中,教师担负着职业指导的任务,要帮助学生选择今后的专业方向。随着改革开放的深入,经济迅速发展,青少年选择职业的范围日益加宽。在班级工作中发挥主导作用的班主任,要全面深入分析每个学生的能力、爱好、特长、个性倾向。同时,在班级管理中,应重视培养学生对社会变革和职业变动的适应能力。简言之,选择功能是在当前多元价值的条件下,为学生在多重社会角色和不同的职业结构中,选择较为合适的社会角色和职业。

3. 个性化功能

所谓个性化是把自己本身的存在看成个人的,并进而追求与他人不同的独特方式去行动的方向。个性化方面的构成要素包括自我概念的发展,自尊心和成就动机的发展,行动、认知、智能、兴趣、思想情绪等所有方面的综合发展。班级管理者必须努力发现每个学生个性的潜在差异及形成这种差异的条件,进而根据潜在的差异确定可能的塑造方向。

4. 保护功能

社会生活环境和儿童的学习生活环境,直接或间接影响着青少年学生的身心健康。照管儿童是学校所提供的最有形的服务。目前,我国某些学校在片面追求升学率的重压下,忽视班级保护功能的发挥,致使学生体质下降、心理不健康的现象有增无减。班级管理过程中,应当注意加强营养保健,增加户外活动,创设学习、文体、休息等方面合理调度配置的环境,指导学生心理自我保健,提倡讲究个人卫生和仪表,从而保护青少年学生身心健康的发展。

5. 调整功能

自我概念的形成有三条途径:一是个体通过个人实践活动的结果,二是通过与他人的比照,三是自我反省。教师在班级中的管理方式或教学行为,对教师来说是一种实践活动,实践的结果——班级群体的状态对教师具有反馈的作用,教师据此修正、调整自己的行为。另外,教师实践的对象——学生是具有主动性、独立性的人,学生也以特定的方式在行为上、思想上作用于教师,使教师的行为或认识尽可能满足自己的需要,这也对教师的行为具有调整的作用。师生双方在行为、认识以及需要方面一致性的达成,有利于班级整体功能的发挥,也有利于教师角色的社会化。

> ❖ 温馨提示
>
> 　　班级是学校系统中最基本的基层单位，它有五大功能：社会化功能、选择功能、个性化功能、保护功能、调整功能。学习时要特别注意识记与理解五大功能，同时注意班级的特点。

二、班级管理目标与内容

（一）班级管理目标

管理目标是指"管理系统在一定时期内预期达到的目的和取得的成果"[①]。班级管理目标就是班级管理主体（主要是指班主任和学生）从本班实际出发，通过一系列的管理活动，在一定时期内使班集体所要达到的一种理想状态或预期的结果。班级管理目标具有指向性、层次性、主体性的特点。

1. 班级管理目标的类型

根据不同的划分标准，班级管理目标可以划分为不同的类型。

从时间上来划分，班级管理目标可以划分为长期目标、中期目标和短期目标。班级管理目标的实现是一个过程，在班级管理活动中，要把长期目标、中期目标和短期目标有效结合起来，分段实施，最终实现长期目标。

从对象上来划分，班级管理目标可以划分为学生个体目标和班级集体目标。学生个体目标应以班级集体目标为导向。

从内容上来划分，班级管理目标可以分为学习目标、德育目标、体育目标、心理健康目标等。

2. 班级管理目标的制定依据

确定班级管理目标要根据主客观条件，既要符合社会对学校教育的总要求，又要符合学校管理目标的要求；既要符合学生的实际情况，又要考虑到客观的条件。确定班级管理目标的具体依据如下。

（1）社会要求和学校要求

一般而言，国家的教育方针是学校教育的指南，自然是班级管理的指南。另外，班级管理目标要根据国家与教育相关的法律法规与政策制定，不能与之相冲突。每个学校都有自己的办学理念与办学目标，班级作为学校的基层单位，在确定管理目标时必须与学校的办学目标保持一致。

（2）社会背景和学校的客观条件

历史总是在不断地进步，每个时期对教育的要求也各有不同，因而在制定班级管理目标时要注意与社会发展的步伐相一致。当然，在确定具体的目标时要考虑学校的客观条件的可行性，要在力所能及的范围内制定相应的班级管理目标。

（3）学生情况

班级管理的对象是学生，同时学生也是班级管理的主体。因此，必须对学生的现实情况

---

① 顾明远.教育大辞典[M].上海：上海教育出版社，1997：4.

进行综合全面的分析,准确地了解学生的需求、困惑,进而设计切实可行的班级管理目标,这样才可能使班级管理工作事半功倍。

（4）班级特点

每个班级都是一个独立的存在,学生的组成、经济状况、心理与生理条件等都各不相同,而且任课教师情况也存在差异,班风、班纪、班规互有差异,所以,班级管理目标的制定要根据每个班的具体情况,而不能统一标准。

3. 班级管理目标制定的原则

目标是人们的行为预期要达到的结果,目标的制定必须做到主观与客观的和谐统一。制定切实可行的目标,对促进班级目标管理及调动全体学生积极参与班级活动有巨大的推动作用。班级管理目标制定原则主要有以下三点。

（1）确定目标要切合实际

所谓"切合实际",就是目标不能定得大而空,不着边际;也不能定得过于容易达到,唾手可得。确定的目标对于每一个学生来说,都应该是通过艰苦努力才能达到的。只有明确而切合实际的目标,并且具有一定的难度,才能激发学生的挑战性,发挥其主观能动性,调动学生参与班级管理的自觉性和积极性。

（2）规定完成目标的时间要合理

具体落实目标,控制整个操作过程的时间分配,是完成目标的关键环节之一。时间分配要与完成目标任务的难易程度相适应。失去时间控制,任其发展,工作效率必然很低,再好的目标任务也不能如期完成,更不能激发起学生的进取意识。

（3）评价完成目标的标准要科学

关于评价标准,第一,要统一人们的思想认识,树立正确的人才观,克服只有考上大学才是人才的观念;第二,要多角度、全方位看一个班级在原有水平上提高的幅度;第三,给学生下评语要得当,要全面衡量,综合评价,不能以分取人。对班级目标管理工作做出科学的评价和准确的判断,学生就会对未来充满信心,增强活力,班级目标管理才会健康有序地向更高层次发展。

◆❖ **温馨提示**

班级管理目标的制定依据是:社会要求和学校要求、社会背景和学校的客观条件、学生情况、班级特点。可以根据要求-条件-学生-班级这几个关键词去理解与记忆。目标制定时要注意:目标要切合实际、完成时间要合理、评价标准要科学,即内容-时间-标准。

（二）班级管理的内容与资源

1. 班级管理的内容

班级管理的具体内容大体包括班级目标管理、班级常规管理、班级德育管理、班级活动管理、班级学习管理、班级环境管理、班级心理管理七方面内容。

（1）班级目标管理

班集体目标管理是指班主任根据班级工作目标进行的管理。它要求在一切班级活动开始前,首先要确定目标,班级一切活动的进行要以目标为导向,其目的是通过目标的激励来调动学生的积极性。

（2）班级常规管理

班级常规管理是通过制定和执行规章制度去管理班级的日常性工作。班级常规管理主要包括班级规章制度的制定与学校集体生活的管理两大部分。班级规章制度包括学生在校学习和生活常规制度,课堂纪律评比制度、清洁卫生制度、体育锻炼制度、奖惩制度等。学校集体生活的管理主要包括校风校纪、环境保护、财务管理、宿舍和食堂管理等。

（3）班级活动管理

班级活动管理的内容主要包括下列几个方面：政治性活动、文体类活动、公益性活动、军事性活动、勤工俭学活动、科技性活动等。

（4）班级德育管理

班级德育管理指管理主体为实现学校德育目标而对班级进行的调控活动。基本内容如下：班级德育目标管理、班级德育活动管理、班级德育过程管理、班级德育评价管理。

（5）班级学习管理

学习管理主要对班级中学生的学习方面进行一定的管理。主要内容如下：创设良好的学习氛围、帮助学生掌握扎实的科学文化知识、促进学生能力的全面形成。

（6）班级环境管理

班级环境管理的对象大致可划分为两大部分,即班级内环境管理与班级外环境管理。班级内环境是与班级关系最密切,也是最重要的一部分,内环境管理的好坏直接影响到班级整体效能的发挥。外环境是班级生存、发展的重要条件,主要包括其他班级、学校管理部门、教育行政机关、家庭、社区等。

（7）班级心理管理

心理管理是指班主任对学生的心理行为问题进行有效的管理。实施心理管理应做好以下几方面工作：把握学生心理、建立心理档案、提高自身的心理素质。

2. 班级管理的资源

班级管理的资源是指班级管理中可以利用的一切资源,其范围非常广泛,包括人力资源、物力资源、制度资源、心理资源等。

（1）人力资源

班级管理中的人力资源包括班主任、任课教师、学生、学生家长及其他相关人士。班主任是按照学校教育目标的要求,带领班级全体成员,完成班级管理的任务,实现班级目标的管理者、组织者、协调者;任课教师不仅是上课的老师,也是培养人的教育者,是生活的导师和道德教师,因此,任课教师不仅是授课老师,也是班级管理的重要参与者;学生群体自身是重要的教育资源,同样也是班级管理的资源;学生家长是班级管理的重要人力资源,学生家长与班主任的沟通以及对班级管理的重视是建设优秀班级的必不可少的条件。在班级管理中,还应该适当开发社会人力资源。社会教育机构,如青少年宫、文化馆、科学馆、群艺馆、业余体校等都和学校有着某种程度的关联,其中的相关人员在某种程度上可以为学校班级管理提供丰富的人力、信息、物质条件,使学生的多种需求和兴趣得到满足,也可以为学生体验生活、实践生活提供更多机会。

（2）物力资源

物力资源主要包括教室环境、座位安排。教室是孩子学习的主要场所,优美的教室环境有助于培养学生正确的审美观念,陶冶学生的情操,能给学生增添生活与学习的乐趣,消除学习后的疲劳,增强班级的向心力、凝聚力。课堂座位安排合理,能够使学生们产生凝聚感和合作感。

练习 8.14 班级管理资源众多,下列各项属于物力资源的是( )。

    A．后勤人员   B．座位安排   C．班规   D．班级舆论

(3) 制度资源

制度资源包括班规、日常行为规范、作息制度、学生课堂常规、课间操与眼保健操制度、班级环境管理制度、班级公务管理制度、优秀班集体评选条件、学生评优评先条件等。科学地利用制度资源是班级管理有效运行的基础。

(4) 心理资源

心理资源包括班级氛围、师生关系、班级舆论等。

◆ 温馨提示

班级管理的内容的记忆可以运用下列口诀:"制定常规(常规管理)目标(目标管理),在活动(活动管理)环境(环境管理)中学习(学习管理)德育(德育管理)心理(心理管理)。"

另外,特别注意对四大资源的记忆与理解,并能根据材料对某种资源的类别进行判断。

三、班级管理的模式与方法

尽管班级管理没有固定的模式,也没有固定的方法,但仍有一定的规律可以遵循。下列模式与方法在小学班级管理中使用得比较普遍。

(一) 班级管理的模式

就目前的小学班级管理实践而言,班级管理大致有常规管理模式、平行管理模式、民主管理模式和目标管理模式几种。

1. 常规管理模式

常规管理,也称制度化管理,是指通过制定和执行规章制度去管理班级的经常性活动。班级常规管理是建立良好班集体的基本要素。

2. 平行管理模式

平行管理是指班主任通过对集体的管理去间接影响个人,又通过对个人的直接管理去影响集体,从而把对集体和个人的管理结合起来的管理方式。平行管理的提出者为苏联教育家马卡连柯。他认为教师要影响个别学生,首先要影响学生所在的这个班级,然后通过学生集体与教师一起去影响每个学生。

3. 民主管理模式

民主管理是指班级成员在服从班集体的正确决定和承担责任的前提下,参与班级管理的一种管理方法。班级民主管理的实质是在班级管理的过程中,调动学生自我教育的力量,使每一名学生都积极主动地参与班级事务。

4. 目标管理模式

目标管理是指班主任与学生共同确定班级总体目标,然后转化为小组目标和个人目标,

使其与班级总体目标融为一体,形成目标体系,以此推动班级管理活动,实现班级目标的管理方法。

练习 8.15　张同学上课比较散漫,经常未经老师允许就张口说话,干扰正常教学。王老师与他约定,如果他一节课能做到未经允许不说话,奖励 1 颗"文明星",能够在一天内做到未经允许不说话,奖励 10 颗星。慢慢地,张同学改掉了上课散漫的习惯。王老师的这种班级管理模式属于(　　)。

A. 常规管理模式　　　　　　　B. 平行管理模式

C. 民主管理模式　　　　　　　D. 目标管理模式

(二) 班级管理方法

每个班主任都有一套自己的管理方法,经过长期的探索与总结,下列方法在小学班级管理中是行之有效的。

1. 调查研究法

调查研究法是班级管理者了解班级学生和班级整体情况,把握班级特点,解决班级教育管理问题的方法。调查研究的内容包括了解学生个体和班级整体的情况。学生个体情况包括个体的思想品德、学习兴趣、学业成绩、学习方法、兴趣爱好、个性特点、人际交往、家庭情况等。班级整体情况包括班级舆论、班风、班级群体及其核心人物、班干部情况等。调查研究法一般可以通过访问、开座谈会、问卷等具体方式进行。

2. 目标管理法

目标管理法是班级管理者和班级学生根据社会发展要求、学校任务和班级实际情况,共同规划班级或个体在一定时间内要达到的目标,并将目标分解成一定的层次,逐级落实,通过采取一定的措施努力使目标实现的一种管理方法。

实行目标管理,必须尽可能对班级总目标进行科学分解,形成班级目标体系,并落实到小组、学生个人身上,使每个小组、每个学生明确各自的努力方向,从而提高班级管理的实效。

3. 情景感染法

情境感染法是班级管理者利用或创设各种教育情境,以境育情,使学生在情感上受到感染的方法。班级管理者要从班级的教育要求出发,把教育情境设置和教育目标结合起来,形成最佳的教育契机,将学生置身于典型的、目的明确的情境之中,以亲身的感受,激起丰富真切的情感体验,在学生间互相感染,使全班学生形成情感上的共鸣,从而达到学生情感体验与外部教育情境的和谐一致。

4. 规范制约法

规范制约法是用规范、制度等约束学生行为,促使学生逐步形成良好行为习惯的方法。班级规范的内容一般包括两个方面:一是学生在学习、生活中应该遵守的准则;二是执行或违反规范的奖惩规范。

在运用规范制约法时,要注意:第一,引导学生共同制定班规,从而使班规得到更好的认同;第二,注意加强指导和监督,防止规范软化现象;第三,适当运用奖惩手段,优化规范的运用效果;第四,教师要起榜样作用。

练习 8.16　为了培养学生的自觉性和自主性,黄老师经常与他的学生签订各种"契约",有集体契约,也有个人的契约;有学习契约,也有生活契约;有口头的约定,也有书面的协议……同学们慢慢地养成遵守契约的习惯。黄老师采用的班级管理方法是(　　)。

    A. 目标管理法　　　　B. 舆论影响法　　　　C. 行为训练法　　　　D. 规范制约法

5. 舆论影响法

舆论影响法是通过健康向上的集体舆论,形成积极的、浓厚的班级学习、生活的环境氛围,从而对身处其中的每个学生产生潜移默化的影响的方法。班级管理者在日常的教育教学和生活中,要善于根据教育要求、班级规范引导学生,对好的言谈举止给予表扬奖励,对不良的言谈举止给予批评谴责,在班级中形成一种正确的舆论氛围。

6. 心理疏导法

心理疏导法是班级管理者运用心理学知识、方法,对学生给予辅导、疏导或进行沟通,解开学生的心理症结,使学生保持心理平衡,促进其心理发展的方法。心理疏导法的常用方式有心理换位法、宣泄疏导法和认知疏导法三种。

心理换位法就是与他人互换位置角色,即站在对方的角度思考、分析问题,以此来体会理解对方的情绪和思想,进而化解双方的矛盾,消除和防止不良情绪;宣泄疏导法就是将受挫者遭受挫折后所产生和积累过多的消极情绪宣泄出去,以维持其生理、心理的平衡,进而能积极地适应和应对挫折的方法;认知疏导法就是通过引导使学生改变不正确的认知和信念,树立正确的心理认知,以消除或减弱不良的心理情绪和行为的方法。

7. 行为训练法

行为训练法是指在学生的日常学习、生活、劳动等实践活动中,运用心理学的行为改变技术对学生的错误行为进行矫正,使其知行统一,形成良好的行为习惯的方法。

> ◆◆ **温馨提示**
>
> 关于班级管理模式和管理方法的记忆可以用下面的口诀:我是个平(平行管理)常(常规管理)的牧(目标管理)民(民主管理),却总想调查(调查研究法)舆论(舆论影响法)情景(情景感染法),规范(规范制约法)别人的心理(心理疏导法)行为(行为训练法)目标(目标管理法)。学习时,注意根据相关材料判断属于哪一种资源或方法。

练习 8.17 简述小学班级管理的基本方法。

▨ 四、班级管理原则

班级管理原则是班级管理者组织全班学生,参与学习、劳动、文体、社交等多项教育与管理活动,有效实现班级管理目标的指导思想和行动准则。这是对班主任及任课教师组织班级活动、处理班级事务的基本要求。

(一) 方向性原则

方向性原则就是指班级管理工作必须坚持正确的方向,用正确的思想引导学生。这是班级工作受社会政治、经济制约的客观规律的反映,也是我国社会主义教育的性质、目的、任务及其特点所决定的。

贯彻方向性原则时要注意:(1)以正确的方向引导学生,遵循社会主义教育规律,彰显社会主义教育特色;(2)班级工作坚持思想领先,不断提高自身教育工作的觉悟与境界。

(二) 全面管理原则

学生管理与一般管理活动相比有其独特性,它要实现全体学生德、智、体、美全面发展的教育目标,因此,学生管理必须面向全体,从整体着眼。

贯彻全面管理原则时要注意:(1)班级管理工作要面向全体学生;(2)用全人的、整体的眼光看待学生,实现学生的全面发展。

(三) 自主参与原则

自主参与原则是指班级成员参与管理,发挥其主体作用。学生自主意识较强,他们是班级的被管理者,也是管理者,一旦他们真正参与管理,班级管理效率将成倍提高,班级的发展将获得强大的原动力。

贯彻自主参与原则时要注意:(1)增强民主意识,切实保障学生主人翁的地位和权利;(2)教师必须及时采纳学生的正确意见,接受学生的监督,不搞一言堂,切忌家长作风;(3)发展和完善学生的各种组织,逐步扩大班委会等组织的权限;(4)努力营造民主气氛,为学生行使民主权利提供机会,创造条件。

(四) 教管结合原则

教管结合原则是指把班级的教育工作和班级的管理工作辩证统一。具体地说,就是班级管理者对学生既要坚持正面引导,耐心教育,又要凭借必要的规章制度要求学生,约束其行为,实行严格的教育管理。

贯彻教管结合原则时要注意:(1)管理者要用科学的道理和正面的事例,对学生进行启发诱导,调动其内部动力,使他们在思想、品德、学业、生活等方面沿着正确的方向发展;(2)管理者要引导学生制定必要的规章制度,并认真执行,经常检查,及时总结。

(五) 全员激励原则

全员激励原则,是指激励全班每个学生,充分发挥他们的智力、体力等各方面的潜能,实现个体目标和班级总目标。

贯彻全员激励原则要注意:(1)要公正无私,一视同仁,用同样的情感和尺度对待每个学生;(2)要善于用适当的班级目标激励所有成员;(3)要经常运用各种激励的教育方法。

(六) 平行管理原则

所谓平行管理原则,是指管理者既通过对集体的管理去间接影响个人,又通过对个人的教育管理来影响集体,从而把对集体和个人的管理结合起来,以收到更好的管理效果。

贯彻平行管理原则要注意:(1)组织、建立良好的班集体;(2)善于发挥班集体的教育作用;(3)要加强个别教育。

❖ 温馨提示

班级管理的原则必须牢记在心,而且要理解其含义,并能应用于教育现实问题的解决。记忆时,可以参照下列口诀进行:我是个天才,主(自主参与)管(教管结合)方方(方向性)面面(全面管理)全(全员激励)行(平行管理)。

练习 8.18 题干材料同练习 7.30。

问题：

谈谈本案例在班级管理方面给你的启示。

第三节 ◈ 课 堂 管 理

课堂管理是指教师为了有效利用时间、创设良好的学习环境、减少不良行为而采取的各种活动和措施。一般包括课堂人际关系管理、课堂环境管理、课堂纪律管理等方面。

一、课堂管理的类型与影响因素

（一）课堂管理的类型

课堂管理的类型大致可以分成放任型、独断型、民主型、情感型和理智型五大类。

1. 放任型

放任型管理的课堂，一般而言，教师管理意识淡薄，工作责任心较差，只追求在课堂上把课讲完，至于效果如何则不予过多考虑，对学生放任自流。如果课堂中出现问题，只要不影响教学也不会关注。学生表面上乐得自在，实际上求知需要得不到满足，往往会导致对教师的不尊重。在放任型管理的课堂上，学生的学习动机与学习热情低，教学效果很差。

2. 独断型

独断型管理的课堂，教师对学生的课堂表现要求严厉，而且这种要求往往只根据教师个人的主观好恶确定，不太考虑学生的实际和教学目标的具体要求。在独断型管理的课堂上，学生的意见得不到充分发表，且学生往往有一种紧张感、压抑感，容易导致课堂管理的形式主义倾向，教学效果一般。

3. 民主型

民主型管理的课堂，教师积极、认真，宽严适度，善于通过恰当的启发与指导，保证课堂管理的有效进行，课堂管理的各种具体措施都会考虑到班级的具体情况，学生对这样的老师既亲又敬。在民主型管理的课堂上，学生学得主动愉快，课堂教学效率高。

4. 情感型

情感型管理的课堂，教师对学生充满爱，教学时语言和表情亲切，并善于发现学生的优点和进步，常常从内心发出对学生的赞扬，学生的学习积极性不断受到激发。教师对学生、学生对老师都具有深厚的感情，这不仅促进了课堂管理，而且对教育教学具有强烈的推动力，能够激发学生的学习兴趣，并有利于培养学生的思想品质、道德情操。

5. 理智型

理智型管理的课堂，教师对教学目标非常明确具体，对每一个教学过程都安排得科学、严谨、有条不紊，并能采用相宜的教学方法，一环紧扣一环。同时，善于根据学生在学习过程中的各种反馈（表情、态度、问答、练习等）调整教学内容的难易程度，并掌握好教学进程。学生的学习活动完全在教师的把握之中，学生能够认真专注，紧跟教师的思路进行学习，并敬佩自己的老师；课堂气氛显得较为庄重、严肃。

(二) 课堂管理的影响因素

影响课堂管理的因素众多,一般来说,主要有以下几个方面的因素。

1. 班级规模

一般而言,班级规模越大,课堂管理的难度越大。首先,班级大小会影响成员之间的感情联系;其次,班级越大,学生间的差异越大,课堂管理遇到的阻力也越大;最后,班级的大小会影响师生之间、同学之间的交往模式。

2. 课堂环境

课堂环境包括物理环境与社会环境。前者包括教室环境布置,教室的空间、座位模式,教学设施等;后者包括班级气氛、班风与学风、情感环境与师生关系等。良好的课堂环境有利于提高课堂管理的成效。

3. 学生期望

学生期望包括两个方面:一是学生对自己的期望,如果期望高,则益于课堂管理;二是学生对教师的期望,如果教师的课堂表现达到学生的期望,那么课堂管理就相对容易。

4. 教师心态

如果教师心态乐观,积极向上,热爱学生,思想有高度,专业有深度,充满激情,魅力四射,处理事情果断,公正无私,那么,他/她在学生心目中就是一个"权威"人物,自然地课堂管理也能更有成效。

5. 师生关系

良好的师生关系对课堂管理有积极的作用。良好的师生关系有两个特征:一是学生对教师组织和管理的"权威"地位的接受,教师要赢得学生的尊重,其地位、教学能力、管理能力等必须得到学生的承认,在学生眼里,理想的教师应是能维持秩序但又不过分严厉,公正无偏私,讲课清晰有趣,知识渊博,能给学生以实际的关怀、帮助;二是师生之间的相互尊重。

6. 管理方式

不同的管理方式会导致不同的结果。一般来说,民主型的管理方式更有可能导致良好的结果。

7. 家长

家长是学生的第一任老师,家长的个性特征、教育理念、教育方式、对学校与老师的态度、对子女的期望等都会在一定程度上影响课堂管理的效果。

二、课堂气氛与课堂纪律

课堂气氛与课堂纪律是课堂管理的两个重要内容。良好的课堂气氛是课堂效率提高的前提,而良好的课堂纪律则是课堂教学正常运行的保证。

(一) 课堂气氛

1. 课堂气氛的类型

课堂气氛大致可以分为四种类型:积极型、消极型、对抗型和一般型。

(1) 积极型

基本表现:师生注意力稳定并集中到教学中,全神贯注甚至入迷;情感积极愉快,情绪饱满,师生感情融洽;学生坚持学习,努力克服困难;确信教师讲课内容的真理性;智力活跃,开动脑筋,从而迸发出创造性;教师的语言生动、有趣、逻辑性强,学生理解和解答问题迅速准确。

（2）消极型

基本表现：学生呆若木鸡，打瞌睡，分心，做小动作；压抑、不愉快，无精打采，无动于衷；害怕困难，叫苦连天，设法逃避；对教师讲的东西抱怀疑态度；思维出现惰性，反应迟钝。

（3）对抗型

基本表现：学生注意力指向与课程内容无关的对象，而且常常是故意的；教师为了维持课堂纪律而被迫中断教学过程；学生有意捣乱，敌视教师，讨厌上课；教师不耐烦，甚至发脾气；学生冲动，不信任教师。

（4）一般型

基本表现：介于积极与消极之间；学生的注意力相对集中，有时会分心；情感比较愉快，师生感情一般；面对困难能克服则克服，不能克服则放弃；基本相信教师讲课内容的真理性；思维比较活跃，能够回答教师的大多数问题。

练习 8.19

"过于安静，学生紧张拘谨，由于惧怕教师而反应迟钝、呆板，被动回答问题；课堂纪律较松散，学生心不在焉。"具有上述特点的课堂气氛属于（　　　）。

A．积极型　　　　B．对抗型　　　　C．消极型　　　　D．一般型

2. 影响课堂气氛的因素

影响课堂气氛的因素纷繁复杂，大致可以分为三个方面：教师、学生和课堂环境。

（1）教师方面

教师是影响课堂气氛的主要因素。教师的个性、情绪状态、对学生的期望、领导方式，甚至是身体素质等，都会对课堂气氛产生不同程度的影响。

（2）学生方面

学生是课堂的主人，学生的学习态度、学习方法、身体状态、心理特征、自我期望、对学习知识的准备、对教师的亲近感等都对课堂气氛产生一定影响。

（3）课堂环境

课堂环境的布置、座位的安排、教材的选择、教师采用的教学方法和手段、校风与班风、班级舆论、管理制度等课堂环境都是影响课堂气氛的因素。

3. 良好课堂气氛的创设

创设良好的课堂气氛主要是教师的责任。在创设良好的课堂气氛时，一般需要考虑以下几个方面的因素。

（1）教师的人格魅力、业务水平、教学风格

教师的人格魅力是第一教育力量。俄国教育家乌申斯基说过："在教育工作中，一切都应以教师的人格为依据，因为，教育力量只能从人格的活的源泉中产生出来，任何规章制度，任何人为的机关，无论想得如何巧妙，都不能代替教育事业中教师人格的作用。"[1] 所以，教师要不断提升自身的人格，储备合理的知识结构，提高教学业务能力，才能使学生亲其师、信其道、承其志。

（2）良好的师生关系

课堂中的师生关系，直接制约和影响课堂气氛，因此，建立和谐的师生关系是优化课堂

---

① 乌申斯基. 乌申斯基教育文选［M］. 郑文越译. 北京：人民教育出版社，2007：8.

气氛的重要条件之一。建立和谐的师生关系要求教师加强师生关系的研究,树立正确的师生观;努力提高教师的综合素质,特别是业务能力,扩大"非权力"性影响;了解当代小学生的生理、心理和思想特点;淡化教师作为教育者的角色痕迹;重视师生间的非正式交往和非语言交流等。

（3）课堂教学的组织

在整个教学过程中,包括导课、中间、收尾都需要教师精心设计,力求上课达到三个境界：开头,引人入胜;中间,波澜起伏;收尾,余音不绝。这样的课堂教学组织必然形成严肃而活泼、愉悦而紧张的课堂气氛。

（4）教师的控制

没有控制就没有教学艺术,良好的教学气氛的创设,需要教师进行多方面的控制。教师是创设良好课堂气氛的关键人物。因此,当教师一踏入教室,就要学会自我控制：控制自己的情感、语言、教态和行为,主动创造生动活泼的课堂气氛。一方面,教师要智慧地控制偶发事件和对学生学习的焦虑,使课堂紧张而热烈;另一方面,教师又要保持冷静的头脑,使课堂气氛有张有弛。

（二）课堂纪律

课堂纪律是指为保障或促进学生的学习而设置的行为标准及施加的控制。良好的课堂纪律具有三个特性：约束性、标准性、自律性。良好的课堂纪律是课堂教学得以顺利进行的重要保障,有助于维持课堂秩序,减少学习干扰,也有助于学生获得情绪上的安全感。

1. 课堂纪律分类

根据形成途径,课堂纪律一般可分为以下四类：

（1）教师促成的纪律

教师促成的纪律即在教师的指导帮助下形成的班级行为规范。刚入学的小学生往往需要较多的监督和指导,课堂纪律主要是由教师制定的。随着年龄的增长和自我意识的增强,学生开始反对教师的过多限制,对教师促成的纪律要求降低,但它始终是课堂纪律的一种重要类型。

（2）集体促成的纪律

集体促成的纪律即在集体舆论和集体压力的作用下形成的群体行为规范。从小学生入学开始,同辈人的集体在促进儿童社会化方面就开始发挥重要的作用。随着年龄的增长,学生受同伴群体的影响会越来越大,开始以同辈群体的集体要求和价值判断作为自己的行为准则,以"别人也都这么干"为理由而做某件事情。

（3）自我促成的纪律

自我促成的纪律就是自律,即在个体自觉的努力下由外部纪律内化而成的个体内部约束力。形成自我促成的纪律是课堂纪律管理的最终目标。

（4）任务促成的纪律

任务促成的纪律即某一具体任务对学生行为提出的具体要求。在日常学习过程中,每项学习任务都有它特定的要求,或者说特定的纪律,例如课堂讨论、野外观察、制作标本等。

练习8.20　学生兴趣小组的纪律主要属于(　　)。

A. 教师促成纪律　　B. 群体促成纪律　　C. 任务促成纪律　　D. 自我促成纪律

练习8.21　张老师课前宣布："今天讲的课非常重要,讲完后当堂进行测验。"随后学生们精神抖擞,全神贯注地投入听课,课堂秩序井然。这种情况下形成的纪律属于(　　)。

A. 自我促成的纪律　　　　　　　B. 任务促成的纪律

C. 规则促成的纪律　　　　　　　D. 集体促成的纪律

练习8.22　小学生晓华和几个同学为了参加全省航模大赛,组成了航模小组。他们为了在大赛中表现出色,达成了共识:牺牲各自的一些课余休息时间,放弃各自的一些爱好,以规范自己的参赛行为。这种情况,小组成员遵循的纪律属于(　　)。

A. 教师促成的纪律　B. 群体促成纪律　　C. 任务促成纪律　　D. 自我促成纪律

2. 课堂纪律的形成阶段

课堂纪律的形成往往经历一个发展过程。国外学者 B. Churchward 参照柯尔伯格道德发展的阶段理论,把不同年龄儿童的纪律发展水平划分为四个阶段:反抗行为阶段、自我服务行为阶段、人际纪律阶段、自我约束阶段。

(1) 反抗行为阶段

4—5 岁前的儿童大多属于这个阶段。这一阶段的儿童,他们的行为中经常表现出对抗性,拒绝遵循指示与要求:他们很少有自己的规则,但畏惧斥责,可能迎合别人的要求。在学校教育阶段,也有一些学生处于这个阶段,表现为教师盯牢他们时,表现得中规中矩,但教师稍微不注意时,他们就会失去控制。当教师或父母向儿童展示强力的控制时,儿童的不良行为可以得到有效的约束;反之,就可能不断地表现出不良行为。

(2) 自我服务行为阶段

5—7 岁的儿童属于这个阶段。处于这个阶段的学生一般都以自我为中心,关心的是行为后果"对我意味着什么",是奖励还是惩罚。这个阶段的儿童很少有自我纪律感,而且表现得很不稳定,因而需要教师要对他们进行不断地监督,以避免出现纪律问题。

(3) 人际纪律阶段

大多数中学生处于这个阶段。处于人际纪律阶段的学生以建立融洽的同学关系为行为取向,他们做出的行为往往与"我怎样才能取悦你"联系在一起,他们这样做是因为你要求他这样做。他们关心自己在别人心目中的形象,希望别人喜欢自己,如果你要求他们安静下来,他们就会安静下来。处于人际纪律阶段的学生基本上不需要强力的纪律来约束自己,但需要轻微提示。

(4) 自我约束阶段

处于这个阶段的儿童能够明辨是非,理解遵守纪律的意义,并能自觉地约束自己。尽管许多中学生能达到这个水平,但只有一部分能稳定地保持在这一水平。

练习8.23　某班学生以建立融洽的同学关系为行为取向,以"如何才能让同学喜欢或接纳自己"为行为准则。该班处于课堂纪律发展的(　　)。

A. 自我服务行为阶段　　　　　　B. 人际纪律阶段

C. 自我约束阶段　　　　　　　　D. 反抗行为阶段

练习8.24　六(2)班学生在课堂上非常注意自己在老师心目中的形象,希望老师喜欢他们。该班学生的课堂纪律发展处于(　　)。

A. 人际纪律阶段　　　　　　　　B. 自我服务阶段

C. 自我约束阶段　　　　　　　　D. 相互协调阶段

3. 维持课堂纪律的策略

（1）建立有效的课堂规则

课堂规则是课堂成员应遵守的课堂基本行为规范和要求。积极、有效的课堂规则有以下特点：由教师和学生充分讨论，共同制定；尽量少而精，内容表述多以正面引导为主。

（2）合理组织课堂教学

教师应增加学生参与课堂教学的机会；保持紧凑的教学节奏，合理布置学业任务；处理好教学活动之间的过渡。

（3）做好课堂监控

教师应能及时预防或发现课堂教学中出现的一些纪律问题，并采取言语提示、目光接触等方式提醒学生注意自己的行为。

（4）培养学生的自律品质

促进学生形成和发展自律品质，是维持课堂纪律的最佳策略之一。教师应对学生提出明确的要求，加强课堂纪律的目的性教育；引导学生对学习纪律持有正确、积极的态度，产生积极的纪律情感体验，进行自我监控；有效利用集体舆论和集体规范，促使学生自律品质的形成和发展。

> ◆◆ **温馨提示**
>
> 　　课堂管理部分的学习，首先要了解课堂管理的类型与影响因素，其次重点记忆和理解课堂气氛类型和课堂纪律的类型与发展阶段，要求能够根据题干提供的材料进行准确判断。另外，要注意结合材料理解如何维持课堂纪律，并能在实践中加以运用。

三、课堂问题行为与偶发事件处理

教师的劳动对象是有情感、有思想的人。每个小学生都有自己独特的思维系统和行为方式，因而课堂中时常会出现这样那样的出乎教师意料的事件。如何处理这类事件，体现出教师的智慧与专业成熟度。

（一）课堂问题行为的处理

1. 课堂问题行为及其类型

课堂问题行为，是指发生在课堂上的与课堂行为规范和教学要求不一致，并影响正常课堂秩序及教学效率的行为。课堂问题行为一般可以分为外向性和内向性两大类。

外向性问题行为主要包括相互争吵、挑衅推撞等攻击性行为，交头接耳、高声喧哗等扰乱秩序的行为，做滑稽表演、口出怪调等故意惹人注意的行为，以及故意顶撞班干部或老师、破坏课堂规则的盲目反抗权威的行为等。

内向性问题行为主要表现为在课堂上心不在焉、胡思乱想、做白日梦、发呆等注意力涣散的行为，害怕提问、抑郁孤僻、不与同学交往等退缩行为，胡涂乱写、抄袭作业等不负责任的行为，迟到早退、逃学等抗拒行为。

2. 课堂问题行为产生的原因

（1）学生方面的因素

许多课堂问题行为是由于学生自身的因素导致的。这些因素主要有挫折、寻求注意、性别特征、人格因素以及生理因素等。

（2）教师方面的因素

课堂问题的产生有一些是由于教师的原因造成的。例如，教师的教育失策，包括指导思想错误（如以追求分数为唯一标准）、管理失范（如对学生的行为采取过激行为、自己不以身作则、滥用惩罚等）、教学偏差（如内容不当、方法不宜、要求过多）、丧失威信（如水平低、不认真、要求前后矛盾、不公平、向学生许诺但总不兑现、强词夺理）等。

（3）环境方面的因素

课堂问题行为的产生，除了取决于教师和学生方面的因素外，还与环境影响有关。它主要包括家庭因素（单亲家庭、家庭不和、家长教养方式等）、大众媒体（一些负向的信息，如暴力）、课堂内部环境（如课堂内的温度、色彩、课堂座位等）等方面。

3. 课堂问题行为的预防与处理

课堂问题行为是一种普遍的、正常的教育性问题，预防和处理时可以采取下列措施。

（1）建立课堂常规

为保证课堂教学的有效开展，需要对学生提出一系列基本要求，将这些一般要求在组织教学活动中严格落实，并经过反复的实践固定下来成为课堂常规。

（2）全面监控

教师仔细认真地观察课堂活动，讲课时应始终密切注意学生的动态，做作业时要经常巡视全班学生。一旦发现问题，及时采取措施进行处理。例如，采用给予学生信号、邻近控制、向其发问和课后谈话等方法。

（3）适度奖惩

运用奖励手段鼓励正当行为，通过惩罚制止不良行为，这是减少课堂问题行为的必要手段。运用时要注意：一是根据实际情况灵活运用，以奖励为主；二是维护课堂规则的权威性，严格按规则实施奖惩；三是惩罚手段不能滥用，更不能体罚学生。

（4）降低课堂焦虑水平

焦虑是一种情绪状态，是一个人自尊心受到威胁时的情绪反应。适度的焦虑可以有效激励学生的学习，因而是十分必要的。但焦虑过度则可能影响学生的学习成绩并导致问题行为，所以要将课堂焦虑保持在有效的平衡水平。

（5）随机应变，发挥教育智慧

由于小学生的心理尚处于发展之中，因而小学课堂中总会出现这样那样的问题行为。课堂管理的目的是维持课堂的正常教学秩序，所以，当出现某种问题行为时，教师应发挥自己的教育智慧，随机应变将问题行为转化为教育资源，保证教学的正常运行。

（6）实行行为矫正，开展心理辅导

行为矫正是用条件反射的原理来强化学生良好的行为，以取代或消除其不良行为的一种方法。具体步骤是：觉察—诊断—目标—改正—检评—追踪。心理辅导的主要目标是通过调整学生的自我意识，排除自我潜能发挥的障碍，以及帮助学生正确认识自己和评价自己来改变学生的外部行为。

（7）师生关系和谐，让学生体验成功

良好的师生关系是课堂教学有效运行的条件。另外，尽可能地为学生创造机会，体验成功，这将有助于良好行为的产生。

练习 8.25 习题课上，徐老师正和同学们讨论怎么写"最喜爱的一种玩具"，丁丁坐在教室最后排,低着头,专心致志地玩着手里的变形金刚。徐老师发现丁丁在开小差,就走到了他座位旁边,把变形金刚拿了过来,微笑着对全班同学说:"要写最爱的一种玩具,必须会玩那种玩具,并且把玩的过程说清楚,写清楚,下面请丁丁说一说变形金刚怎么玩。"丁丁立刻认真地跟大家讲了起来。

问题:

(1)试评析徐老师对课堂问题行为的做法。

(2)面对学生的课堂问题行为,老师可以用哪种教学策略?

(二) 课堂偶发事件的处理

课堂偶发事件,是指教学过程中教师始料不及,由学生、教师或环境因素诱发的、背离课堂教学目标,导致学生注意力分散,妨碍教学任务完成,甚至引起师生严重冲突,酿成责任事故的事件。偶发事件的处理是一件复杂的、自由度较大的创造性活动,一般有"热加工"和"冷处理"两种处理方式。

所谓"热加工",是指当偶发事件发生时,教师抓住机会,马上处理,趁热打铁,取得教育效果。"冷处理"是指教师对偶发事件给予暂时冻结,仍按原教学计划进行教学活动,等到课后或其他时间再来处理这一事件。具体而言,偶发事件的处理有多种方法,下面择要进行介绍。

1. 偶发事件处理的原则

(1)教育性原则

教师在处理突发事件时要以让学生受到教育、促进每个学生的成长为目的。要本着教育从严、处理从宽、化解矛盾、教育全班的精神,实事求是地分析问题,找出问题的症结,并对方方面面的原因进行全面的分析和判断,尽量做到公正、公平,才能够使学生真正受到教育。

(2)客观性原则

教师在处理偶发事件时,要避免定势思维的影响,充分调查、了解事实的真相,公平、公正地分析和处理;客观地对待每一个学生,避免因为自己的主观随意导致处理问题不公;不能偏心,不能总以老眼光看人,以势压人。否则只会降低老师在学生心中的威信,从而影响到学生的成长和发展。

(3)有效性原则

教师在处理偶发事件时要讲究效果。一定要考虑自己的方法和措施的效果如何,要用"育人"的态度去看事件,用发展的眼光去看学生,无论什么事都应持一分为二的观点,既看到消极、不利的一面,同时又看到积极、有利的一面。

(4)可接受原则

教师对偶发事件的处理要能使当事双方对处理意见或结果心悦诚服地接受,处理不能强加于人,不能流于形式。要让学生从内心深处接受,认识到自己的错误,进而积极加以改正。

(5)冷处理原则

教师在处理偶发事件时,如能保持冷静、公平、宽容的心态,那么处理事件就会顺利得多。对于有些偶发事件,教师不要急于表态,不急于下结论,而应冷静地观察一段时间,待把问题的来龙去脉弄清楚再去处理。但是"冷处理"不是不处理,也不是拖到不能再拖时再处理,而是先进行正常的活动,等活动结束后再处理。

2. 偶发事件处理的方法

（1）沉着冷静面对

这是处理偶发事件的基础。沉着冷静面对事实,尤其在发生师生冲突时,要求教师具有很高的教育修养和心理调控能力,豁达大度,不怕低头承认自己平时工作中的漏洞。

（2）机智果断应对

要尽可能地平息事端,使当事人冷静,为思考进一步解决问题的办法而拖延时间。还可采取"转移话题,暂避锋芒""冷处理"等方法。

（3）公平民主处理

处理学生与学生之间的矛盾冲突时,教师应以事实为依据,依法秉公办事,要有民主意识,不偏袒班干部和"优生",也不以老眼光看人,贬低"差生"。

（4）善于总结引导

把处理一桩偶发事件看成一次了解班级情况、教育引导学生的机会,要允许有"偶发事件"的存在,不要把发生偶发事件看作自己班级工作的不光彩的一笔。善于从不良事件中找出学生的闪光点,帮助学生分析问题,寻找解决问题的办法,维护学生的自尊心。

（5）保证教学进度

在处理课堂偶发事件过程中,要注意不能牵扯太多时间、精力和学生,以保证课堂教学的氛围和进度。

✦ **温馨提示**

> 课堂问题行为与偶发事件的处理是最具智慧的活动,也是一个教师是否成熟的标志之一。学习这部分内容时,重点关注处理的要求与具体的策略。偶发事件的处理原则可以概括为"有(有效性)客(客观性)人在,教育(教育性)可(可接受)以接受冷处理(冷处理)"。

特别注意:能够运用相关知识解释相应的教育事件。

练习 8.26 沈老师走进教室,发现黑板上有一副嘲弄他的漫画,同学们嬉笑不已,沈老师看后笑着说:"头像画得很逼真,这位画画的同学很有天赋,我为班上有这样的人而感到高兴,建议他多向美术老师请教,充分发挥特长,说不定将来会成为美术家呢。"沈老师停顿一下,接着说:"可是这节课不是美术课,而是作文讲评课,现在我把它擦掉好吗?"沈老师正要去擦,只见一位同学疾步走上讲台,向沈老师深深地鞠了一个躬,然后抢过黑板擦,擦掉了他的"得意之作"。

多年以后,一幅赞美老师、反映自己思想转变的美术作品《悟》被选为参加全国美术展的参展作品,作者就是当年在黑板上画漫画的学生。

问题:

（1）评析沈老师对"漫画事件"的处理。

（2）谈谈教师在处理课堂上偶发事件时的注意事项。

❀ 本章小结

　　班级管理是每个班主任和教师必须面临的现实问题,而班级又是一个瞬息万变的小世界,常常会有难以预料的事件发生,但班级管理并不是无章可寻,只要了解班级的发展规律和班级管理的内容,熟悉班级管理的方法与技巧,提高教师自身的素质,那么一个优秀的班级也就诞生了。课堂管理有着多种类型,每种类型都有其存在的合理性,教师要做的是依据自己的独特个性,根据学生的需求与特点,选择适合自己的管理类型,相信教师就能够熟练地掌控课堂,展现自己的教育智慧,使课堂教学效果最大化。

第8章练习参考答案

❀ 知识结构

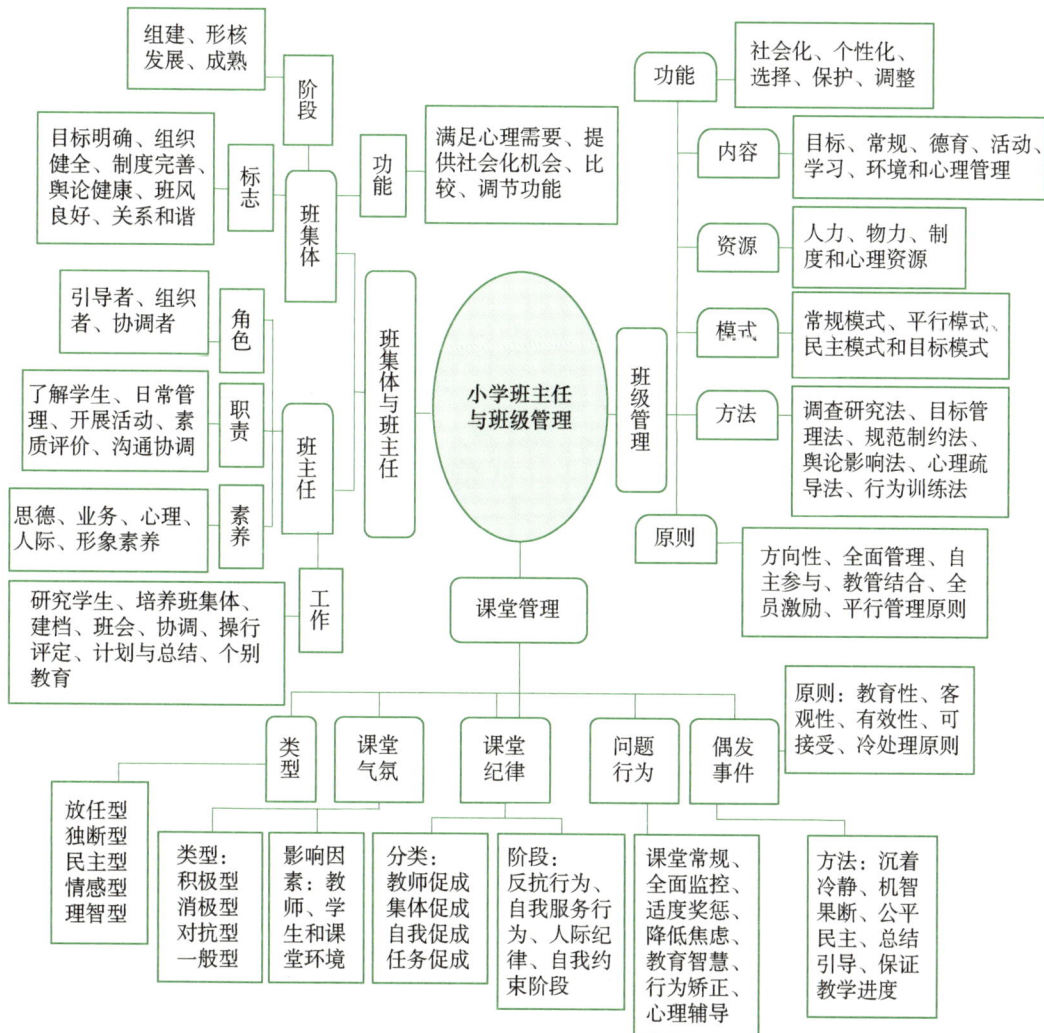

图书在版编目(CIP)数据

小学教育基础/傅建明主编. —上海：复旦大学出版社,2020.4
ISBN 978-7-309-14904-3

Ⅰ.①小… Ⅱ.①傅… Ⅲ.①小学教育-教育学-高等师范院校-教材 Ⅳ.①G62

中国版本图书馆 CIP 数据核字(2020)第 040478 号

小学教育基础
傅建明 主编
责任编辑/黄 乐

复旦大学出版社有限公司出版发行
上海市国权路 579 号 邮编：200433
网址：fupnet@ fudanpress.com http://www.fudanpress.com
门市零售：86-21-65642857 团体订购：86-21-65118853
外埠邮购：86-21-65109143
上海四维数字图文有限公司

开本 787×1092 1/16 印张 13.75 字数 343 千
2020 年 4 月第 1 版第 1 次印刷
印数 1—4 100

ISBN 978-7-309-14904-3/G·2083
定价：38.00 元

21世纪 中等职业教育课程改革新教材
全国职业教育教材编委会审定

就业指导与创业教育

主　编　王换成

副主编　宋慧玲　陆生春

编　委　（以姓氏笔画为序）

王志强　韦以才　宋建敏

周华玲　费永平　唐效渊

麻维昕　蒲小平　漆全应

中国出版集团　现代教育出版社

图书在版编目（CIP）数据

就业指导与创业教育 / 王换成主编. — 北京：现代教育出版社，2011.12

ISBN 978 - 7 - 5106 - 0943 - 5

Ⅰ.①就⋯　Ⅱ.①王⋯　Ⅲ.①职业选择 – 中等专业学校 – 教材　Ⅳ.①G717.38

中国版本图书馆 CIP 数据核字（2011）第 253797 号

就业指导与创业教育

主　　编	王换成	
出版发行	现代教育出版社	
地　　址	北京市朝阳区安华里 504 号 E 座	
邮　　编	100011	
电　　话	(010)64244729	
传　　真	(010)64251256	

责任编辑	李　颖	
装帧设计	唐韵设计	
正文排版	宣是文化	
印　　刷	三河市文阁印刷有限公司	
开　　本	787×1092　1/16	
印　　张	12.75	
字　　数	265 千字	
版　　次	2011 年 12 月第 1 版	
印　　次	2014 年 5 月第 2 次印刷	

书　　号	ISBN 978 - 7 - 5106 - 0943 - 5	
定　　价	25.50 元	